JÜRGEN TRABANT

Sprachdämmerung

JÜRGEN TRABANT

Sprachdämmerung

Eine Verteidigung

C.H.BECK

Mit einer Karte und einer Abbildung

Abb. S. 163: Staatliche Museen zu Berlin, Museum Europäischer Kulturen/
Ute Franz-Scarciglia
Karte S. 169: zit. n. Loh/Harmon 2014 (siehe Literaturverzeichnis)

© Verlag C.H.Beck oHG, München 2020
www.chbeck.de
Umschlaggestaltung: Kunst oder Reklame, München
Satz: Fotosatz Amann, Memmingen
Druck und Bindung: GGP Media GmbH, Pößneck
Gedruckt auf säurefreiem, alterungsbeständigem Papier
Printed in Germany
ISBN 978 3 406 75015 1

myclimate

klimaneutral produziert
www.chbeck.de/nachhaltig

Für C.,
seit ein Gespräch wir sind
und hören voneinander

Inhalt

Vorwort 9

Sprache: Licht der Menschen

1. Der Mensch ist nur Mensch durch Sprache 15
2. Artikulation oder: Über das Mundwerk 22
3. Ursprung und Evolution der Sprache 31
4. Zeichen – Wort – Bild 37
5. Weltansichten oder: Die Farbe des Denkens 46

Muttersprache: Das Deutsche

6. In die Rappuse gegangen 55
7. Über deutsche Sprache und über den Fug und Unfug, welchen sie sich jetzt muss gefallen lassen 68
8. Gegen die Sorge: Die Coolen 79
9. Über das Deutsche in den Wissenschaften 85
10. Purismus 1: Gegen fremde Wörter 91
11. Purismus 2: Gegen schmutzige Wörter 95
12. Purismus 3: Gegen den Akzent 103
13. Rückkehr des Dialekts? 107
14. Kiezdeutsch 111

Die neue Vatersprache: Das Globalesische

15. Die Stimme Amerikas: Szenen einer akroamatischen Verführung 121
16. *On my globalization* 132
17. Lantsch 137

Brudersprache: Das Französische

18. *La langue fraternelle* 141
19. *La France c'est une langue* 145
20. *Le génie/Jenni de la langue française* 152
21. Madeleine? – Madeleine. 156

Geschwister: Die Sprachen Europas

22. Der Kirchenpelz im Museum 161
23. Glossodiversität 167
24. Europäische Glossodiversität – europäische Mehrsprachigkeit 174
25. Glossodiversität als Chance:
    Emmanuel Macron über die Sprachen Europas 183
26. Die Philosophie und das Unübersetzbare 190
27. Europäische *sophistication* 194
28. Übersetzung als Sprache Europas 197

Sprachdämmerung

29. Das Ende – von Anfang an 205
30. Tränen des Abschieds 214

Anmerkungen 221
Literaturverzeichnis 226
Nachweise 234
Personenregister 236

Vorwort

«Am Anfang war das Wort.»
Also ist das Wort das Licht der Menschen, sagte er. Und so richtig gibt es die Dinge erst, wenn sie in Worte gefasst worden sind.

(Pascal Mercier)

Das vorliegende Buch möchte das «Licht der Menschen» hüten. Es feiert sein Leuchten, seine welterhellende Funktion, seine Farben – und sein Tönen. Sprache ist ein tönendes Licht, das sich über die Welt ergießt, eine Kostbarkeit, die uns anvertraut ist und für die wir Sorge tragen müssen – als *souci de nous-mêmes*, als Sorge um uns selbst. Daher geht das Buch auch einigen Gefährdungen nach, denen Sprache heute ausgesetzt ist.
Am meisten sorgen sich viele Menschen um die eigene Sprache. Die Sorge um die Sprache in diesem Buch ist aber gar nicht zuvörderst auf die deutsche Sprache gerichtet. Die Sorge um das Deutsche ist vielmehr nur eine Form der Sorge um die Sprache überhaupt. «Sprache überhaupt» kommt zwar nirgendwo in der Realität vor, sie manifestiert sich immer in Form bestimmter Sprachen. Aber alle diese Sprachen gehören eben doch zu einem Typus menschlicher Aktivität, der vielleicht noch mehr in Gefahr ist als irgendwelche besonderen Sprachen. Menschliche Sprache wird nämlich von zwei Seiten aus bedrängt, von unten und von oben. «Von unten» wird sie zunehmend ersetzt durch vorsprachliche kommunikative Formen: In der U-Bahn spricht man nicht mehr miteinander, man verdrängt den anderen einfach sprachlos von der Tür. Junge Männer – und alte wie der amerikanische Präsident – bellen einander an und machen eine aggressive Schnute, um den anderen einzuschüchtern. Das Zeigen von Tätowierungen und Peircings kommuniziert Stammeszugehörigkeiten und sexuelle Präferenzen, aber es spricht nicht. Und auch «von oben» ist Sprache – vielleicht noch massiver – bedroht, und zwar von etwas, das als Sprache daherkommt, in Wirklichkeit aber etwas an-

deres ist, nämlich Zeichen. Die technisch-wissenschaftliche Welt, in der wir leben, verlangt eine Verwendung der Sprache als Zeichen. Das heißt, die Gegenstände der Welt und die Begriffe müssen von unseren Wörtern präzise bezeichnet werden. Die Wörter, die wir dabei verwenden, sind völlig arbiträr, es ist vollkommen gleichgültig, welcher Sprache sie zugehören. Sie sind, wie Europa es seit Jahrtausenden wünscht und denkt, eindeutige Mittel zur Kommunikation von Sachen und Begriffen, die jenseits der Sprache durch technisches Hantieren und wissenschaftliche Abstraktion gewonnen worden sind. Während die vorsprachlichen Handlungen, «unten», eher *icons* sind, Bilder der mitgeteilten Gefühle (Objektives wird nicht dargestellt), sind die nachsprachlichen Handlungen, «oben», nicht-ikonische, arbiträre Repräsentationen des Objektiven, Zeichen. Der Zweck beider Handlungen ist Kommunikation.

Sprache ist aber etwas anderes: Sie ist das «bildende Organ des Gedanken» (Wilhelm von Humboldt), also wesentlich Kognition, genauer: gemeinsames Denken, «Mit-Denken» (ebenfalls ein schönes Wort von Humboldt). Das Wort ist kein Bild und kein Zeichen, sondern steht zwischen beiden, als «Licht der Menschen», das im dichterischen Sprechen am schönsten leuchtet. Es gilt, an diese für den Menschen konstitutive Weise des In-der-Welt-Seins zu erinnern, denn der Mensch ist nur Mensch durch Sprache. Weil jenes Sprach-Denken notwendigerweise in ganz verschiedenen Sprachen gebildet wird, generiert es oft die Liebe zu einer bestimmten Sprache, aber gleichzeitig auch – durch die «Lust an Sprache als Sprache» (Humboldt) – Liebe zu den vielen Sprachen des Menschen.

Meine Sorge um die deutsche Sprache werde ich hier zunächst mit der berühmtesten Schrift zur Verteidigung und Illustration des Deutschen beleuchten, mit Leibniz' «Unvorgreiflichen Gedanken» von 1697. Leibniz' Vorbild war Joachim Du Bellays «Défense et illustration de la langue française» von 1549. Beide Schriften evoziere ich, weil mir die Zeit für eine Verteidigung gekommen zu sein scheint: Das Deutsche ist wie im 17. Jahrhundert «in die Rappuse», in Not und Zerstörung, geraten. Deswegen kann es gar nicht genügend Verteidigungen und «Illustrationen» geben. Die Berichte der deutschen Akademien (2013 und 2017) zur Lage der deutschen Sprache illustrieren diese, die schönen Bücher von Kaehlbrandt (2016) und Steinfeld (2010) illustrieren und verteidigen sie. Ich setze die Illustration voraus, verteidige sie nur und suche nach Auswegen aus der Rappuse.

Denn als verlockende Alternative zur Muttersprache steht eine Vatersprache bereit. Es ist klar: Die Deutschen sehnen sich nach einer solchen Vatersprache, die sie im amerikanischen Englischen finden, dem von mir so genannten «Globalesischen». Dieses ist deswegen so attraktiv, weil es nicht wie die Muttersprache ständig an die Schuld gemahnt. Der starke Vater sagt, wo's lang geht: *Our Master's Voice*. Doch eine Alternative zur väterlichen Überwältigung könnte die freundliche Hinwendung zur Brudersprache sein, zur *langue fraternelle*. Sie drängt sich nicht vor, sie dominiert nicht, sie eröffnet einfach den Raum einer unschuldigen alternativen Sprachlichkeit. Insofern ist sie eigentlich attraktiver als die verführerische Vatersprache. Aber sie verspricht natürlich keine Macht, und sie wird gerade ihrerseits vom starken Vater eingeholt, wie all die anderen Brüder und Schwestern in Europa. Vielleicht kann sie uns aber dennoch helfen, zusammen mit den anderen Sprachgeschwistern die Mutter Sprache zu bewahren. Wie Brünnhilde die Walküren, so bitten wir die schwesterlichen Sprachen gleichsam, uns – und die Mutter – gegen Wotan zu schützen. Den Walküren gelingt das bekanntlich nicht, weil sie sich einschüchtern lassen. Tapfere Mehrsprachigkeit aber könnte uns und die europäische «Glossodiversität», die Vielfalt der Sprachen, retten. Der junge französische Präsident ermuntert uns dazu. Falls dies aber nicht gelingt, erfüllt sich Europas Schicksal als jenes Ende der Sprache, das Europa in seiner Philosophie und seiner Religion von Anfang an denkt – und ersehnt. Das Licht der Menschen verlöscht dann in einer wenig gloriosen Sprachdämmerung

Sprache:
Licht der Menschen

1
―――――

Der Mensch ist nur Mensch
durch Sprache

«Der Mensch ist nur Mensch durch Sprache», sagt Wilhelm von Humboldt in seiner ersten Rede vor der Berliner Akademie, am 29. Juni 1820 (GS IV: 15).[1] Ein starker Spruch, gleichsam eine evolutionär-anthropologische Version des ersten Satzes des Johannes-Evangeliums: «Am Anfang war das Wort» – am Anfang des Menschen nämlich. Indem Humboldt die alte aristotelische Bestimmung des Menschen als *zoon logon echon*, als «Sprache habendes Wesen», vor allem mit dem «nur» erheblich pointiert, gewinnt sein einfacher Spruch ein gewisses Irritationspotential. Er macht offensichtlich das Menschsein exklusiv vom Besitz der Sprache abhängig. Das empört bestimmte Menschenfreunde und reizt entschiedene Bilderfreunde.

Die Ersteren fragen: Schließt Humboldt damit nicht Menschen aus der Menschheit aus, die mehr oder minder große Defizite bei der Sprache haben? Nimmt er nicht kleine Kinder, «Wolfskinder», Gehörlose, Anderssprachige, Schlechtsprechende, Aphasiker, Demente und aus anderen Gründen Sprachlose vom Menschsein aus?[2] Doch Humboldt sagt nicht, dass der Mensch schon von Geburt an eine voll ausgearbeitete Sprache haben muss, dass seine Sprache eine Lautsprache sein muss, dass er eine bestimmte Sprache zu sprechen hat, diese Sprache auch noch richtig und schön sprechen sollte und dass er zu jedem Moment seines Lebens fähig sein muss, sie zu sprechen, um Mensch zu sein. Er sagt bloß: «Der Mensch ist nur Mensch durch Sprache.»

Wir müssen also fragen, was mit der «Sprache» gemeint ist, durch die der Mensch Mensch sein soll. Es ist nicht eine bestimmte Sprache oder die voll entfaltete Sprachlichkeit, sondern, wie Humboldt sich ausdrückt, ihr «Typus». Und dieser ist die «Verstandeshandlung, welche zum Begreifen eines einzigen Wortes erfordert wird», nämlich die Verbindung der Reflexion mit der Artikulation: «Der Mensch besitzt die Kraft, diese Gebiete [das Denkbare und das Lautliche] zu theilen, geistig durch Reflexion, körperlich durch Articulation, und ihre Theile wieder zu verbinden, geistig durch die Synthesis des Verstandes, körperlich durch den Accent, welcher die Silben zum Wort, und die Worte zur Rede vereint» (GS IV: 4). Mit anderen Worten gesagt ist der «Typus» Sprache die synthetische Verbindung von «Bedeutung» mit artikulierten Lauten, mit welcher der Mensch sein Denken produziert. Er ist, in einer weiteren berühmten Wendung Humboldts, «die sich ewig wiederholende Arbeit des Geistes, den articulirten Laut zum Ausdruck des Gedanken fähig zu machen» (GS VII: 46). Hinzukommt, dass jene Kraft «dieselbe Durchdringung im Hörenden bewirkt» (GS IV: 4), so dass die Arbeit des Geistes sich in der Gemeinsamkeit von Ich und Du vollendet.

Man braucht dieser Beschreibung des «Typus» der Sprache nicht zuzustimmen und kann etwas anderes als Typus annehmen, zum Beispiel, wie der einflussreiche amerikanische Linguist Noam Chomsky, eine Universalgrammatik. Ich folge hier allerdings Humboldt: Sprache ist demnach «das bildende Organ des Gedanken» (GS VII: 53). Humboldt beschreibt die Keimzelle universeller Sprachproduktion, und diese tragen alle Menschen als angeborene Disposition in sich, sie muss «als unmittelbar in den Menschen gelegt angesehen werden». In der Druckfassung seines Vortrags hat Humboldt die Worte «von Gott» gestrichen, die im Manuskript vor «unmittelbar» standen. Das erlaubt es uns, modern umzuformulieren: «Sprache» bezeichnet eine genetisch gegebene Fähigkeit zur Produktion des Denkens, über die nur der Mensch verfügt und durch die er daher Mensch ist.

Humboldts Satz steht in einer Passage, in der es um den Ursprung der Sprache geht. Humboldt lehnt hier eine allmähliche – er verwendet das aparte Wort «umzechige» – Evolution der Sprache ab, wie sie die meisten Sprachursprungstheorien des 18. Jahrhunderts angenommen haben: «Es hilft nicht, zu ihrer [der Sprache] Erfindung Jahrtausende und abermals Jahrtausende einzuräumen» (GS IV: 14). Stattdessen nimmt Humboldt gleichsam einen qualitativen Sprung an. Es gibt für ihn kein Mehr oder

Der Mensch ist nur Mensch durch Sprache

Weniger an Sprache – entweder man hat den «Typus» der Sprache oder nicht: «Die Sprache ließe sich nicht erfinden, wenn nicht ihr Typus schon in dem menschlichen Verstande vorhanden wäre» (GS IV: 15). In dieser Hinsicht sind sich Chomsky und Humboldt im Übrigen völlig einig. Und der Mensch ist auch für Chomsky nur Mensch durch Sprache.

Gerade durch die Annahme eines angeborenen «Typus» sind aber auch die genannten scheinbar sprachdefizitären Menschen natürlich Menschen: Säuglinge sind ja nur auf den ersten Blick *infantes*, «Nicht-Sprechende», wie der lateinische Ausdruck zu verstehen gibt. In Wirklichkeit ist in sie wie in jedes menschliche Wesen genetisch die Fähigkeit zur Sprache gelegt, die sich nach einem gegebenen Bioprogramm im sozialen Verkehr mit anderen Menschen entwickelt und zu voller Sprachlichkeit entfaltet, in Tausenden verschiedenen Sprachen, die den ganzen Reichtum jener «Arbeit des Geistes» ausmachen. Der Ausdruck *infantes* ist auch insofern unzutreffend, als schon das neugeborene – ja selbst das ungeborene – Menschenwesen Sprache in einem weiteren Sinn des Wortes hat: Es kommuniziert von Anfang an mit allem, was es umgibt. Das meinte Herder mit dem berühmten ersten Satz seiner «Abhandlung über den Ursprung der Sprache»: «Schon als Thier hat der Mensch Sprache» (Herder 1772: 9). Allerdings ist diese «Tiersprache» nach Herder noch nicht jene Sprache, die den Menschen zum Menschen macht. Auch Humboldt meint nicht Kommunikation, wenn er «Sprache» sagt, sondern das skizzierte kognitive Verfahren, die Gliederung des Denkbaren in «Portionen des Denkens» und des Lauts in unterscheidbare Segmente. Jedoch geht es hier um ein Denken, das sich in der Dimension des anderen erzeugt: ein «Mit-Denken», wie der junge Humboldt es einmal mit einem genialen Ausdruck nannte (GS VII: 583).

Nicht nur Kleinkinder, auch «Wolfskinder» haben wie alle Menschen die genetische Ausrüstung zur Sprache. Aber sie haben das Zeitfenster verpasst, das ihnen die volle Entfaltung dieser genetischen Ausstattung ermöglicht hätte, unwiederbringlich. Menschen, die Sprache haben, sind sie trotzdem. Den Gehörlosen spricht Humboldt ausdrücklich Sprache zu (eine damals überhaupt noch nicht allgemein akzeptierte Auffassung), auch wenn deren Zeichen anders sind als diejenigen der lautsprachlichen Mehrheit; geistig und körperlich gegliedert ist sie aber durchaus.

Es ist eine Gemeinheit vieler Völker, nicht nur Kinder «Nicht-Sprechende» zu nennen, sondern auch anderen Völkern, die sie nicht verstehen, die Sprache überhaupt abzusprechen. Die Griechen nannten die anderen Völker *barbaroi* – das sind diejenigen, die *brbr* machen, also tierische Laute ausstoßen. Die Slawen nennen die Deutschen «die Stummen», also solche, die nicht sprechen. Bezeichnungen dieser Art negieren tatsächlich das Menschsein von Anderssprachigen. Aber nach Humboldt gibt es natürlich keine *brbr*-Sager und keine «Stummen», denn die Sprache ist ja «unmittelbar in den Menschen gelegt». Auch die Schlechtsprechenden, die wir oft aus unseren Gemeinschaften ausschließen (durch schlechte Zeugnisse, Lächerlich-Machen, Verweigerung von Arbeitsplätzen etc.), sind deswegen selbstverständlich keine Un-Menschen. Schließlich: Aphasiker, Demente und Überwältigte hören nicht auf, Menschen zu sein, nur weil sie nicht mehr sprechen können. Die Sprache ist nach wie vor «in sie gelegt», selbst wenn sie sie nicht mehr hervorbringen können. Es ist wie mit dem aufrechten Gang, der ja ebenfalls ein ziemlich exklusives menschliches Merkmal (und eine der vielfältigen Vorbedingungen für Sprache) ist: Es ist in den Menschen gelegt, dass er aufrecht geht, er richtet sich nach einem biologischen Wachstumsprogramm auf und ist dann dieses aufrechte Wesen. Wenn aber ein Mensch durch Krankheit oder Alter nicht mehr laufen kann, hört er nicht auf, ein Mensch zu sein, ebenso wie er zu Beginn des Lebens, als er noch nicht laufen konnte, schon ein Mensch war.

Humboldts Spruch irritiert des weiteren durch seinen ausdrücklichen, scheinbar skandalösen Glottozentrismus: «Der Mensch ist nur Mensch durch Sprache.» Ist es wirklich allein die Sprache, die den Menschen zum Menschen macht? Sind nicht Artefakte, Zeichen, Symbole, Bilder und andere semiotische Gebilde das, was die Menschlichkeit begründet? Hat der Mensch nicht eher eine – wie Saussure (1916) annahm – *facultas signatrix*, eine Zeichenfähigkeit, die viel weiter ist als die Fähigkeit zur Lautsprache, welche ihrerseits nur ein Spezialfall von «Zeichen» wäre? Ist er nicht viel eher ein *animal symbolicum*, wie Cassirer sagt, als ein *zoon logon echon*? Vieles spricht dafür, dass der Mensch Artefakte herstellte, dass er – vor allem visuelle und gestuelle – Symbole und Zeichen bildete, bevor seine Lautsprache die Form erhalten hat, die Humboldt als für den Menschen konstitutiv erachtet. Sicher ist der Mensch also ein *animal*

Der Mensch ist nur Mensch durch Sprache

symbolicum, und das Ensemble seiner Symbole macht seine Menschenwelt aus. Insofern ist er auch Mensch durch seine Symbole. Aber niemals hätte er die Symbole – also seine gesamte Kultur – auf die historisch gegebene Weise entfalten können, wenn in ihrem Zentrum nicht die Sprache stünde, jenes «bildende Organ des Gedanken».

Besonders lebhaft wird Humboldt von einer pansymbolisch inspirierten Bildwissenschaft widersprochen. Sie sieht in seinem Satz einen sprachlichen Imperialismus, der die Bilder und Artefakte nicht hinreichend würdigt.[3] Entsprechend setzt sie das Menschsein entwicklungsgeschichtlich früher an: eben bei den Bildern, das heißt bei den ersten Einritzungen des Menschen in die Welt, und bei den ersten Artefakten. Und sie betrachtet die Sprache als eine spätere Technik, die dann sozusagen zum Menschsein noch hinzukommt und dieses vollendet.

Humboldts Spruch steht einer solchen Auffassung des Menschen überhaupt nicht entgegen. Gewiss kann die Beziehung von Bild und Sprache evolutionär so beschrieben werden, dass die Sprache eine weitere Entwicklung gerade dieser Welt-Bearbeitungen ist (Humboldt interessiert allerdings ein solches modernes evolutionäres Szenario nicht). Es ist in der Tat davon auszugehen, dass schon die Herstellung von Artefakten auf Fähigkeiten und Gehirnaktivitäten, zum Beispiel die «Lateralisierung», verweist, die dann später zur Sprache führten. Dabei handelt es sich auch zweifellos um geistige Artikulationen der Welt.[4] Nur, wenn diese artikulatorischen Tätigkeiten nicht zur Sprache geführt hätten, dann wären die artikulierenden Wesen keine modernen Menschen geworden, sondern eine andere Art von symbolisierenden Primaten, die die Welt vielleicht mit allerlei Bildern und Faustkeilen gefüllt, aber vermutlich keine Autos gebaut oder komplexe Gesellschaften gebildet hätten. Natürlich wäre die «Ilias» ebensowenig gedichtet worden wie der «Faust» oder «Don Giovanni» oder die Bibel. Auch die Bilder der Sixtinischen Kapelle wären dann wohl nicht gemalt worden.

Wir müssen also davon ausgehen, dass die artikulatorischen Bearbeitungen der Welt durch Hand und Auge irgendwann einmal vom Stimme-Ohr-System übernommen wurden bzw. besser noch: gleichzeitig auch von vokal-auditiven Bewegungen ausgeführt wurden, die dann aber einen entscheidenden Schritt weitergingen. Das vokal-auditive System hat nämlich – und das ist das Entscheidende – nicht nur kognitive «Portionen» der Welt unterschieden, sondern vor allem die geniale Technik der lautlichen Artikulation entwickelt, also der Produktion einer begrenzten Anzahl von Lautbewegungen, die zu quasi unendlicher Kombination fähig sind. Diese Technik ist nicht nur eine irgendwie graduelle Fortführung der visuell-haptischen Artikulationsfähigkeit, sondern ein *qualitativer* Sprung in etwas wirklich Neues. Erst mit dieser Technik entfaltet der menschliche Primat Sprache, die ihn zur unendlichen Produktion von Äußerungen und Texten befähigt, mit denen er die Welt denkt und die Beziehungen mit anderen in höchster Komplexität organisiert. Dieser Primat ist der *homo sapiens*, das *zoon logon echon*, das, wie Aristoteles und Tomasello sagen, zunächst ein *zoon politikon* ist. Das nächste Kapitel wird diesem artikulierenden Wesen gewidmet sein.

Was die besondere Kostbarkeit der Sprache noch erhöht, wird merkwürdigerweise gemeinhin als einer ihrer größten Mängel betrachtet und verursacht seit Jahrtausenden ein großes Klagegeschrei: Die Sprache, durch die der Mensch Mensch ist, kommt auf der Welt konkret nicht als «Sprache überhaupt» vor. Von weitem sieht es zwar so aus, weil alle Menschen sprechen. Ein Marsmensch, das schreibt Chomsky an mehreren Stellen, der von außen kommend die Menschen auf dem ganzen Globus beobachtete, würde zunächst denken, dass die Menschen alle dasselbe tun: sich mittels Lauten, die mit den Mundwerkzeugen produziert werden, gegenseitig beeinflussen. In der Tat tun sie das auch, und insofern ist das Tun dasselbe, die Sprache ist ja universell «in den Menschen gelegt». Aber diese Anlage realisieren sie nicht überall auf dieselbe Art und Weise, sondern tatsächlich jeder einzelne Mensch auf seine eigene. Nun ist es allerdings auch nicht so, als habe jeder individuelle Mensch eine völlig individuelle Sprache. Zwar kommt Sprache nur als individuelle Tätigkeit vor, aber diese Tätigkeit wird eben doch nach dem Modell der Tätigkeit einer Gruppe von Menschen ausgeführt. Zwischen das Individuum und die Menschheit schieben sich die besonderen Arten und Weisen, die angeborene Fähigkeit des Sprechens zu realisieren, die jeweils einer ganzen Gruppe gemeinsam sind.

Wer jemals eine fremde Sprache gelernt hat, weiß, wie verschieden Sprachen sein können. Alle ihre strukturellen Eigenschaften sind jeweils anders: die Laute, die Kombination der Laute, die Wörter, deren Bedeutungen, die grammatischen Einheiten, die Syntax, die Phrasen. Die Art, wie der Mensch sich die Welt aneignet, folgt der Vorgabe einer Sprachgemeinschaft. Jedes menschliche Wesen wird mit der Sprache in eine Gemeinschaft eingebunden und in die Art und Weise, wie diese sich die Welt erschließt. Dies erzeugt zumeist eine tiefe geistige Prägung und eine Bindung an die Gruppe, die spricht wie ich. Zwar ist, wie Humboldt an einer Stelle gesagt hat, diese Sprache dem Ich auch zutiefst fremd, sofern es sie von anderen und aus der Tiefe der Vergangenheit empfängt. Aber sie ist ihm eben auch unendlich nah, weil sie es schon vor der Geburt in einem intra-uterinären Rhythmus gewiegt hat, weil es in ihr die geliebten anderen und in diesem Klang und dieser Liebe die Welt kennengelernt hat, in ihr also denkt und lebt.

Nicht nur weil an der Sprache unser Menschsein hängt, ist sie also kostbar, sondern auch weil mit jeder Sprache eine ganz besondere Art, in der Welt zu sein, gegeben ist. Weil alle Menschen ihr durch die Sprache gegebenes Menschsein in ihren vielen Sprachen erschaffen, weil alle Sprachen kostbare Geschöpfe des menschlichen Geistes sind und die *merveilleuse variété des opérations de notre esprit*, die «wunderbare Vielfalt der Operationen unseres Geistes» (Leibniz), darstellen, sorge ich mich um die Sprachen, um meine Sprache und die Sprachen der anderen.

2

Artikulation oder:
Über das Mundwerk

Nichts konstituiert den Menschen also so sehr wie das, was aus seinem Munde tönt, die Sprache, sein Mundwerk. «Das, was in der Stimme ist», *ta en te phone*, nennt Aristoteles die materiellen Sprachzeichen. Und *phonai* bzw. *voces*, «Stimmen«, heißen bei den Griechen und Römern die Wörter. Wörter sind etwas dem Mund Entströmendes. Was umgekehrt durch den Mund in den Menschen hineingeht, ist ebenfalls einigermaßen menschlich, aber es definiert nicht das Menschsein. So war die Zubereitung von Fleisch durch Feuer sicher eine fundamentale menschliche Erfindung (andere Primaten tun das nicht) und eine wichtige Bedingung für die kulturelle Evolution (nicht von ungefähr raubt Prometheus den Göttern das Feuer, es ist die Voraussetzung aller Kultur). Die dadurch mögliche Einnahme gebratenen Fleisches über den Mund war auch ein wichtiger Schritt in der Menschwerdung des Menschen. Dennoch wird dieser von Aristoteles zu Recht nicht als «gebratenes Fleisch essendes Tier», sondern als «Sprache habendes Tier» definiert.

Das Vokale, die sprachliche Lautproduktion, ist notwendig begleitet vom Hören. Die Stimme braucht das Ohr, das Phonetische bildet eine Einheit mit dem Akroamatischen (von griech. *akroates*, «der Hörer»), und zwar in dreifacher Hinsicht: Erstens hört sich der vokale Sprache erzeugende Mensch selbst, er muss sich selbst hören; wenn er es nicht kann, misslingt die Lautproduktion. Das vokal Produzierte ist zweitens essentiell an einen anderen gerichtet, der es hören (und verstehen) soll. Und drittens erheischt das Tönende und Gehörte eine vokale Produktion des anderen und damit ein Hören des Sprechenden auf den anderen: Wort und Ant-Wort. Das Phonetische und das Akroamatische konstituieren das Ich und das Du. Im weiteren Sinne konstituiert die vokale Lautproduktion, die das eigene Hören impliziert, auf das Hören des anderen gerichtet ist und sich in meinem Hören auf den anderen vollendet, menschliche Gemeinschaft, *polis*, sie ist das Medium des Politischen. Die Sprachlichkeit des Menschen als *zoon logon echon* ist damit aufs engste mit der anderen Definition des Menschen durch Aristoteles verbunden: als *zoon politikon*.

Natürlich können auch Menschen, die das Vokale nicht hören und daher auch nichts Vokales produzieren, eine der vokalen Sprache äquivalente Sprache ausbilden. Als Menschen haben sie die angeborene Fähigkeit, Wörter und Sätze zu bilden, auch wenn diese nicht über das phonetisch-auditive System realisiert werden können. Die Gebärdensprachen der Gehörlosen, Systeme, die in visueller Modalität ablaufen, sind funktionsfähige Sprachsysteme. Dennoch ist die Gebärdensprache ein den angeborenen Fähigkeiten des Menschen nicht ganz entsprechender Umweg. Denn die angeborenen Fähigkeiten zielen auf das Vokale als den «eigentlichen» Ort der artikulierten Sprache. Diese Bemerkung sagt nichts Negatives über die Sprache der Gehörlosen, sondern drückt im Gegenteil Bewunderung für die fundamentale Artikulationsfähigkeit des Menschen aus, der auch in einem anderen Medium Sprache bilden kann, und für die Leistung der Menschen, die jene Sprache sprechen.

Die vokale sprachliche Lautproduktion wird, so merkwürdig das vielleicht klingen mag, in vielen Diskursen zur Sprache zu wenig beachtet. Man gibt sich oft mit einem generischen Hinweis auf die Vokalität der Sprache zufrieden, ohne die einzigartige Struktur der Lautsprache und deren doppelte Eigenschaft von hoher Komplexität der Bewegungsabläufe und genialer Einfachheit zu würdigen. Dabei ist die menschliche Lautsprache ein wirkliches Wunder, dessen Struktur und Funktionieren wir einigermaßen gut beschreiben können, dessen Genese aber immer noch weitgehend ungeklärt ist.

Über die Gründe, aus denen die Vokalität der Sprache oft wenig berücksichtigt wird, kann ich nur Vermutungen anstellen. Mein Hauptverdacht ist, dass die vokale Sprache zu körperlich ist. Sie wird ja von Organen produziert, die zunächst gar nicht für die «höhere» Funktion der Symbolisierung bestimmt sind: Sie sitzt gleichsam parasitär auf «niedrigen» primären Funktionen auf. Diese primären Funktionen der Organe, die die Sprache erzeugen, sind die Nahrungsaufnahme und die Atmung. Dabei ist der Mund nicht sehr vornehm, er ist sogar extrem körperlich. Weil aber das Symbolische, das die Ess- und Atmungsorgane erzeugen, etwas Besonderes ist, erhöht man es zum «Geist» und schämt sich seiner niedrigen körperlichen Basis.

In diesem Sinne ist es bezeichnend, dass eine mächtige Glaubensrichtung der modernen Linguistik die – wenn auch biologisch gefasste – Sprachfähigkeit ins rein Geistige erhöht und als das eigentlich Definierende der Sprache eine Eigenschaft betrachtet, die sie «Rekursivität» nennt.[5] Gemeint ist damit eine bestimmte Art der Kombination sprachlicher Einheiten, eine rein formale Eigenschaft, die mit Oralität, also mit irgendwelchen Ess- oder Atmungsorganen, aber auch gar nichts zu tun hat. «Rekursivität» ist eine angeborene, hoch geistige Eigenschaft, die natürlich extrem vornehm ist. Die Geringschätzung des Körperlichen, die einer solchen Auffassung zugrunde liegt, erkennt man auch an der Terminologie: Worüber ich hier spreche, die orale Sprache, heißt in dieser Sprachwissenschaft «äußere Sprache», *external language* oder *e-language*, wobei das «Äußere» wie bei allen Geistesfreunden das Niedrigere ist. Die eigentliche Sprache ist dann die *internal language*, *i-language*, eben das, was im *mind* ist – in einer körperlosen Instanz, die im Gehirn lokalisiert ist und dort mehr oder weniger wie ein Computer funktioniert. Mit dieser hohen geistigen Sprache ist das Vokale nur kontingent, als Äußeres, verbunden.

Ich lenke hier aber den Blick auf das von Atem- und Essorganen produzierte orale Geschehen, weil ich gerade in diesem das Wesen der Sprache vermute. Die Stimme ist ein von den Atmungsorganen erzeugter, nach außen gerichteter Luftstrom, der durch ein Zusammenspiel bestimmter Teile des Mund- und Rachenraums jene Bewegungen produziert, die wir «Sprachlaute» (Phone, Phoneme) nennen. Der aus der Lunge hervorgedrängte Luftstrom muss den Kehlkopf passieren, wo er die Stimmlippen in Schwingung versetzt (oder auch nicht). Er kann entweder frei dem Mund entströmen, oder er wird durch einen Verschluss oder eine Verengung des Mundraums behindert. Gibt es kein Hindernis für den Luftstrom, produzieren wir Vokale. Diese werden durch weitere Bewegungen der Zunge, der Lippen oder des Zäpfchens «gefärbt». Öffne ich zum Beispiel den Mund weit bei flacher Zunge, ergibt sich ein [a]. Runde ich meine Lippen, dann produziere ich ein [o]. Senke ich dabei

Artikulation oder: Über das Mundwerk 25

das Zäpfchen, so dass die Luft auch durch den Nasenraum strömen kann, ergibt sich ein nasales [õ]. Wenn ich unter Beibehaltung der Lippenrundung die Zunge etwas weiter hinten gegen den Gaumen wölbe, habe ich ein [ö], ohne Lippenrundung ein [e]. Konsonanten hingegen entstehen, wenn der Luftstrom im Mundraum durch ein Hindernis aufgehalten wird. Ich kann dabei entweder einen kompletten Verschluss des Mundraums bewirken, zum Beispiel indem ich die Zunge an die Alveolen hinter den Zähnen presse [t], oder der Luftstrom kann eine Friktion erzeugen, etwa wenn die Zunge etwas Luft durchlässt [s]. Solche Verschlüsse oder Friktionen finden an verschiedenen Stellen statt, zum Beispiel durch die Annäherung der Lippen aneinander [p] oder des Zungenrückens an den harten Gaumen [k]. Während bei den Vokalen die Stimmbänder immer beteiligt sind, kann ich diese bei konsonantischen Lauten beteiligen oder nicht; das unterscheidet stimmhafte von stimmlosen Konsonanten: etwa [z] (das stimmhafte s) von [s] (dem stimmlosen s).

Diese Bemerkungen über die Produktion von Sprachlauten sind natürlich keine professionelle und systematische Einführung in die Phonetik, aber sie machen vielleicht doch einigermaßen klar, was geschieht, wenn wir sprechen: Mit unglaublicher Geschwindigkeit und Präzision führen wir höchst komplexe Bewegungen im Mundraum (und den benachbarten Nasen- und Rachenräumen) aus, um verschiedene Laute zu erzeugen. Diese Bewegungen werden von den Menschen im Laufe ihrer sprachlichen Sozialisation als ganz bestimmte wiederholbare Bewegungen, als Bewegungstypen oder Bewegungsschemata, gelernt. Die Sprecher versuchen dabei, die von ihnen in der Rede der anderen als Lauttypen (Phoneme) erkannten Bewegungen selbst zu realisieren. So bemüht sich etwa ein Deutsch-Sprecher, durch die Berührung der Alveolen mit der Zungenspitze bei gleichzeitiger Vibration der Stimmbänder ein Exemplar des Lauttyps /d/ zu erzeugen. Der Ort der Begegnung zwischen den unteren und den oberen Teilen des Mundes gibt den entsprechenden Lauten ihren phonetischen Namen: Das /d/ zum Beispiel ist ein Dental, ein «Zahn-Laut».

Die Lauttypen sind von Sprache zu Sprache verschieden, auch wenn einige von ihnen sich in sehr vielen Sprachen finden, wie das /t/ im Deutschen, Französischen, Italienischen, Japanischen usw. Dennoch unterscheiden sich ein deutsches und ein französisches /t/ auf so charakteristische Weise, dass man am «deutsch» ausgesprochenen /t/ den Deutschen erkennt, selbst wenn er Französisch spricht. Denn dieses Charakteristische bleibt oft als «Akzent» erhalten.[6] Die Zahl der Phoneme differiert von Sprache zu Sprache, es ist aber immer eine relativ begrenzte Zahl: Menschliche Sprachen haben zwischen zehn und achtzig Phonemen. Das meinte ich, als ich sagte, die vokale sprachliche Lautproduktion sei einfach und komplex zugleich: Die Bewegungen zur Erzeugung der Sprachlaute sind zwar hochkomplexe Vorgänge (was hier nur angedeutet wurde), gleichzeitig handelt es sich aber um eine überschaubare Zahl solcher phonetischen Handlungsschemata, also um eine numerisch einfache Technik.

Das zweite Wunder dieser Lautproduktion ist nun, dass die wenigen, aber komplexen Bewegungen mit unglaublicher Geschwindigkeit zu «Wörtern», also Lautsequenzen kombiniert werden (die dann Bedeutung haben, das ist der Zweck der Kombination). Diese Kombinationen unterliegen bestimmten, von Sprache zu Sprache verschiedenen Regeln: Nicht alle Kombinationen sind möglich, und nicht alle möglichen Kombinationen werden realisiert. Möglich ist im Deutschen zum Beispiel Folgendes: Ich schließe den Luftstrom mit meiner Zunge an den Alveolen (ohne Beteiligung der Stimmbänder), öffne meinen Mund weit mit flacher Zunge und verschließe den Luftstrom erneut durch die Annäherung meiner Zunge an den harten Gaumen. Die so entstandene Sequenz ist [tak] (Tag). Ich kann die drei Lautbewegungen aber auch anders kombinieren, zum Beispiel zu [akt]. Prinzipiell könnte ich auch die Sequenzen [kta], [tka], [atk] oder [kat] erzeugen. Nur wären die ersten drei Kombinationen keine im Deutschen möglichen Wörter (kein deutsches Wort beginnt mit kt- oder tk- oder endet mit -tk). [kat] dagegen wäre eine im Deutschen mögliche Lautkombination, sie ist aber nicht realisiert, also mit Bedeutung «gefüllt» – es gibt kein solches Wort im Deutschen.

Was ich soeben skizziert habe, nennt man gemeinhin «Artikulation». Das Prinzip der Artikulation oder – mit dem deutschen Ausdruck – «Gliederung» ist aber ein über die lautliche Artikulation hinausgehendes strukturelles Grundprinzip der Sprache. Es liegt nicht nur der Produktion der Laute zugrunde, sondern auch der Produktion der Bedeutungen. *Articulus* ist das Gelenk, das verschiedene Glieder miteinander verbindet. Traditionell wurden die Konsonanten als die «Gelenke» ange-

Artikulation oder: Über das Mundwerk 27

sehen, die den – vokalischen – Lautstrom zerteilen und verbinden. Die ausströmende Atemluft durch eine Gliederung in unterscheidbare Bewegungen zum Aufbau bedeutungstragender Lautsequenzen zu nutzen ist die geniale «Erfindung» der menschlichen Primaten. Durch die minimalen Handlungsschemata der Phoneme können höherrangige Handlungsschemata aufgebaut und mit Bedeutung verbunden werden: Wörter und Morpheme. Die semantische «Aufladung» der Lautkombinationen ist der Zweck dieser komplexen Teilhandlungen, in ihr realisiert sich die Gliederung des Denkbaren (der Welt) in geistige, konzeptuelle, inhaltliche Einheiten. Diese lautlich-konzeptuellen Größen können nun ihrerseits zu noch größeren Einheiten – Äußerungen – verbunden werden, wobei diese Kombinationen, jedenfalls bis zur Satzebene, ebenfalls regelhaft festgelegt sind. Allerdings sind diese Regeln so, dass sie einen unendlichen Raum freier Gestaltung eröffnen: Die Kombinationen können sich nämlich jeder Situation frei anpassen und damit auch frei neue Gedanken schaffen.

So sind, um diese Dialektik von Regelhaftigkeit und Freiheit anzudeuten, die Wörter und Morpheme *über, all, -en, Gipfel, -n, ist, Ruhe* in der deutschen Sprache als Handlungsschemata mit bestimmten Bedeutungen festgelegt. Ebenso ist im Deutschen festgelegt, dass die Präposition *über* den Dativ regiert (wenn es nicht um eine Bewegung geht) und dass das Verb an der zweiten Stelle im Satz steht. Sehr vieles in der Verbindung morphematischer sprachlicher Einheiten ist also schon regelhaft vorgegeben. Dennoch war die Sequenz «Über allen Gipfeln ist Ruh» eine bis zum Zeitpunkt ihrer Formulierung durch Goethe inexistente und damals völlig neue Kombination von Lauten, Wörtern, Morphemen, Bedeutungen. Die sprachliche Gliederung ermöglicht also gerade die Produktion von Neuem und Unerhörtem, nicht nur die «Aufführung» oder Realisierung eines vorgängigen Handlungstyps. Natürlich werden hier zum Beispiel die Schemata *über* oder *Ruh* auch «aufgeführt», also konkret in der Rede realisiert, aber die Kombination solcher Schemata ermöglicht eben gleichzeitig den Aufbau von etwas ganz Neuem: dem Goetheschen Vers. Die ungeheure Produktivität des menschlichen Geistes entfaltet sich durch die lautlich gegliederte Struktur der Sprache.

Wilhelm von Humboldt schreibt in seiner großen Rede über die

Buchstabenschrift von 1824, einer Rede über die Artikulation und das artikulatorische Wesen oder Sprache:

> Die Gliederung ist aber gerade das Wesen der Sprache; es ist nichts in ihr, das nicht Theil und Ganzes seyn könnte, die Wirkung ihres beständigen Geschäfts beruht auf der Leichtigkeit, Genauigkeit und Uebereinstimmung ihrer Trennungen und Zusammensetzungen. Der Begriff der Gliederung ist ihre logische Function, so wie die des Denkens selbst. (GS V: 122)

Gliederung/Artikulation ist auch die Funktion des Denkens, denn Denken ist: Unterschiede in der Welt machen und das Unterschiedene wieder neu kombinieren – Trennung und Zusammensetzung. Die lautliche Artikulation, die Trennung und Zusammensetzung vokaler Bewegungen, folgt also demselben strukturellen Prinzip wie das Denken der Welt, die semantische Artikulation der Welt, deren Potential sie ins Unendliche steigert.

Mit ihren Lautkombinationen «gliedert» eine Sprache die Welt in alle möglichen Inhalte: Eine Sprache «wortet» die Welt, das heißt, sie deckt mit ihren Wörtern (Lexemen) unendlich viele mögliche Denkinhalte ab – Gegenstände, Lebewesen, Gefühlszustände, Farben, Handlungen, Relationen, Verwandtschaftsverhältnisse etc. Und sie erfindet weitere Einheiten, um diese Inhalte zu Äußerungen zu kombinieren – grammatische Morpheme wie zum Beispiel Markierungen von Kasus, Numerus, Genus, Tempus und Person. Da die Sprache also doppelt artikuliert ist, phonetisch und semantisch, erstreckt, wie Humboldt schreibt, «der Begriff der Gliederung sich über ihr ganzes Gebiet, auch wo nicht bloss von Tönen die Rede ist» (GS V: 116).

Mit ihren komplizierten Bewegungsabläufen, mit den Kombinationen dieser Bewegungen zum Aufbau von Wörtern und Morphemen, mit der Aufladung der Wörter und Morpheme mit Bedeutungen und ihrer Verbindung zu Sätzen und Äußerungen ermöglicht die lautliche Artikulation ein semantisch-kognitives Artikulationsgeschehen, mit dem der Mensch in unendlicher Produktivität anderen Menschen etwas über die Welt sagen kann. Erst darin entfaltet sich der menschliche «Geist» (oder wie immer man es nennen will) in seiner ganzen Schöpferkraft.

Aber der Mensch produziert ja nicht nur orale, vokale Zeichen (*vox*), er kommuniziert und denkt auch mit einer Vielzahl anderer Handlungen

Artikulation oder: Über das Mundwerk   29

(*actus*), mit Gebärden und mit Bildern. Das Visuelle kon-kurriert (auch im Sinne von «läuft mit») mit der vokalen Sprache. Der Mensch spricht niemals nur mit dem Mund, phonische und visuelle Zeichenprozesse (Semiosen) stehen vielmehr in innigster Beziehung zueinander.[7] Daher haben in letzter Zeit die Forschungen zu den Beziehungen von Sprache und Gebärde einen bedeutenden Aufschwung genommen.[8] Auch in den Überlegungen zur Evolution der Sprache werden diese Beziehungen wieder ganz zentral diskutiert.[9] Es geht dabei natürlich immer auch um die Frage, die ich mit dem Eingangssatz zu diesem Kapitel von meiner Seite schon beantwortet habe, nämlich ob das Orale oder Vokale die ausgezeichnete Stellung hat, die ich ihm zuschreibe.

Die vokale Artikulation ist, darin sind sich die Theorien der Sprachentstehung einig, die evolutionär modernste Technik menschlicher Kommunikation und Kognition. Der Primatologe Michael Tomasello, der das derzeit plausibelste Szenario für die Entwicklung menschlicher Sprache entworfen hat (Tomasello 2008 und 2014), nimmt an, dass menschliche Kommunikation zuerst durch das Zeigen (*pointing*) auf die Welt und durch die gestische Imitation (*pantomiming*) der Welt, durch Deixis und Mimesis in Gebärden, realisiert wurde und dass erst danach das lautlich-orale Geschehen diese Funktionen übernahm. Die Evolution der Sprache geht von der Handlung (*actus*) zur Stimme (*vox*), von der Hand in den Mund.

Die pantomimische Nachahmung musste dabei «semantische» Einheiten schaffen, also wiedererkennbare Bewegungsabläufe, die Gegenstände, Klassen von Gegenständen, Eigenschaften, Handlungen, Raumverhältnisse etc. – konzeptuelle Größen, «Bedeutungen» – an Gebärden banden. Diese Einheiten waren einfache Artikulationen, Gliederungen der Welt, die *als ganze* auf ihre Bedeutungen verwiesen. Sie waren nicht wie die Wörter der Lautsprache aus unterscheidbaren materiellen Teilhandlungen aufgebaut, also etwa aus – den Phonemen entsprechenden – «Schememen» (von gr. *schema*, «Gebärde»). Der ausgestreckte Arm mit dem ausgestreckten Finger verwies *insgesamt* auf den Stein. Eine die Rundung des Steins imitierende Halbkreis-Bewegung der beiden Hände «tanzte» *insgesamt* den Stein. Diese Gebärden waren in doppelter Hinsicht «Gesamthandlungen», denn sie waren erstens nicht in minimale Teilhandlungen gegliedert, und zweitens waren sie selbst, verglichen mit lautsprachlichen Handlungen, keine «Wörter oder Morpheme», also Teilhandlungsschemata. Vielmehr entsprachen sie – hierarchisch höher – ganzen Äußerungen wie etwa «Dort ist ein Stein» oder «Wo ist der Stein?». Sie waren «holophrastisch», das heißt Gesamtaussagen ohne unterscheidbare bedeutsame Teile. Diese menschlichen Gebärden hatten aber durch ihren Bezug auf die Welt, durch die Eröffnung einer semantischen, auf die Objektivität gerichteten Dimension die wesentliche Funktion menschlicher Sprache: Karl Bühler (1934) nannte sie «Darstellung». Tomasello zeigt überzeugend, dass die «darstellende» Funktion nur für menschliches Verhalten charakteristisch ist und den Kommunikationsformen unserer klugen Primaten-Verwandten abgeht.

Dennoch sind die semantischen Gebärden noch weit von der Sprache entfernt. Denn das Wunder der Lautsprache ist, wie gezeigt, dass sie die materiellen Zeigehandlungen gliedert, also in kleine unterscheidbare Bewegungen aufteilt und diese zu höherrangigen, schon semantisch gefüllten Handlungsschemata (Wörtern, Morphemen) kombiniert. Erst damit ermöglicht sie die unendliche Vielfalt freier sprachlicher Handlungen. Sie potenziert also die von jener ersten gestischen Semiose eröffnete «Darstellung» ins Unendliche. Und dieses Wunder der Artikulation hat sich eben im Oralen, im vokal-auditiven System, ereignet, nicht im Visuellen.

Im Visuellen ist die Buchstabenschrift ein (später) Versuch, die phonematische Gliederung der Sprache abzubilden, sie ist eindeutig postphonetisch, post-sprachlich. Sie ist keine eigene, von der Lautsprache unabhängige visuelle Strukturierung des Symbolischen. Die sogenannten ideographischen Schriften sind dagegen Versuche der Abbildung der konzeptuellen Gliederung der Welt, also der Wörter; sie sind eigentlich «logo-graphisch», «wort-schreibend», das heißt ebenfalls post-sprachlich. Es gibt, soweit ich sehe, in der Evolution der menschlichen Semiose keine der phonetischen Artikulation vergleichbare Strukturierung des Visuellen, also etwa den Versuch, Arm- oder Handgebärden in kleinere, wiederholbare, kombinierbare Teilbewegungen zu schematisieren. Die Gebärdensprachen der Gehörlosen, in denen solche Artikulationen durchaus vorkommen, sind keine visuellen Vorgängerinnen der Lautsprache, sondern «Schwestern» derselben, die post-phonetische gestuelle Artikulationen mit holophrastischen Gebärden verbinden.

3

___

Ursprung und Evolution
der Sprache

Wie sich die typisch menschliche vokale Form der Kommunikation und Kognition mit ihrer skizzierten phonematischen und semantischen Doppelstruktur in der Evolution ausgebildet hat, ist natürlich eine der Hauptfragen in den Überlegungen zur Sprachentstehung. In einem Großteil der neueren Forschungen zu Ursprung und Evolution der Sprache[10] hat man zunächst ziemlich ausschließlich die Entwicklung der Lautproduktion zur menschlich strukturierten Lautsprache im Blick gehabt.[11] Dabei berücksichtigte man etwa Entwicklungen wie den aufrechten Gang, die Vergrößerung des Gehirnvolumens, die Lateralisierung des Gehirns, die Entwicklung und Absenkung des Kehlkopfs, das FOXP2-Gen etc. Andere Forscher haben – entsprechend ihrer völlig anderen Auffassung von Sprache – nach evolutionären Vorformen des Prinzips der «Rekursivität» gesucht, die Noam Chomsky für das entscheidende und definierende Kriterium menschlicher Sprache hält. Rekursivität ist die Eigenschaft von Sätzen, in sich weitere Sätze einzubetten (wie in dem Satz «Der Hund, der die Frau biss, ist schwarz»). Chomsky selbst glaubt aber eigentlich nicht, dass es irgendwo bei unseren biologischen Vorfahren eine Vorform von Rekursivität gibt, und ist von einem evolutionären Sprung bei den menschlichen Primaten überzeugt.[12] Weil es sich bei der Rekursivität um eine – angeborene – syntaktische Eigenschaft handelt, deren materielle Realisierung völlig irrelevant ist, brauchen evolutionäre Szenarien im Rahmen der Chomskyschen Sprachtheorie prinzipiell die materiellen Erscheinungsweisen von Sprache – Laut oder Gebärde – nicht zu berücksichtigen.[13]

Bei denjenigen Forschern allerdings, die die materielle Erscheinungsform der Sprache für essentiell halten, ist natürlich die Evolution der vokalen Sprache zentral. Hier spielen Forschungen zu den Primaten eine wichtige Rolle. Die Beobachtung der Lautproduktion von Affen brachte aufregende Erkenntnisse an den Tag. Es scheint aber, dass man dabei immer wieder auf eine evolutionäre Grenze trifft: Es geht nicht recht weiter von den Lauten unserer nächsten Verwandten zur Menschensprache. Auch hat kein einziger Affe jemals eine menschliche Lautsprache gelernt (die armen Tiere sind jahrzehntelang mit diesem absurden Projekt gequält worden). Offensichtlich sind auch deswegen die *Gebärden* der Primaten ins Blickfeld geraten. Damit wurde die Erforschung der Sprachevolution in eine Betrachtung des Zusammenhangs von gestisch-visueller und stimmlich-hörender Zeichenproduktion überführt. Das Szenario der Evolution menschlicher Sprache von Tomasello sucht nicht mehr nach Vorformen menschlicher Sprachlaute bei den nicht-menschlichen Primatenlauten, sondern denkt einen Übergang von primären Gebärden zur Lautsprache.

Nun fragt es sich natürlich, wie es denn kam, dass nach dem visuellen System das vokal-auditive System die Funktion des Zeigens und des (mimetischen) Bezeichnens der objektiven Welt übernahm. Und es fragt sich zweitens, wie dann das vokal-auditive System die skizzierte artikulatorische Struktur entwickelte, die man im engeren Sinne «menschliche Sprache» nennen muss und die erst die im Zeigen und in Gebärden (auch im Tanzen) angelegten kognitiven Potenzen voll entfaltet.

Wie der Laut die Funktion des Zeigens und Abbildens, des Semantischen, übernahm, ist bei Tomasello nicht besonders überzeugend dargelegt. Das Vokale ist bei den Primaten zunächst auf den Ausdruck der Emotionen spezialisiert und deutet damit auf das Innere. Ein Grund dafür, dass es dann auch die Funktion des Deutens auf die Welt erhielt, ist bei Tomasello eher angedeutet als ausgeführt: Es ist der Vorteil, dass das Lautliche «more public» sei (Tomasello 2008: 231) als die sichtbare Gebärde, dass es sich also nicht nur an ein anderes Individuum, sondern an einen größeren Kreis von Artgenossen richten kann. Der «Wechsel zur vokalen Modaliät» (Tomasello 2008: 226) ist aber doch mehr als bloß ein medialer oder «modaler» Übergang. Die Übernahme der semantischen Funktion durch das vokal-auditive System ist eine ziemlich radikale

Wende gegenüber der ursprünglichen Funktion der Stimme, wenn diese die Bezeichnung des Inneren, des seelischen Geschehens ist. Die Stimme verweist nun sprechend nicht mehr nach innen, sondern nach außen wie vorher die Hand und die Körpergebärden. Doch wieso tut sie das?

Ansätze für eine solche «objektive Semantisierung» von Primatenlauten wurden in der Forschung bei den verschiedenen Warnschreien der Grünen Meerkatze angesichts von Leopard, Schlange und Adler vermutet. Doch sind diese Schreie wirklich Anfänge von phonetiko-semantischen «Konzeptualisierungen»? Die Primatologin Julia Fischer ist sehr vorsichtig in dieser Hinsicht.[14] Es scheint eher, dass die verschiedenen Schreie «Mach dich nach oben!» (Leopard), «Mach dich nach unten!» (Adler), «Richte dich auf!» (Schlange) bedeuten, also nach wie vor affektiv-appellative Ereignisse sind, natürlich ausgelöst von verschiedenen Wahrnehmungen in der Welt.

Liegt die Lösung des Geheimnisses des Übergangs vielleicht in der Annahme, dass die beiden modalen Systeme gar nicht so spezialisiert sind, wie das von Tomasello angenommen wird? Das zum Weltbezug genutzte visuell-gestische System ist ja durchaus nicht nur auf die «objektive» Bezeichnung spezialisiert. Sichtbare Bewegungen des Körpers drücken natürlich auch Emotionen aus: Der ganze Körper zittert vor Angst, die Arme werden zu liebevoller Umarmung oder zur hasserfüllten Abwehr genutzt, die Mimik des Gesichts dient sowieso dem Ausdruck von Gefühlen. Umgekehrt kann sich der primär affektiv-appellative phonische Bewegungsapparat des Mundes nicht der Ausrichtung des Körpers auf die Welt entziehen, wenn die Hand auf die Welt zeigt oder wenn die Gebärde ein Objekt imitiert. Der Mund ist als Instrument der Nahrungsaufnahme sogar primär auf die Welt, auf den Nahrungsgegenstand nämlich, gerichtet. Zwar hat, wie André Leroi-Gourhan (1964/65) es so eindringlich beschrieben hat, der aufrechte Gang die vorderen Gliedmaßen von der Funktion der Fortbewegung befreit, so dass sie zum Greifen – und zum Zeigen auf die Welt – genutzt werden können. Und er hat den Mund vom Aufgreifen der Nahrung befreit, so dass er zur Symbolisierung genutzt werden kann. Aber der Mund ist eben doch ursprünglich ein System der Ergreifung, ja eigentlich sogar – gegenüber der Hand – das ursprünglichere System. Warum sollte er also solches Ergreifen im Symbolisieren, im Begreifen, nicht weiterbetreiben?

Der «Übergang» vom Gestisch-Visuellen zum Phonetisch-Auditiven könnte also gar keine dramatische Wende des Phonetischen von innen nach außen, von der Emotion zur Kognition sein, sondern nur eine Gewichtsverlagerung bei den affektiven und kognitiv-semantischen Funktionen, die *beide* modale Systeme, wenn auch in verschiedenem Maße, hatten. Der Mensch wurde dann sozusagen insgesamt, mit seinem *ganzen* Körper, «semantischer». Die Hand war zunächst ein besser geeigneter Körperteil für die deiktisch-kognitive Funktion als der Mund, weil sie nach der Aufrichtung vor allem mit dem Ergreifen von Welt beschäftigt war. Der Mund orientierte sich aber schon vor der Aufrichtung in seiner alimentären Funktion mit Zunge und Zähnen auf die Welt. Nach der Aufrichtung und der Befreiung von der Funktion des Ergreifens musste das Orale in der Symbolisierung sozusagen nur noch sein zweites Moment, die Stimme, auf die Welt wenden.

Der Mund übernahm bei der semantischen Funktion jedoch erst dann die Führung, als er das strukturelle Prinzip entwickelt hatte, das ihm eine unendliche Weltbemächtigung erlaubte: das Prinzip der phonematischen Artikulation.

Die Evolution der phonematischen Struktur der Lautsprache wird von Tomasello fast überhaupt nicht berücksichtigt, jedenfalls wird sie nicht in ihrer fundamentalen Bedeutung für den vollen Ausbau menschlicher Sprache reflektiert. Es gibt einen kurzen Hinweis auf das Artikulationsgen FOXP2, das sich vor 150 000 Jahren durchsetzte, weil «good articulators» damals einen Wettbewerbsvorteil hatten (Tomasello 2008: 235f.). Welchen? Offensichtlich den, dass die lautliche Artikulation gerade jenen kognitiven Bezug auf die Welt ermöglichte, der die gestuellen Möglichkeiten weit überstieg: Die «good articulators» waren einfach gescheiter.

Offensichtlich basiert die Artikulation auf jenem Gen, das den schönen Namen FOXP2 trägt und das Menschen zum Beispiel mit bestimmten Vögeln gemeinsam haben, die den Laut ebenfalls «gliedern». Anscheinend nutzte der menschliche Primat eine genetische Anlage, die er dann zu den genannten semantischen Zwecken weiterentwickelte. Aber das sagt natürlich noch nichts darüber aus, wieso dieses Gen beim Menschen die geschilderte revolutionäre Ausprägung hatte, wieso es gerade zu diesem Zeitpunkt geschah und welche Vorformen in der Evolution auf die vokale Artikulation hindeuten. Julia Fischer hat bei Pavianen eine Rhythmisierung der Lautproduktion beschrieben. Diese Affen produzieren Laute, *wahoo*, die deutlich aus zwei Silben bestehen und damit eine Gliederung des Schreis enthalten (Fischer 2012: 174f.). Doch verweisen solche Lautrhythmen schon auf die menschliche Artikulation?

Natürlich haben die verschiedensten naturwissenschaftlichen Forschungen zahlreiche wichtige Bausteine zur Entwicklung eines oder mehrerer plausibler Szenarien für die Evolution der Sprache geliefert. Dennoch lassen einen alle diese «Erklärungen» letztlich unbefriedigt. Wir finden «Vorformen» menschlicher Kommunikation und Kognition bei unseren Primaten-Verwandten. Affen produzieren Laute, die «Bedeutung» haben, jedenfalls emotionale Bedeutungen: «Verschwinde jetzt», «ich liebe dich», «es tut mir weh». Vielleicht haben sie auch, wie die Schreie der Meerkatzen, andeutungsweise konzeptuelle, objektive Bedeutungen («Schlange», «Adler», «Leopard») und sind damit möglicherweise Anfänge der sogenannten ersten Gliederung, der Artikulation der Welt in Bedeutungen (und Wörter). Strukturell sind diese Schreie aber «Äußerungen», also volle kommunikative Handlungen. Keine dieser Lautproduktionen ist ein «Wort», also eine bedeutungshafte Einheit, die zum Aufbau von Äußerungen dient. Die Schreie sind auch nur ansatzweise phonetisch artikuliert, das heißt in unterscheidbare Lautsequenzen strukturiert. Diese Lautäußerungen bleiben eben doch Schreie, also weitgehend unartikuliert und weitgehend emotional.

Keiner unserer Verwandten hat das Orale so zum hauptsächlichen Kommunikations- und Kognitionsmodus ausgebaut wie der Mensch. Keiner hat die Stimme auf die beschriebene Weise «artikuliert», und keiner hat die damit möglichen Trennungen und Zusammensetzungen zu Wörtern synthetisiert, die ihrerseits zu Äußerungen kombiniert werden können. Eine winzige – wie gesagt einfache und komplexe – technische «Erfindung» der Hominiden begründete eine folgenreiche Differenz. Auch wenn wir fast alles mit unseren nächsten biologischen Verwandten gemeinsam haben – Julia Fischers wunderbares Buch über die «Affengesellschaft» macht dies auf eindringliche und berührende Weise klar –, es klafft durch die kleine Neuerung der Artikulation eben auch eine riesige Kluft zwischen den anderen Primaten und den Menschen. Und diese wurde mit all den großartigen Erkenntnissen aus Biologie, Genetik, Neurologie, Primatologie etc. und mit den aus ihnen komponierten Szenarien wissenschaftlich noch nicht zufriedenstellend überbrückt. Machen wir uns nichts vor: Wir kennen die Brücke nicht – werden wir sie jemals kennen? Ignoramus et ignorabimus.

4

Zeichen – Wort – Bild

Wir leben vermutlich im letzten historischen Moment der Sprache, die dabei ist, in den nächtlichen Schacht des globalisierten Geistes, früher Weltgeist genannt, zu fallen und dort auf ewig zu verschwinden. Der Sprache ist es nämlich nicht gelungen, nachhaltig *als Sprache* ins philosophische und damit ins allgemeine und politisch agierende Bewusstsein zu gelangen. Sie fällt in den Orkus des Zeichens, denn der heutige Weltgeist ist ein semiotischer, kein sprachlicher. Ihm gilt es – wegen der in den letzten Kapiteln angedeuteten anthropologischen Kostbarkeit der Sprache – zu widerstehen, wobei uns die Erinnerung an Humboldts Kampf für die Sprache als Sprache helfen kann. Der überaus versöhnliche Denker Wilhelm von Humboldt hatte nämlich einen philosophischen Feind: das Zeichen. Nicht das Bild ist der Widersacher der Sprache, wie heute in der kulturpolitischen Diskussion um die Rolle der Medien oft angenommen wird, sondern das Zeichen. Im Kampf gegen das Zeichen steht das Bild dem Wort als Freund und Bruder zur Seite.[15]

Humboldt denkt gegen das Zeichen, weil er die Sprache nicht – wie die gesamte Philosophie vor ihm – von der Wahrheitsproblematik her denkt, von der Frage des richtigen Benennens des (wissenschaftlich) Gemeinten und Gedachten, sondern von den konkreten Sprachen her. In diesem Sinne ist er zutiefst Sprachdenker und nicht Philosoph. In den Jahren seines Parisaufenthalts 1797-1801 begegnet Humboldt dem Baskischen und entdeckt damit seine Berufung als Linguist. Er vertieft sich in die Struktur dieser Sprache, die so anders ist als die Sprachen, die er bisher kennengelernt hat (nämlich eine Reihe von indoeuropäischen Sprachen und Hebräisch). Das Baskische ist eine isolierte Sprache, vielleicht ist es die vorrömische oder gar vorkeltische Sprache Iberiens. Es hat einen

Wortschatz, der in keiner Weise mit den indogermanischen Lexemen verbunden ist (bis auf die vielen lateinischen Entlehnungen); es hat eine ganz andere, hochkomplizierte Morphologie der Nomina und Verben; es ist eine Ergativsprache, das heißt, es markiert einen Unterschied zwischen einem transitiven und einem intransitiven Subjekt. Humboldt kann diese radikalen linguistischen Unterschiede nicht bloß als eine materielle Verschiedenheit wahrnehmen. Nichts an den Wörtern und grammatischen Strukturen des Baskischen stimmt mit denen der ihm bisher bekannten Sprachen überein. Es kann also gar nicht sein, dass die Wörter und Morpheme des Baskischen wie aller anderen Sprachen nur verschiedene *materielle* Manifestationen universell identischer Vorstellungen – also *Zeichen* – sind, wie es die gesamte europäische Philosophie seit Aristoteles glaubt.[16] Sie enthalten ganz andere, spezifisch baskische Vorstellungen, die an den materiellen Wörtern «kleben», wie Herder gesagt hat. Humboldt erlebt die sprachliche Differenz als geistige Differenz, als andere «Ansicht» von der Welt. Er bemerkt daher sofort, dass man über die Sprachen anders sprechen muss, als das die Tradition bisher getan hat. Die Redeweise vom Zeichen fasst nicht das Wesen der Sprache – er muss etwas Neues finden. Von nun an wird er sich sein ganzes Sprach-Leben lang am Zeichen abarbeiten.

1806, in seinen einleitenden Überlegungen zu einer nie ausgeführten Beschreibung des Griechischen in «Latium und Hellas», gibt Humboldt die erste Breitseite auf das Zeichen ab. Die Betrachtung der Sprache als Zeichen sei «tödlich»:

> Den nachtheiligsten Einfluss auf die interessante Behandlung jedes Sprachstudiums hat die beschränkte Vorstellung ausgeübt, dass die Sprache durch Convention entstanden, und das Wort nichts als Zeichen einer unabhängig von ihm vorhandenen Sache, oder eines eben solchen Begriffs ist. Diese bis auf einen gewissen Punkt freilich unläugbar richtige, aber weiter hinaus auch durchaus falsche Ansicht, tödtet, sobald sie herrschend zu werden anfängt, allen Geist und verbannt alles Leben. (GS III: 167)

1806 entfaltet er auch zum ersten Mal das, was ich die Humboldtsche Trias nenne: Zur Opposition Wort – Zeichen fügt er das Bild hinzu. In einem allgemeinen Sinne ist das Wort durchaus ein Zeichen, sofern es für einen Inhalt steht (*aliquid stat pro aliquo*, «etwas steht für etwas», ist der übergeordnete allgemeine Zeichenbegriff). Aber das Wort ist eben etwas Besonderes, das sich mit dem Blick aufs Bild präzisieren lässt:

> Von einem Bilde wird es durch die Möglichkeit, sich unter ihm die Sache nach den verschiedensten Ansichten und auf die verschiedenste Weise vorzustellen; und von einer solchen bloßen Andeutung [Zeichen] durch seine eigne bestimmte sinnliche Gestalt unterschieden. (GS III: 169)

In diesem kurzen Satz stecken die gesamten strukturellen Besonderheiten von Bild, Wort und Zeichen, die Humboldt dann immer weiter ausführt. Das Bild gibt eine ganz bestimmte «Ansicht» der Sache, das Zeichen dagegen ist völlig von solchen Ansichten befreit, und seine materielle Seite ist völlig gleichgültig, konventionell verabredet. Das Wort steht genau in der Mitte: Seine Semantik ist vage, sie lässt den Sprechern und Hörern die Freiheit, sich den Gegenstand so oder so vorzustellen. Die materielle Gestalt ist aber nicht gleichgültig, sondern hat Teil an der Bedeutung, ist fest in die Bedeutung integriert. Daher auch der bekannte Humboldtsche Satz, «dass wer *hippos, equus* und *Pferd* ausspricht, nicht durchaus und vollkommen dasselbe sagt» (GS III: 170). Die Semantik der drei Wörter *scheint* völlig identisch zu sein, sie ist es aber nicht, weil der Signifikant Teil der Bedeutung ist.

Die wichtigste Etappe in Humboldts Diskussion des semiotischen Status des Wortes ist 1824/27 erreicht, als er an der Einleitung zu einem Buch über die amerikanischen Sprachen arbeitet. In diesen «Grundzügen des allgemeinen Sprachtypus»[17] gibt es in den §§ 101–103 eine ausführliche Erörterung der besagten Trias. Die Darlegung beginnt mit dem Satz: «Das Wort, als Bezeichnung des Begriffs, ist verwandt mit dem Zeichen und dem Symbol» (GS V: 427). Was vorher Bild hieß, nennt Humboldt hier – wohl unter dem Einfluss Friedrich Creuzers – «Symbol». Das Wort als Zeichen anzusehen – Humboldt sagt es erneut – «ist der Grundirrthum, der alle Sprachwissenschaft und alle richtige Würdigung der Sprache zerstört» (ebd.). Es muss also genauer differenziert werden.

Der Vergleich der drei semiotischen Einheiten lässt sich folgendermaßen resümieren: Während beim Zeichen das «Bezeichnete ein von seinem Zeichen unabhängiges Daseyn hat», ist es beim Wort so, dass «der

Begriff aber erst selbst seine Vollendung durch das Wort erhält, und beide nicht von einander getrennt werden können» (GS V: 428). Diese Untrennbarkeit der materiellen Form und des Inhalts teilt das Wort mit dem Symbol (Bild). Doch das Zusammenfallen des Sinnlichen und des Unsinnlichen ist im Wort und im Symbol grundverschieden: Im Wort

> sind Laut und Begriff, ohne nur eine Trennung zuzulassen, und jeder für sich unvollständig, Eins und machen Ein Wesen aus, aber der Laut weicht gewissermaßen dem Begriff, den er nur hervorrufen und gestalten soll. (GS V: 429)

Im Symbol (Bild) dagegen verschmelzen Sinnliches und Unsinnliches, Form und Bedeutung, sie sind einfach dasselbe:

> Im Symbol ist die Naturform selbständig zugleich mit der sie durchdringenden Idee, und behauptet vorzugsweise ihre Rechte, beide sind dasselbe, da aus jedem Punkte der einen die andere vorstrahlt. (GS V: 429)

Die Materialität des Bildes ist also primär und «schwer». Das Symbol (Bild) ist ein vergeistigter Körper, während bei der Sprache das Geistige primär ist, das aber, um zu erscheinen, Materialität annehmen muss. Sprache ist verkörperter Geist. Deswegen sucht sie sozusagen die leichteste, dem Geist am meisten entsprechende Materialität: den Ton. Der Laut ist ein Abbild des Geistes:

> Die Sprache dagegen ist ein rein geistiges Streben, gehend vom Denken zum Denken, nur auf diesem Wege gezwungen Körperstoff annehmend, und nur so wenig, als möglich, nur den leichten, gleich verhallenden Ton, und von diesem nur den articulirten, den mit möglichster Abschneidung alles Geräusches zum bloss hörbaren Verhältniss zurückgeführten. (GS V: 429)

Während Humboldt die Sprache hier extrem vergeistigt, verstärkt er in seinem reifen Alterswerk ihre Materialität wieder kräftig, betont das Dinghafte des Wortes und macht damit das Wort fast zu einem phonischen Bild. Im Herzstück seines Hauptwerks, im § 9 der «Kawi-Einleitung» von 1836, feiert er auf einer seiner inspiriertesten Seiten «die Übereinstimmung des Lautes mit dem Gedanken» (GS VII: 53). Er beginnt:

Wie der Gedanke einem Blitze oder Stosse vergleichbar, die ganze Vorstellungskraft in Einen Punkt sammelt und alles Gleichzeitige ausschliesst, so erschallt der Laut in abgerissener Schärfe und Einheit. (ebd.)

Und er findet sechs weitere solcher «symbolischen» Eigenschaften des Lauts: seine Eindringlichkeit, seine Beweglichkeit, das Hervorkommen aus dem Inneren, die Unkörperlichkeit der Luft, die atmende Emotionalität der Stimme und das Gerichtetsein auf den anderen (nicht auf den Boden). Die Schönheit dieser Seite ist der Tatsache geschuldet, dass wir uns ganz offensichtlich im Herzen der Humboldtschen Sprachauffassung befinden:

> Wie der Gedanke das ganze Gemüth ergreift, so besitzt auch der Laut vorzugsweise eine eindringende, alle Nerven erschütternde Kraft. Dies ihn von allen übrigen sinnlichen Eindrücken Unterscheidende beruht sichtbar darauf, dass das Ohr (was bei den übrigen Sinnen nicht immer oder anders der Fall ist) den Eindruck einer Bewegung, ja bei dem der Stimme entschallenden Laut einer wirklichen Handlung empfängt, und diese Handlung hier aus dem Innern eines lebenden Geschöpfs, im articulirten Laut eines denkenden, im unarticulirten eines empfindenden, hervorgeht. Wie das Denken in seinen menschlichsten Beziehungen eine Sehnsucht aus dem Dunkel nach dem Licht, aus der Beschränkung nach der Unendlichkeit ist, so strömt der Laut aus der Tiefe der Brust nach aussen und findet einen ihm wundervoll angemessenen, vermittelnden Stoff in der Luft, dem feinsten und am leichtesten bewegbaren aller Elemente, dessen scheinbare Unkörperlichkeit dem Geiste auch sinnlich entspricht. (GS VII: 53f.)

Das sind die allgemeinen ikonischen Eigenschaften des Lautes und der Stimme in der Beziehung zum Gedanken, den sie artikulieren. Im nächsten Abschnitt, § 10 über die Natur des articulirten Lautes, vertieft Humboldt den Zusammenhang zwischen dem Laut und dessen Bedeutung noch weiter. Er unterscheidet die nachahmende, die symbolische und die analogische «Bezeichnungsart», wobei die erste die Onomatopoetika umfasst. Interessanter sind die sogenannten symbolischen Bezeichnungen: Humboldt erwähnt immer wieder das Wehende, sich Bewegende des Lautes *w* in *Wehen, Wind, Wolke, Wirren*. Besonders tief aber ist die Einsicht, dass Sprache überhaupt «analogisch» organisiert ist, dass sie also semantische Zusammenhänge immer auch materiell abbildet. Weiter kann man die Bildlichkeit der Sprache nicht treiben. Wir sind weit vom (arbiträren) Zeichen entfernt.

Das Zeichen ist bei Humboldt also, entsprechend der europäischen aristotelischen Tradition, etwas Materielles, das für vorgängig Gedachtes steht und der Kommunikation dient und das per Übereinkunft mit dem Gedachten verbunden ist, wobei beide «einander nichts angehen». Anders das Wort. Es ist eine Synthese aus Laut und Bedeutung, eine das Denken erzeugende Handlung, deren Materialität, der Laut, unauflöslich in die Bedeutung verwoben ist. Vom Bild ist es durch die Unterscheidbarkeit von materieller Form und Bedeutung unterschieden, die beim Bild zusammenfallen. Wort und Bild sind bei Humboldt aber enger verwandt als Wort und Zeichen.

Warum ist es nun so wichtig, dass das Wort oder die Sprache kein Zeichen ist? Was ist denn so «tödlich» an der Auffassung von Sprache als Zeichen? Systematisch ergibt sich aus Humboldts Überlegungen eine doppelte «tödliche» Gefahr. Einerseits reduziert bzw. vernichtet die Zeichenauffassung den Anteil von Sprache an der Kognition. Das Kognitive oder das Denken hat beim Zeichen ja schon stattgefunden, während es beim Sprechen gerade erst stattfindet; es geht dabei also um die Erzeugung des Gedankens selbst. Und diese Abhängigkeit des Denkens von der Sprache ist keine Katastrophe des Denkens, sondern produziert im Gegenteil in den verschiedenen Sprachen die «wunderbare Vielfalt der Operationen unseres Geistes» (Leibniz). Die Sprachen sind – das ist Humboldts Gegenbegriff zum Zeichen – «Weltansichten».

> Durch die gegenseitige Abhängigkeit des Gedankens und des Wortes von einander leuchtet es klar ein, dass die Sprachen nicht eigentlich Mittel sind, die schon erkannte Wahrheit darzustellen, sondern weit mehr, die vorher unerkannte zu entdecken. Ihre Verschiedenheit ist nicht eine von Schällen und Zeichen, sondern eine Verschiedenheit der Weltansichten selbst. (GS IV: 27)

Andererseits vernichtet die Zeichenauffassung von Sprache auch ihre Körperlichkeit, sofern diese im Zeichen völlig unerheblich ist. Sprache ist aber Verkörperung des Denkens in kognitiven Bewegungen des lebendigen Leibes oder, die zitierte Humboldt-Stelle (GS VII: 54) paraphrasierend, Bewegung und Handlung aus dem Innern eines lebenden und denkenden Geschöpfs.

Humboldt selbst zählt 1806 die folgenden «geisttötenden» Konsequenzen der Zeichenauffassung von Sprache auf:

> dass das Sprachstudium entweder nur zu äusseren Zwecken, oder zu gelegentlicher Entwickelung noch ungeübter Kräfte nothwendig; dass die beste Methode die am kürzesten zu dem mechanischen Verstehen und Gebrauchen einer Sprache führende; dass jede Sprache, wenn man sich ihrer nur recht zu bedienen weiss, ungefähr gleich gut ist; dass es besser seyn würde, wenn alle Nationen sich nur über den Gebrauch einer und derselben verstünden. (GS III: 167)

Die ersten beiden Punkte üben Kritik an einem nur am Praktischen orientierten Sprachunterricht und einem gar völlig sprachfernen Lernziel des Sprachenstudiums – etwa der Gedächtnisübung. Sprache als Denken kommt da nicht vor. Wenn die Sprachen nur gleichgültige Zeichen zum Kommunizieren sind, wenn sie keinen intrinsischen kognitiven Wert haben, dann sind sie, zweitens, wirklich austauschbar, gleich-gültig. Und drittens wäre es dann auch gleichgültig, wenn die Sprachen der Menschheit verschwänden. Sie wären nur indifferente «Schälle und Zeichen», nichts ginge mit ihrem Untergang verloren. Im Gegenteil: Die Bestrafung von Babel wäre endlich aufgehoben.

Die aktuellen Konsequenzen dieser Sprachauffassung für die globale Sprachpolitik, das gesellschaftliche Ganze und die Philosophie liegen auf der Hand. Nur eine Humboldtsche Sprachauffassung kann uns vor der sprachlichen Vereinheitlichung der Menschheit retten. Wenn die Sprachen nur «Schälle und Zeichen» sind, dann gibt es keinen substantiellen Grund, auf der Bewahrung der verschiedenen Sprachen der Menschheit zu bestehen. Das «Globalesische» ist dann die lang ersehnte Rettung vor der babelischen Behinderung globaler Kommunikation. Dieser globale sprachpolitische Jakobinismus wird derzeit in einflussreichen sozialwissenschaftlichen Publikationen massiv propagiert.[18] Nur wenn wir die Sprachen als «Weltansichten» im menschlichen Denken verankern, wenn wir ihren jeweiligen Beitrag zur Arbeit des Geistes erkennen, wenn wir Babel nicht als Fluch, sondern als Segen betrachten, gibt es einen

Grund, die Sprachen der Menschheit zu erhalten und sie als Reichtum des Denkens zu feiern. Die Chancen hierfür stehen allerdings nicht gut, wie ich schon zu Beginn dieses Kapitels bemerkte: Der Weltgeist ist heute semiotisch, nicht sprachlich.

In der «Einleitung in das gesammte Sprachstudium» von 1811/12 skizziert Humboldt die wohltätige Wirkung der Auffassung von Sprache *als Sprache* für die Gesellschaft. Die Sprache wäre, wenn der Mensch «sie wie ein auf seinem Stamm empor geschossenes Gewächs ansähe, wenigstens eben so sehr seiner Aufmerksamkeit würdig, als die Gebirge und Flüsse, welche seinen Geburtsort umgeben» (GS VII: 626). Ein richtiger Sprachbegriff ist also ein Gebot geistiger Ökologie.[19] Man würde auch besser verstehen, was eigentlich fremde Sprachen sind, nämlich «neue Arten zu denken und empfinden» (GS VII: 602). Und «mit der erwachenden Lust an der Sprache, als Sprache» (GS VII: 626) würde auch die Sympathie für die «Provinzial- und Volkssprachen» steigen, wodurch schließlich «die höheren Stände und das Volk einander näher treten» (ebd.). Dies scheint mir derzeit gesellschaftspolitisch dringend angezeigt, da die höheren Stände Deutschlands gerade wieder einmal in eine andere Sprache abwandern und ihre alte Sprache zunehmend «mit stolzem Ekel» (ebd.) betrachten.

Und schließlich würde eine Humboldtsche Sprachauffassung wohl auch auf die Philosophie ihre wohltätige Wirkung nicht verfehlen. Mit den wirtschaftlichen Eliten ist auch die deutsche Philosophie dabei, in eine globalesische Universalität zu entschwinden und aus dem Deutschen auszusteigen. Da alle Philosophie, wie Wittgenstein im «Tractatus logico-philosophicus» (1921) sagt, Sprachkritik ist und da sie auch nach seinen «Philosophischen Untersuchungen» (1953) den Kampf gegen die «Verhexung» des Denkens durch die natürliche Sprache nicht aufgegeben hat, kann sie durch die Ausschaltung aller Sprachen außer Englisch schon einmal eine große Quelle der «Verhexung» tilgen. «Expurganda sunt», «sie müssen beseitigt werden», hatte Francis Bacon, der Urvater analytischer Philosophie, gegen die volkssprachlichen Bedeutungen gerufen. Und diese Expurgation scheint heute auch zu gelingen. Es bleibt nur noch eine Sprache übrig, durch die sich die Philosophie hindurchanalysieren kann. Bacons Traum von der neuen Sprache seines wissenschaftlichen Himmelreiches nähert sich der Realisierung.[20] Humboldtisch gesehen ist das aber durchaus kein Hinaustreten aus aller Sprache, von dem die Philosophie seit Platon träumt, sondern nur die Reduzierung auf eine einzige «Weltansicht», eine dramatische Verarmung des philosophischen Denkens.[21]

5

Weltansichten oder:
Die Farbe des Denkens

«Der Irrthum ist längst verschwunden, dass sie [die Sprache] ein Inbegriff von Zeichen von, ausser ihr, für sich bestehenden Dingen, oder auch nur Begriffen sei», glaubte Wilhelm von Humboldt 1811 optimistisch (GS VII: 621). Wir wissen heute, 200 Jahre später, dass diese «beschränkte Vorstellung» nach wie vor weit verbreitet ist. Daher muss Guy Deutscher (2010) auch heute noch – vom Standpunkt neuester Forschungen – gegen die Auffassung argumentieren, dass Sprache ein Ensemble von im Grunde gleichgültigen Lautzeichen zur Kommunikation von außersprachlich Gedachtem sei. Humboldt hatte den engsten Zusammenhang von Sprache und Denken angenommen: Die Sprache erzeugt überhaupt erst das eigentlich menschliche Denken, sie ist «das bildende Organ des Gedanken» (GS VII: 53). So radikal würde Deutscher wohl Sprache und Denken nicht gleichsetzen. Er kennt, entsprechend der Auffassung moderner Kognitionswissenschaft, eine ganze Menge Denken jenseits der Sprache. Aber er nimmt doch wie Humboldt an, dass Sprache eine fundamentale Schicht des Denkens generiert und dass dieses Denken von Sprache zu Sprache verschieden ist. Auch für Deutscher ist die Verschiedenheit der Sprachen daher eine Verschiedenheit jenes in den Einzelsprachen sedimentierten Denkens, das Humboldt «Weltansicht» nannte.[22]

Humboldt hatte 1811 angenommen, dass die alte, falsche Sprachauffassung längst verschwunden sei, weil die Annahme einer kognitiven Differenz der Sprachen ein Gedanke war, den in einem langen europäischen Prozess viele Sprachdenker vor ihm entwickelt hatten: Seit ihrer Begegnung mit außereuropäischen Sprachen und Kulturen mussten die Europäer feststellen, dass die anderen Menschen in ihren Sprachen anders «denken», dass die Bedeutungen der Wörter und grammatischen Mittel mitnichten mit denen der europäischen Sprachen übereinstimmen. Diese einzelsprachlichen Semantiken waren gemeint, wenn von verschiedenen «Weltansichten» die Rede war. Aber was heißt das genau?

Diese Frage im Lichte neuerer sprachpsychologischer Erkenntnisse zu beantworten ist deswegen so wichtig, weil in Teilen der Linguistik die verschiedenen «Weltansichten» durch relativistische (Whorf) und nationalistische (Weisgerber) Übertreibungen in Verruf gekommen sind. Dass einzelsprachliche Sprachstrukturen das Denken und Verhalten der entsprechenden Sprachgemeinschaften determinieren und sie gleichsam in Gefängnisse des Denkens einschließen, war und ist ja eine weit verbreitete Meinung, auch außerhalb der Linguistik. Die sprachdeterministischen Sprüche so hehrer Geister wie Wittgenstein («Die Grenzen meiner Sprache bedeuten die Grenzen meiner Welt») und Barthes («Sprache ist faschistisch») werden gern und oft zitiert. Das alles hat Steven Pinker, der Prophet Chomskyscher Linguistik, mit päpstlichem Bannstrahl verdammt: «it is wrong, all wrong!», hat er aus dem Vatikan der Linguistik dekretiert (Pinker 1994: 57). Zwar verbindet die mächtige Chomskysche Sprachwissenschaft «Denken» durchaus mit der Sprache, sie nennt sich ja nicht von ungefähr «kognitive» Linguistik. Aber sie will den *universellen* Denkgesetzen auf die Spur kommen, einzelsprachliche kognitive Differenzen sind ihr dagegen verdächtig. Gegen diese linguistische Orthodoxie nimmt Deutscher nun unerschrocken doch wieder an, dass die einzelnen Sprachen das Denken «färben». «Wie Wörter deine Welt färben», «How words colour your world», ist der englische Untertitel seines Buches. Die Metapher der sprachlichen Färbung des Denkens hatte im übrigen Humboldt schon 1820 benutzt: «Denn indem sich der Charakter der Sprache an jeden Ausdruck, und jede Verbindung von Ausdrücken heftet, erhält die ganze Masse der Vorstellungen eine von ihm herrührende Farbe» (GS IV: 24).

Es ist eine besonders geistvolle Pointe, dass Deutscher diese Farben des Denkens am Beispiel des Denkens der Farbe vorführt: Er erzählt die spannende Geschichte, wie Philologie, Sprachwissenschaft, Psychologie und Anthropologie über hundert Jahre lang eine hin- und herwogende Diskussion über den Zusammenhang von Sprache, Farbwahrnehmung und Evolution führten. Hauptakteure sind William Gladstone (der britische Premier!), der deutsche Sprachwissenschaftler Lazarus Geiger aus dem 19. Jahrhundert und aus neuerer Zeit die amerikanischen Anthropologen Brent Berlin und Paul Kay. Ausgangspunkt ist die philologische Feststellung Gladstones, dass Homer die Welt in wenigen und trüben Farben schildert – sein Meer zum Beispiel ist nicht blau, sondern «weindunkel». Es fragt sich daher, ob – und warum – Homer die Welt tatsächlich in so trüben Farben gesehen hat, wie es die Farbadjektive seiner Epen vermuten lassen. Eine Diskussion hebt an, in der auch ziemlich wüste Annahmen über «wilde» Menschen, über die Evolution des menschlichen Farbsehens und die Rolle der Sprache dabei gemacht werden. Sehen «primitive» Menschen keine Spektralfarben? Der Kampf geht vor allem darum, was beim Farbsehen Natur und was Kultur ist. Und es zeigt sich schließlich, dass das Sprachliche – etwa die dunklen und trüben griechischen Farbadjektive – eine kulturelle Schicht der Weltbearbeitung, eine «Weltansicht», darstellt, die nicht mit den tatsächlichen Wahrnehmungen, mit weiterem «Denken» also, koinzidiert. Die Semantik der Sprachen hält die Menschen nicht in einem geistigen Gefängnis gefangen: Auch Homer hat rot und blau und grün gesehen. Umgekehrt aber kann aus der kulturell-einzelsprachlichen Gestaltung der Farben nicht geschlossen werden, dass die Sprachen die Farbeinteilung völlig unabhängig von den universellen Wahrnehmungsmöglichkeiten der Menschen, das heißt von der Natur, vornehmen. Das ist die Erkenntnis der berühmten Untersuchungen von Berlin und Kay (1969). Kultur und Natur pendeln sich – auch in der Geschichte der Farbbezeichnungen in den verschiedenen Sprachen – sozusagen aufeinander ein, das heißt, die Farb-Wörter «färben» – aber sie tun eben auch nicht mehr – durchaus die Wahrnehmung.

Die Rede von den «Weltansichten» ist nun aber in der Vergangenheit – gerade von den schon erwähnten Sprachrelativisten – oft so verstanden worden, dass aus den lexikalischen und grammatischen Strukturen weitere Schlüsse auf die Mentalität und das Handeln der eine bestimmte Sprache sprechenden Menschen gezogen wurden. Das begann mit der auch heute noch in Frankreich verbreiteten Meinung, die Wortstellung im französischen Satz begründe die «Klarheit» des französischen Geistes.[23] Der amerikanische Sprachwissenschaftler Whorf (1956) schloss aus der (vermeintlichen) Abwesenheit von Morphemen zum Ausdruck der Zeit in der Sprache der Hopi-Indianer, dass die Hopi Zeit nicht «denken» könnten. Solche berühmten und unhaltbaren Mutmaßungen haben die These von den Weltansichten in Verruf gebracht. Die Franzosen denken nicht – jedenfalls nicht wegen der französischen Syntax – klarer als andere Menschen, und die Hopi können natürlich das Konzept «Zeit» denken, auch wenn es in ihrer Sprache keine Tempora gibt.[24] Die ursprüngliche Weltansichtsthese hatte aber auch nichts dergleichen behauptet, sondern nur gesagt, dass Sprache «Denken» (wir können auch sagen: Bedeutung, Semantik) generiert und dass dieses «Denken» (was ist Semantik anderes als Denken?) verschieden ist in den Sprachen der Welt.

Guy Deutscher will den Ruhm für diese einfache und ideologisch unverfängliche Erkenntnis nicht Humboldt zusprechen, sondern erst dem deutsch-amerikanischen Anthropologen Franz Boas und dem russischen Linguisten Roman Jakobson, also der modernen strukturellen Linguistik. Die Letztere ist aber ideengeschichtlich nichts anderes als eine Entfaltung Humboldtscher Einsichten. Roman Jakobson hat 1959 in der Tat den theoretisch zentralen Satz geschrieben, dass Sprachen sich nicht dadurch unterscheiden, was sie sagen *können*, sondern was sie sagen *müssen*: «Languages differ essentially in what they *must* convey and not in what they *may* convey» (Jakobson 1959: 236). Das heißt nichts anderes, als dass die Sprachen bestimmte Strukturen vorgeben, an die sich die Sprecher (und Denker) halten müssen. Es heißt aber auch, dass das Sprechen immer über die Sprache hinausgeht und dass man in allen Sprachen alles (nur nicht unbedingt auf dieselbe Art und Weise) sagen und denken kann.[25] Als strukturalistischer Grundsatz formulierte der Satz die Grundüberzeugung einer ganzen Generation von kontinental-europäischen Linguisten, die nicht dem amerikanischen Relativismus verfallen waren und die sich daher auch nicht reuig dem Chomskyschen Universalismus hingeben mussten.

Das eigentlich Interessante und aktuell Wichtige ist aber, dass Deutscher noch einmal die Frage aufgreift, die die Relativisten und Deterministen in ihren kühnen ideologischen Interpretationen schon als beantwortet betrachtet hatten, nämlich ob die Sprachstrukturen – also das, was die Sprachen sagen *müssen* – nicht doch das Denken *jenseits* der Sprache beeinflussen. Er stellt dazu faszinierende Versuche vor, die beweisen, dass sprachliche Kategorisierungen auf das Denken jenseits der Sprache einwirken und das weitere Verhalten der Menschen beeinflussen. Sie zeigen zum Beispiel, wie sogenannte egozentrische und geographische deiktische Systeme das tatsächliche Agieren und die Wahrnehmung im Raum bestimmen. In den uns geläufigen Sprachen geht die Orientierung im Raum von einer «Ich-Origo» aus: Ich bin das Zentrum des Raums, und von mir aus liegt etwas links oder rechts, vorne oder hinten. In einigen australischen Sprachen dagegen gibt es eine objektive räumliche Orientierung an der Himmelsrichtung: Die Tasse links von mir kann zum Beispiel die östliche Tasse sein, die Schlange vor meinem Schuh die nördliche Schlange. Wie diese sprachlichen Systeme – kulturell erfundene und im Spracherwerb eingeübte Systeme – die tatsächliche Orientierung im Raum beeinflussen, kann die Psychologie zeigen.[26]

Auch das Farbthema greift Deutscher noch einmal auf: Komplizierte, aber überzeugende psychologische Versuche sind imstande, den Einfluss sprachlicher Farbkategorisierungen auf die tatsächliche Wahrnehmung nachzuweisen. Kognitionspsychologen haben gezeigt, dass die Farbe in der Sprache eben doch auch das Denken jenseits der Sprache färbt. Und ebenso kann die Psychologie die Einwirkung grammatikalischer Kategorien, zum Beispiel der Genusunterschiede, auf Assoziationen nachweisen: Wörter mit femininem grammatischem Geschlecht wecken Assoziationen von natürlicher Weiblichkeit, solche mit maskulinem Genus Assoziationen der Männlichkeit. Dichter haben schon immer Genusunterschiede für entsprechende Allegorisierungen genutzt (auch das hat Jakobson 1959 bereits gesagt): Natürlich ist im Französischen, bei La Fontaine, *la Mort* eine Frau, während der Tod in vergleichbaren deutschen Allegorien ein Mann ist, der Sensenmann. Auch alle La Fontaineschen Tiere und Gegenstände sind entsprechend ihrem grammatischen Geschlecht Damen – *la grenouille* (der Frosch), *la montagne* (der Berg) – oder Herren – *le rat* (die Ratte), *le soleil* (die Sonne). In der Dichtung hat also die einzelsprachliche Grammatik schon immer auf das Denken eingewirkt.

Die von Deutscher vorgeführten Einflüsse einzelsprachlicher Strukturen auf das Denken sind allerdings nicht so mächtig, dass sie die Einheit der Menschheit gefährden, wie die Relativisten gemeint hatten. Die Einzelsprachen sind eben keine geistigen Gefängnisse, ihre spezifische Semantik und Grammatik sind eher Farbtupfer im menschlichen Verhalten: Ob einer aus der nördlichen Tasse oder aus der Tasse links von meinem Teller trinkt, schafft keinen unüberwindlichen kognitiven Abgrund zwischen manchem Australier und mir. Dass ich mir die Brücke weiblich und den Frosch männlich vorstelle, trennt mich nicht abgrundtief von einem Engländer, der nichts dergleichen tut, weil er bei Dingen und Tieren in der Regel keine Genera unterscheidet. Es sind einfach verschiedene geistige Farben, die der menschliche Geist beim Malen seiner «Ansichten» von der Welt benutzt.[27] Schon diese dokumentieren seinen Reichtum, die wunderbare Vielfalt der Operationen des menschlichen Geistes, wie Leibniz gesagt hat. Es sind jedoch die vielfältigen Operationen ein und desselben Geistes.

Muttersprache: Das Deutsche

6

In die Rappuse gegangen

Der § 25 der «Unvorgreiflichen Gedanken, betreffend die Ausübung und Verbesserung der deutschen Sprache» (1697)[1] des Philosophen Gottfried Wilhelm Leibniz eröffnet eine Passage über die Zerstörung der deutschen Sprache durch den Krieg:

> § 25. Allein wie der Dreißigjährige Krieg eingerissen und überhandgenommen, da ist Deutschland von fremden und einheimischen Kriegsvölkern wie mit einer Wasserflut überschwemmt worden und nicht weniger unsere Sprache als unser Gut in die Rappuse gegangen; und man sieht, wie die Reichsakten solcher Zeit mit Worten angefüllt sind, deren sich freilich unsere Vorfahren geschämt haben würden.[2]

Das Deutsche ist geplündert worden, ist Kriegsbeute geworden – das bedeutet die Wendung «in die Rappuse gehen», nach Grimm ein Wort aus der Landsknechtssprache. Frankreich hat den Krieg gewonnen, politisch und kulturell (und es führt weiter Krieg in Deutschland und Europa). Seit dem Westfälischen Frieden, so Leibniz, hat eine ganze junge Generation mit großem Einfluss durch Herkunft, Reichtum, Ansehen und «vornehme Ämter» das Land «der französischen Mode und Sprache unterwürfig gemacht» (§ 26). Modern gesagt: Die deutschen Eliten sind nach dem Krieg zur Kultur der Sieger übergelaufen. Leibniz bezieht sich dabei offensichtlich auf die sechziger Jahre seines Jahrhunderts, denn er schreibt 1697, dieser Übergang sei «einige dreißig Jahre her» (§ 28). Er meint also seine eigene Generation, er ist ja 1646 geboren und selbst einer der «jungen Leute» dieses «gleichsam französischen Zeitwechsels» (§ 28). «Franzgesinnte» nennt er sie. Sie haben, so schreibt er, «Frankreich gleichsam zum Muster aller Zierlichkeit aufgeworfen» (§ 26). Natürlich, möchte man sagen, was ist cooler als der *glamour*, der *sex appeal*, die Musik, die Kleidung, der *ha-*

bitus (*hexis*), kurz der *way of life* und natürlich die Sprache des Siegers? Aber gerade dadurch ist die deutsche Sprache in die Rappuse gegangen.

Noch ausführlicher als in den «Unvorgreiflichen Gedanken» stellt Leibniz in seinem anderen berühmten Aufsatz über das Deutsche, in der «Ermahnung an die Deutschen» (ED) von 1682[3], den Niedergang des Deutschen dar. Die «Damen und Kavaliere» (ED: 62f.) in anderen europäischen Ländern haben in ihren Sprachen teil an wissenschaftlicher Kultur, weil man sich dort vom altmodischen Latein verabschiedet hat. In Deutschland dagegen wendet man sich vom Deutschen ab und dem Französischen als dem Modernen zu. Sklaverei und Blindheit seien die Folgen. Die Deutschen sind gezwungen, ihre «Art zu leben, zu reden, zu schreiben, ja sogar zu denken, nach fremdem Willen einzurichten» (ED: 64).

Zwar malt Leibniz auch in den «Unvorgreiflichen Gedanken» eine düstere Zukunft: ein Verschwinden des Deutschen im Französischen (§ 20), Verlust der Freiheit und fremdes Joch (§ 21), Verdunkelung (§ 22), kurz: Rappuse. Dort – in der Rappuse – aber möchte Leibniz die deutsche Sprache nicht lassen. Er ist ja bekanntlich kein Freund auswegloser Verzweiflung, gerade über seinen unerschütterlichen Optimismus mitten in der Rappuse wird sich Voltaire im *Candide* lustig machen. Deswegen schlägt Leibniz auch in dieser Katastrophe Tröstliches vor:

> […] so könnten wir das Böse zum Guten kehren und selbst aus unserem Unglück Nutzen schöpfen und sowohl unseren inneren Kern des alten ehrlichen Deutschen wieder hervorsuchen, als ihn mit dem neuen äußerlichen, von den Franzosen und anderen gleichsam erbeuteten Schmuck ausstaffieren. (§ 28)

Das ist die – trotz aller Klage – offene, liberale, vermittelnde und antipuristische Haltung von Leibniz in der Sprachfrage. Und zu diesem Zwecke schlägt er eine «Versammlung», eine «Anstalt» vor, die unserer Sprache «Glanz» geben, sie «ausbessern, auszieren und untersuchen» (§ 30, 31) soll. Diese soll aber nicht nur ein privater Verein sein, sondern von einem «hocherleuchteten vornehmen Haupt» protegiert werden (§ 30). Er schlägt also eine deutsche Sprachakademie, eine *Académie allemande*, vor.

Leibniz ist 1646, kurz vor Beendigung des Dreißigjährigen Krieges, in Leipzig geboren. Er wächst auf in einem völlig verwüsteten Land, Leipzig hat ein Drittel seiner Bevölkerung verloren. Zerstörung – Rappuse – und Krieg bleiben nicht ohne Eindruck auf einen jungen Mann in dieser Nachkriegszeit. Die postreformatorische Erschöpfung, die konfessionelle Spaltung, die Kleinstaaterei haben in Deutschland so gut wie keine große Literatur, keine große Musik oder Malerei entstehen lassen. In Italien, Frankreich, England, in Spanien – *siglo de oro* – und den Niederlanden dagegen blüht im 17. Jahrhundert die Kultur: die Musik, die Architektur, die Malerei, die Literatur. In Deutschland sind die kulturellen Anfänge des 16. Jahrhunderts offensichtlich in den religiösen Ausschweifungen untergegangen.

Auch die sprachliche Situation ist rückständig.[4] Natürlich sprechen die Deutschen deutsch. Das definiert sie sogar: «Deutsch» heißt nichts anderes als «die deutsche Sprache sprechend». Und «Deutsch» ist auch immer noch, der Etymologie des Wortes entsprechend, «Sprache des Volkes», *thiotisk*, germanisches *vulgare*. Das heißt, Deutsch ist die Sprache der Nähe, der Familie, des Handwerks, des Volkes da «unten», Vernakularsprache. «Deutsch» meint auch die zahlreichen deutschen Dialekte, eine geschriebene deutsche Standardsprache setzt sich erst allmählich durch.

Doch in Deutschland herrscht vor allem noch die alte Zweisprachigkeit, die mittelalterliche «Diglossie»: Latein oben, Volkssprache unten. Die Wissenschaft und die Gelehrsamkeit, die Macht und das Recht sprechen und schreiben Lateinisch. In den anderen großen Nationen – in Italien, in Frankreich, in England – hat sich dagegen die Volkssprache schon weitgehend gegen das Lateinische durchgesetzt und ist aufgestiegen in die hohen Diskurse. Vor allem in Frankreich wird auch «oben», in prestigereichen Redefeldern, französisch gesprochen: in der Wissenschaft, der Philosophie, den politischen Institutionen. Die französische Literatur blüht. Die Macht, der König, spricht schon lange kein Latein mehr, sondern ebenfalls französisch, wie 1539 in der Ordonnance von Villers-Cotterêts festgelegt. Das ist auch in Deutschland teilweise der Fall: Deutsch ist immerhin neben dem Lateinischen eine der beiden Reichssprachen. Aber das Französische steigt eben auch in Wissenschaft und Philosophie auf. In Frankreich herrscht schon im 17. Jahrhundert oben wie unten die Volkssprache. Und hier hat die Politik die Volkssprache unter ihre Fittiche genommen: 1635 gründete Richelieu die Académie française.

In Deutschland hat sich die Situation des Deutschen sogar verschlechtert, sofern sich die alte Diglossie zur Dreisprachigkeit ausgeweitet hat: Oben wird zusätzlich zum Lateinischen jetzt auch noch französisch gesprochen und geschrieben. Die Aristokratie geht zum Französischen über, weil sie es eleganter, moderner, vornehmer findet. Die «Damen und Kavaliere» sind aus dem Deutschen ausgestiegen. Das erniedrigt das Deutsche noch mehr, weil es nicht nur nicht in die hohen Diskurse einrückt, sondern auch noch gesellschaftlich absteigt. Die Welt, *le monde* – gesellschaftlich oben und geographisch weit –, spricht und schreibt französisch. Das Deutsche kann also nicht wie die anderen Volkssprachen in die Diskurse der Modernität aufsteigen, vor allem nicht in den Diskurs einer modernen und mondänen Philosophie und Wissenschaft. Descartes schreibt seinen *Discours de la méthode* (1637) ausdrücklich gegen die lateinische Schule und für die Menschen mit «natürlicher Intelligenz», das heißt gerade auch für die Frauen, auf Französisch. Galilei schreibt gegen die lateinische Gelehrtenwelt seinen *Dialogo* (1632) und die *Discorsi* (1638) auf Toskanisch, um die aktiven jungen Leute seiner Stadt (nicht die «Schule») für die Wissenschaft zu erreichen. Bacon schreibt lieber auf Englisch als auf Latein. Und Locke, Leibniz' Zeitgenosse, schreibt nur noch englisch. In Deutschland dagegen drängeln sich oben nun gar zwei fremde Hochsprachen. Da oben ist fürs Deutsche kaum Platz.

Diese sprachliche Situation zeigt sich deutlich an Leibniz' eigener Textproduktion: 40 Prozent seiner Werke schreibt er auf Lateinisch, 35 Prozent auf Französisch und nur 25 Prozent auf Deutsch. Wenn man auf die von ihm zum Druck gegebenen Arbeiten schaut, fällt der Anteil des Deutschen noch geringer aus: Grob gesagt gibt es zu seinen Lebzeiten so gut wie nichts deutsches Gedrucktes von ihm.[5] Interessanter aber als die quantitative ist die inhaltliche und pragmatische Verteilung der Sprachen: Die im engeren Sinne wissenschaftliche und spezialistische Produktion ist lateinisch, für die *doctores*. Der mondäne – und moderne – philosophische Diskurs wird französisch geführt, für *le monde*, für das neue intellektuelle Publikum jenseits der lateinischen Gelehrtenwelt. Deutsch ist die Sprache für das Praktisch-Politische, für die Politikberatung.

Das Deutsche steht also zu Leibniz' Lebzeiten immer noch – oder wieder und mehr als in früheren Zeiten seiner Geschichte – unten in der Sprachhierarchie. Es ist Volkssprache (*vulgare*) und noch keine voll ausgebaute Kultursprache. Vor allem in den Wissenschaften ist es auszubauen, mehr als in der Literatur, wo es nach Leibniz ganz gut funktioniert (ED: 65). Viele wichtige Diskursfelder sind noch nicht entwickelt. Leibniz erwähnt «das Sittenwesen, die Leidenschaften des Gemüts, den gemeinlichen Wandel, die Regierungssachen und allerhand bürgerliche Lebens- und Staatsgeschäfte» (§ 15) als solche defektiven Diskursdomänen. Ein Ausbau des Deutschen in diesen Diskursfeldern brächte die erwünschte Erhöhung seines Status bei den Damen und Kavalieren mit sich. Sein Status ist auch aus politischen Gründen zu erhöhen, denn die deutsche Nation ist die Trägerin der Kaiserkrone, doch ihre Sprache ist nicht auf der Höhe dieser Würde. Sie hat sich, wie Leibniz schreibt, «ihrer Würde würdig» zu zeigen (§ 3).

Die Forderung nach Ausbau und Statuserhöhung des Deutschen hat aber letztlich, wie könnte es bei Leibniz anders sein, einen *philosophischen* Grund: Die Sprache ist nämlich der Spiegel des Verstandes. Mit dieser berühmten Feststellung und der an ihr festgemachten Notwendigkeit der Bereicherung des Deutschen beginnen die «Unvorgreiflichen Gedanken»:

> § 1. Es ist bekannt, dass die Sprache ein Spiegel des Verstandes ist und dass die Völker, wenn sie den Verstand hoch schwingen, auch zugleich die Sprache wohl ausüben, welches der Griechen, Römer und Araber Beispiele zeigen.

Es ist also nicht nur gesellschaftlich-kulturell und politisch geboten, sondern geradezu philosophische Pflicht, die eigene Sprache wohl auszuüben, denn nur dann kann auch der Verstand «hoch schwingen». Der entsprechende französische Satz aus Leibniz' «Nouveaux Essais» konstatiert noch deutlicher die philosophische Bedeutung der Sprachen und begründet die Notwendigkeit ihrer Erforschung. Leibniz glaubt,

> que les langues sont le meilleur miroir de l'esprit humain, et qu'une analyse exacte de la signification des mots ferait mieux connaître que toute autre chose les opérations de l'entendement. (1765: 290)

> dass die Sprachen der beste Spiegel des menschlichen Geistes sind und dass eine genaue Analyse der Bedeutung der Wörter besser als alles andere die Operationen des Verstandes erkennen ließe.

Die Wörter sind nach Leibniz «der Grund und Boden einer Sprache» (§ 32). Daher muss vor allem am Lexikon des Deutschen gearbeitet werden. Um diese moderne Spracharbeit zu bewerkstelligen, wäre, wie gesagt, eine Versammlung, eine Anstalt unter fürstlicher Obhut angezeigt. Leibniz denkt hier an die Académie française, deren Aktivitäten – wie überhaupt die französische Sprachpflege – vorbildlich sind für das, was in Deutschland gemacht werden muss.

Die Académie française hat zu diesem Zeitpunkt zwei Wörterbücher publiziert: das «Dictionnaire de l'Académie françoise» von 1694 und das «Dictionnaire des Arts et des Sciences», das Thomas Corneille 1694/95 herausgegeben hat. Im ersten stehen die Wörter des allgemeinen Gebrauchs, der *langue commune,* die der *honnête homme,* der nicht-spezialistische gebildete Mann von Welt, kennt und benutzt. Das zweite enthält die Spezialwortschätze der Technik und der Wissenschaften. Daneben hatte Frankreich in den «Origines de la langue françoise» von Gilles Ménage schon seit 1650 ein historisches Wörterbuch seiner Sprache. Nach diesem Vorbild denkt nun auch Leibniz an eine dreifache Arbeit am Deutschen, die aus «Sprach-Brauch», «Sprach-Schatz» und «Sprach-Quelle» bestehen soll: ein Wörterbuch für «durchgehende oder läufige» Wörter, eines für Kunst-Wörter (also Wörter für die *arts et sciences*) und eines für die Geschichte der Wörter. Diese drei Werke nennt er Lexikon, *cornu copiae* und *glossarium etymologicum.* Vielleicht ist es nicht ganz falsch zu sagen, dass sich Leibniz als Gelehrter besonders für das *glossarium etymologicum,* also für den Sprach-Quell, interessierte. Seine sprachhistorischen Interessen sind besonders ausgeprägt, wie das von Luckscheiter (2014) zusammengestellte Verzeichnis seiner Schriften zur Sprachforschung deutlich zeigt.

Was den Fachwortschatz angeht, den «Sprach-Schatz», so evoziert Leibniz in den «Unvorgreiflichen Gedanken» die Expertise sämtlicher Handwerker und Künstler (§ 52-55), insbesondere weist er auf die Bergmannssprache als ein im Deutschen gut ausgebautes Redefeld hin (§ 9). Den größten Teil seiner Schrift (§ 56-112) widmet er allerdings dem «Brauch», also dem «läufigen» oder «gemeinen» Wortschatz für die gebildeten Menschen. Dieser wird nach drei Gesichtspunkten befragt: hinsichtlich des Glanzes, des Reichtums und der Reinheit. Auch diese Fragen verweisen auf französische Modelle.

Was den *Glanz* angeht, so wird dieser in der vielleicht berühmtesten Schrift zum Lob der Volkssprachen mit dem Begriff *illustration* bereits im Titel genannt: in der «Défense et illustration de la langue française» von Joachim Du Bellay (1549). Es ist das Ziel dieser «Verteidigung» der Volkssprachen gegenüber dem Latein, Erstere ebenso glänzend zu machen wie das «illustre» Latein. «Glanz» war schon das Ziel von Dantes Lobpreis der Volkssprache am Anfang des 14. Jahrhunderts: In «De vulgari eloquentia» sucht Dante ein *vulgare illustre*, eine glänzende Volkssprache. Den Glanz verhandelt Leibniz allerdings nur relativ kurz (§ 109-113), in einer allgemeinen Aufforderung, gutes Deutsch, nicht «schmutzig» zu schreiben und dabei Opitz zu folgen.

Auch der *Reichtum* ist ein klassisches Thema der Verteidigungsschriften der Volkssprachen. Damit ist der Ausbau der Sprachen zu funktionsfähigen Instrumenten in möglichst vielen Domänen ihres Gebrauchs gemeint. Den Reichtum behandelt Leibniz ausführlich in den §§ 57-76. Wie bei Du Bellay ist die Übersetzung eines der Mittel der Bereicherung, und zwar deswegen, weil aus dem Unterschied zwischen den Sprachen Neuerungen für die eigene Sprache geschöpft werden können.[6] Beim Punkt Reichtum macht Leibniz einige vernünftige Vorschläge, wie der Wortschatz des Deutschen ausgebaut werden kann: durch gute Wörter, durch schöne alte Wörter, durch Entlehnungen und durch Neologismen. Da er Entlehnungen aus anderen Sprachen durchaus begrüßt, ist er explizit antipuristisch, schlägt aber Übernahmen eher aus germanischen Sprachen als aus den romanischen vor.

Der dritte Punkt, die *Reinigkeit*, wurde in Frankreich schon 1529 von dem Humanisten und Drucker Geoffroy Tory satirisch gegen das Lateinische in Stellung gebracht. Tory polemisiert gegen Studenten, die das Französische mit lateinischen Wörtern verunstalten – in Italien heißt diese Art von Sprache *maccaronico*. Leibniz erwähnt Tory nicht, wohl aber Henri Estienne (Henricus Stephanus) (§ 24), der 1578 eine wütende Polemik gegen das Italienische im Französischen schrieb. Die Académie française erhielt etwas später ausdrücklich die Aufgabe, die französische Sprache *pure et éloquente* zu machen, «rein und beredt». Dabei ist der Schmutz (das Wort *ordure* fällt tatsächlich in diesem Zusammenhang), den die Akademie beseitigen soll, aber ein innerer: Das Französische ist vor allem von niedrigen und provinziellen Wörtern zu reinigen, nicht so sehr von fremden. Es geht in Frankreich nämlich darum, die Sprache der Pariser Aristokratie zur Norm zu machen. Auch Leibniz wehrt eher niedrige und unverständliche Wörter ab als fremde. Er spricht sich für eine gemäßigte Verwendung fremder Wörter und für eine richtige Eingemeindung aus. Zu viele Wörter aus anderen Sprachen allerdings findet er zerstörerisch.[7] Seine weise Warnung vor allzu vielen «Xenismen» im § 93 sei daher hier zitiert: Die Schriftsteller hätten

> dem einbrechenden Sturm der fremden Worte sich nicht zwar gänzlich, was vergebens wäre, doch gleichsam lavierend zu widersetzen, bis solcher Sturm vorüber und überwunden.

Als zweiten Aspekt der Reinigkeit diskutiert Leibniz die grammatische Richtigkeit. Hier ruft er das vierte große französische Buch über die Sprache aus dem Umfeld der Académie française auf: die «Remarques sur la langue française» von Claude Favre de Vaugelas (1647). Dessen Zentralbegriff ist aber nicht «Reinheit», *pureté*, sondern *le bon usage*, der gute Gebrauch. Vaugelas fragt nach dem Ort des *bon usage*, und er findet ihn am Hofe, beim «gesündesten Teil des Hofes», *la plus saine partie de la Cour*, aber auch bei den Hochgebildeten der Stadt. *La Cour et la Ville*, «der Hof und die Stadt Paris», sind der Ort der sprachlichen und gesellschaftlichen Norm. Die letzte Instanz des guten Gebrauchs sind bei Vaugelas die höfischen Frauen. Leibniz bleibt uns in den «Unvorgreiflichen Gedanken» diesbezüglich die Antwort schuldig. «Der Gebrauch ist der Meister», schreibt er zwar im § 109, aber er sagt uns nicht, wo der deutsche *bon usage* sitzt.

Für einen solchen Ort finden sich bei ihm nur Andeutungen. Einen Hof gibt es in Deutschland nicht, Wien und der Wiener Hof sind geographisch zu exzentrisch (während der Pariser Hof ja in der Mitte des Landes liegt). Damit entfällt die Orientierung an der Aristokratie. Aber da in Frankreich gerade durch den Gebrauch der Volkssprache eine gebildete Klasse jenseits der lateinischen Gelehrtenwelt entstanden ist, denkt Leibniz offensichtlich an «Hof- und Weltleute, ja selbst und zuvorderst das Frauenzimmer» (ED: 57) und sogar an «niedrige Leute» (ED: 59). Wir würden heute sagen: Er hat eine bildungsorientierte Schicht als die Trägerin des *bon usage* im Blick.

Leibniz verweist in seinen Gedanken über das Deutsche permanent auf die französische Sprachdiskussion. Dass seine «Verteidigung und Illustration der deutschen Sprache» sich so stark an den entsprechenden französischen Werken orientiert, hat nicht nur mit seiner Zugehörigkeit zur französischen Sprachkultur zu tun, sondern vor allem mit der strukturellen Parallele: Auch das Französische hatte sich – allerdings mehr als hundert Jahre zuvor – als Volkssprache gegen die höhere Sprache, das Lateinische (und das Italienische), «verteidigt». Jedoch handelte es sich dabei eher um eine Offensive als um eine *défense*, denn das Französische war zu keinem Zeitpunkt seiner Geschichte wirklich gefährdet (und ist es vielleicht nicht einmal heute, wo alle europäischen Sprachen bedroht sind).[8] Leibniz muss aber das Deutsche, das in die Rappuse gegangen ist, tatsächlich verteidigen, und er verteidigt es sogar gegen zwei hohe Sprachen, das Lateinische und vor allem das Französische. Im Französischen sieht er den Abgrund, in dem das Deutsche verschwinden könnte. Dennoch ist das Französische – mehr noch als das Italienische, auf das er ebenfalls verweist – auch das Modell, dem die Statuserhöhung des Deutschen folgen soll.

Als echter Verteidiger ist Leibniz auch weniger aggressiv als Du Bellay. Du Bellays «Défense» endet mit der Allegorie eines Hercules gallicus, der die anderen Völker und die Antike nach Paris in die französische Sprach-Hörigkeit zieht; sie ist also gleichzeitig das sprachpolitische Manifest einer imperial-aggressiven Ausdehnung des Französischen. Leibniz möchte keinen germanischen Herkules. Aber Reichtum und Glanz will auch er für seine Sprache. Er braucht keinen antiitalienischen und antikatholischen Reinheitsfuror wie Henri Estienne, doch einen «inneren deutschen Kern» will auch er bewahren und einen *bon usage* à la Vaugelas etablieren. Vor allem aber wünscht er sich die drei Wörterbücher des Deutschen. Und eine deutsche Akademie.

Die Bücher hat er bekommen, die deutsche Akademie zunächst nicht. Das Deutsche ist heute eine der am besten dokumentierten Sprachen der Welt, durch die Aktivitäten verschiedener deutscher Akademien. Die Göttinger und die Berliner Akademie beherbergen das Grimmsche Wörterbuch, also die «Sprach-Quelle». Die Berliner Akademie stellte in den letzten Jahrzehnten mit dem «Digitalen Wörterbuch der deutschen Sprache» (DWDS) «Sprach-Brauch» und «Sprach-Schatz» gleichermaßen bereit. Und sie wird in Zukunft im Zentrum für digitale Lexikographie das größte und ultimative deutsche Wörterbuchprojekt betreiben. Damit wird sie nun doch noch die deutsche Sprachakademie, eine *Académie allemande*, die Leibniz zunächst nicht realisieren konnte. Die Berliner Akademie, die er 1700 begründete, sollte sich ursprünglich – offensichtlich auf Wunsch des Kurfürsten Friedrich III. – durchaus der deutschen Sprache widmen. Schon die «General-Instruction» sah das vor, in der der Kurfürst sagte:

> So haben Wir Uns solchen Vorschlag nicht allein gefallen lassen sondern auch aus eigener bewegung denselben dahin gnädigst verbessert, dass es zugleich eine Teutschgesinnete Societät seyn solle, welche sich den ruhm, wollfahrt und aufnahme der Teutschen Nation, gelehrsamkeit und Sprache vornemlich mit angelegen seyn lasse. (Brather Hrsg. 1993: 96)

Doch erst mit dem neuen großen Sprachprojekt, das endlich dem «Oxford English Dictionary» und dem «Trésor de la langue française» entspricht, wird die Berliner Akademie, mehr als 300 Jahre nach ihrer Gründung, tatsächlich eine «Teutschgesinnete Societät». Das ist ein später Sieg des Kurfürsten und die Erfüllung des Leibnizschen Plans – und gibt zu hemmungslosem Optimismus Anlass. Ist es nicht die schlagende Widerlegung meiner diesem Buch zugrundeliegenden apokalyptischen Melancholie?

Ich glaube allerdings weiterhin, dass auch noch so große wunderbare Wörterbücher das Deutsche nicht vor dem Abstieg aus den Höhen einer voll ausgebauten Kultursprache retten werden. Die Zukunft dieser Sprache hängt entscheidend von der Position des Deutschen in den Wissenschaften ab. Bleibt diese stark, besteht Hoffnung. Immerhin fordert der Wissenschaftsrat in seinen Empfehlungen zur Internationalisierung von Hochschulen (Wissenschaftsrat Juli 2018, S. 85) nun endlich: «Deutsch als Wissenschaftssprache ist weiterhin zu pflegen». Ob die Universitäten diesen Ratschlag annehmen, ist allerdings eine ganz andere Frage. Wenn nicht, wird sich wohl die Befürchtung des italienischen Linguisten Gian Luigi Beccaria bewahrheiten: Wenn eine Sprachgemeinschaft Wissenschaft nicht mehr in der Nationalsprache betreibt, dann ist das der Anfang vom Ende dieser Sprache als Kultursprache (Beccaria 2006: 194).

Dann bricht allmählich das ganze Gebäude zusammen, dann fällt die Sprache unweigerlich auf die Stufe einer Vernakularsprache ab. Diese Talfahrt hat für das Deutsche längst begonnen.

Leibniz' kulturpolitisches Engagement für das Deutsche basiert auf einer Sprachphilosophie, die in den ersten Paragraphen seiner «Unvorgreiflichen Gedanken» angedeutet wird. Ausgearbeitet wird diese Philosophie im dritten Buch der «Nouveaux Essais», die erst lange nach Leibniz' Tod, 1765, veröffentlicht wurden. Diese Schrift hat das europäische Sprachdenken über ihre Rezeption durch Herder und Humboldt ganz entscheidend geprägt. Dass die Sprache der Spiegel des Verstandes ist, klang schon in den «Unvorgreiflichen Gedanken» an. Das heißt, es geht, wenn man von der Sprache spricht, primär ums Denken und nicht, wie es die europäische Tradition seit Aristoteles will, ums Kommunizieren universell gleicher Vorstellungen vermittels Zeichen:

> [Les langues] sont les plus anciens monuments du genre humain. On enregistrera avec le temps et mettra en dictionnaires et en grammaires toutes les langues de l'univers, et on les comparera entre elles; ce qui aura des usages très grands tant pour la connaissance des choses [...] que pour la connaissance de notre esprit et de la merveilleuse variété de ses opérations. (Leibniz 1765/1966: 293)
>
> [Die Sprachen] sind die ältesten Denkmäler des Menschengeschlechts. Man wird mit der Zeit alle Sprachen des Universums aufzeichnen und in Wörterbücher und Grammatiken fassen, und man wird sie untereinander vergleichen, was sehr großen Nutzen sowohl für die Kenntnis der Sachen [...] als auch für die Kenntnis unseres Geistes und der wunderbaren Vielfalt seiner Operationen haben wird.

Die fiktive Gestalt des Théophile, hinter der sich Leibniz selbst verbirgt, antwortet mit dem Zitierten auf die Klage seines Dialogpartners Philalète (John Locke), der über die schrecklichen Semantiken der Volkssprachen geklagt hat, die sich wie Nebel vor die Wahrheit schöben. In der Tat, lieber Locke, lässt Leibniz verkünden, sind die Bedeutungen der Wörter vom Volk geschaffene Vorstellungen. Sie sind keine wissenschaftlichen Begriffe. Aber sie sind kognitive Einheiten (*connaissances*), Gedanken, und als solche sind sie kostbar. Sie sind Vorstellungen der verschiedenen

Völker von der Innen- und der Außenwelt, die wir in Wörterbüchern und Grammatiken aufschreiben und miteinander vergleichen müssen.

Dies ist eine radikale Wende des europäischen Sprachdenkens. Sie beruht auf Leibniz' Hierarchie des Denkens, die er 1684 in den «Meditationes de cognitione, veritate et ideis» aufgestellt hat: Das Denken gründet im Dunklen und steigt allmählich zu den klaren Ideen auf, die konfus oder distinkt sein können und, wenn distinkt, dann entweder inadäquat oder adäquat. Das Wichtige an dieser Hierarchie ist, dass keine der Erkenntnisarten verachtet wird, dass alle ihren Beitrag zur Erkenntnis der Welt leisten. So sind die Bedeutungen der Wörter zwar keine wissenschaftlichen Begriffe, sie sind nur *klar-konfuse* Vorstellungen, aber als solche enthalten sie durchaus *connaissances des choses et de notre esprit*, «Kenntnisse der Sachen und unseres Geistes».

In diese philosophische Wertschätzung aller Sprachen müssen wir Leibniz' politisch-patriotische *défense et illustration* des Deutschen einschreiben. Weil er die spezifische und partikulare Semantik von Sprachen schätzt, weiß er, was der Verlust oder die Vernachlässigung einer Sprache ist: Das Deutsche ist – wie jede andere Sprache – nicht nur ein arbiträres und deswegen gleichgültiges Kommunikationsmittel, «Schall und Zeichen», sondern eine bestimmte Art und Weise der Welterfassung, «unsere Art zu leben, zu reden, zu schreiben, ja sogar zu denken» (ED: 64).

Deutschland ist im zweiten Dreißigjährigen Krieg – von 1914 bis 1945 – noch einmal gründlich in die Rappuse gegangen. Die Nachkriegszeit seitdem erinnert durchaus an Leibniz' Lebensspanne zwischen 1646 und 1716. Aber es ist natürlich auch alles anders als zu Leibniz' Zeiten: Deutschland hatte im 20. Jahrhundert, bevor es erneut in die Rappuse ging, eine große kulturelle und sprachliche Vergangenheit hinter sich. Die Literatur, die Philosophie und ziemlich viele Wissenschaften sprachen deutsch. Es schien daher, dass bei aller Verwüstung durch den Krieg die Kultur weiterlebte, die Literatur vor allem. Die Sprache war noch da. Deutschland war in die Rappuse gegangen, das Deutsche nicht. Jetzt – siebzig Jahre nach der Katastrophe – zeigt sich: Das Land ist zwar wiederaufgebaut, auch Literatur und Kultur sind aus der Zerstörung wieder emporgeblüht. Dennoch geht es mit der Sprache bergab. Die englische

Sprache besetzt die prestigereichen Diskursfelder. Derweil zieht sich das Deutsche aus vielen hohen Diskursen zurück und erniedrigt sich immer mehr zur Vernakularsprache. Die mittelalterliche Diglossie – oben die hohe Fremdsprache, unten das Vulgare – stellt sich in neuer Form allmählich wieder ein.

So wie die «jungen Leute» im 17. Jahrhundert das Land «der französischen Mode und Sprache unterwürfig gemacht» haben, so haben wir Amerika «zum Muster aller Zierlichkeit aufgeworfen» (§ 26). Hinzu kamen die Globalisierung und deren sprachliche Zwänge. Aber der entscheidende Grund für die neue Rappuse der deutschen Sprache ist die tief verwurzelte Nachkriegsdepression: Das Land war schuld an der Zerstörung Europas, am Genozid an den Juden, an Millionen Toten vor allem im europäischen Osten, an seinen eigenen Toten. Das Deutsche ist die Sprache, die das alles begleitet hat. Man möchte vor Scham vergehen. Die «Selbstverachtung» und der «Ekel der deutschen Sprache und Sitten», von denen Leibniz sprach und die er bei seinen Zeitgenossen der «Unerfahrenheit» zuschrieb (§ 26), kommen heute aus bitterstem und hellstem Wissen. Offensichtlich ist die allmähliche Aufgabe der Sprache der beste Weg, das «Deutsche» in uns zum Verschwinden zu bringen.

Philipp van Parijs hat im Zusammenhang mit dem allmählichen Schwinden von Sprachen durch den Übergang zu einer stärkeren, dominanten Sprache von einer «kindness driven agony», von sanfter Selbstaufgabe, gesprochen (van Parijs 2011: 144). Die Sprache einer Sprachgemeinschaft, die – aus welchen Gründen auch immer – keinen Wert mehr auf ihre Sprache legt, verschwindet in einer anderen. Die keltischen Völker Galliens wollten Römer werden und sind zum Lateinischen übergegangen. Die Bretonen wollten lieber Franzosen sein und haben ihre Sprache aufgegeben. Das Bretonische ging also in die Rappuse mit der freundlichen Zustimmung seiner Sprecher. Von einer gnadenlosen politischen Philosophie wird den Sprechern dieser untergegangenen oder untergehenden Sprachen bescheinigt: «There is nothing wrong with linguistic suicide» (De Schutter in van Parijs 2011: 168). Dagegen nützen auch keine Ermahnungen an die Deutschen. Aus dieser Depression holt uns keiner raus. Unvorgreifliche Gedanken greifen ins Leere.

7

Über deutsche Sprache und über den Fug und Unfug, welchen sie sich jetzt muss gefallen lassen

Das Deutsche hat es schwer in der Welt. Denn es hat es schwer im eigenen Land. Bei solchen Aussagen schreien nun einige Germanisten, die Besitzer der deutschen Sprache, laut auf: Falsch! Übertrieben! In der aktuellen Diskussion um Fug und Unfug, den sich die deutsche Sprache jetzt muss gefallen lassen, spiele ich – wie ich im vorangehenden Kapitel wieder einmal gezeigt habe – nämlich die Rolle der Bundes-Sprach-Kassandra. Vor allem mein Aufsatz von 2007 über die «gebellte Sprache» – ich meinte das Deutsche – aus der FAZ hat den Zorn der Germanisten erregt.[9] Und meinen Warnrufen – meinem Unfug – werfen sich diese optimistisch gestimmten Germanisten mutig entgegen. So werden in einem (leider nicht sehr guten) Buch über das Deutsche meine «Jeremiaden» widerlegt: Nein, es gehe dem Deutschen bestens in der Welt wie im Inneren. Außerdem schade es dem Deutschen, wenn man Schwächen und Gefahren herausstelle. Selbsthass sei dabei im Spiel und «Defätismus» (das Wort ist einigermaßen verräterisch, es enthält ja den Vorwurf einer politisch zersetzenden Mutlosigkeit).[10] Zugegeben: Ich übertreibe es vielleicht ein bisschen, und ich bin auch durch die optimistischen Bücher von Steinfeld (2010) und Kaehlbrandt (2016) sowie die beiden Berichte zur Lage der deutschen Sprache (2013 und 2017) etwas hoffnungsfroher geworden.

Dennoch: Dass es dem Deutschen innen und außen bestens gehe, kann ich nun einmal so nicht finden. Und warum man nicht die Gefahren, die unserer Sprache drohen, beschreiben darf und warum diese Sorge um die Sprache der Sprache schadet, ist mir einfach nicht verständlich. Goethe lobt zum Beispiel in seinem Aufsatz über deutsche Sprache, dem ich den Titel dieses Kapitels entnommen habe (FA 20: 213)[11], einen Artikel von Carl Ruckstuhl von 1816 in der Zeitschrift *Nemesis* folgendermaßen:

> Er warnt, wie auch wir würden gethan haben, vor dem unersetzlichen Schaden der einer Nation zugefügt werden kann, wenn man ihr, selbst mit redlicher Ueberzeugung und aus bester Absicht, eine falsche Richtung giebt, wie es jetzt bey uns mit der Sprache geschehen will. (ebd.)

Goethe sieht also Ruckstuhls Warnung vor der falschen Richtung – vor dem «Unfug» – vorbehaltlos positiv: «Er wird viel Gutes stiften» (FA 20: 214). Natürlich möchte auch ich Gutes stiften durch die Warnung vor der falschen Richtung.

Goethe schließt im Übrigen seinerseits einige Wünsche und Warnungen die deutsche Sprache betreffend an: Vor allem möchte er den unverzichtbaren Beitrag fremder Völker zur deutschen Literatur gewürdigt sehen – ein echt Goethesches Thema –; er warnt vor puristischer Deutschtümelei und plädiert für sprachliche Offenheit auf die Welt: «Die Muttersprache zugleich reinigen und bereichern ist das Geschäft der besten Köpfe» (FA 20: 217). Nichts ist so richtig, nichts so europäisch und so weltbürgerlich wie diese von Goethe immer wieder betonte Verschränktheit des Deutschen mit anderen Sprachen und die immer wieder geforderte Öffnung unserer Sprache auf die Sprachen und Literaturen der Welt. Goethe sah in der Plastizität des Deutschen eine glückliche Voraussetzung für diese Offenheit. In einem wunderbaren Aufsatz über serbische Lieder, deren Übersetzung er beförderte, heißt es: «Die deutsche Sprache […] schließt sich an die Idiome sämmtlich mit Leichtigkeit an, sie entsagt allem Eigensinn und fürchtet nicht dass man ihr Ungewöhnliches, Unzulässiges vorwerfe» (FA 22: 134). Goethe sieht also in der Möglichkeit, dass die deutsche Sprache «sich bey Uebersetzung dem Original in jedem Sinne nahe halten» (FA 22: 134) kann[12], ihre besondere Berufung zum Gefäß für Übersetzungen und damit zur «Vermittelung» (FA 22: 136) fremder und ferner Literaturen.

In diesem Sinn ist das Deutsche ja dann tatsächlich eine Welt-Sprache geworden – eine auf die Welt offene und auf die Welt öffnende Sprache. Goethes Wunsch hat sich glänzend bewahrheitet: In keine andere Sprache der Welt ist so viel übersetzt worden wie ins Deutsche. Und auch heute noch wird in keine Sprache mehr übersetzt.[13]

Das Deutsche war allerdings weder zu Goethes Zeiten noch ist es heute eine Weltsprache im Sinne einer Sprache der globalen Kommunikation. Damals war dies das Französische, das Goethe im Gespräch mit Eckermann (25.1.1825) ausdrücklich für diese Funktion lobt: Die französische Sprache «ist die Sprache des Umgangs und ganz besonders auf Reisen unentbehrlich, weil sie jeder versteht und man sich in den Ländern mit ihr statt eines guten Dolmetschers aushelfen kann». Weil das Deutsche stattdessen die für die Sprachen der Welt offene Sprache ist, müssen die Deutschen sich so viele Fremdsprachen wie möglich aneignen: «Der Deutsche muss alle Sprachen lernen damit ihm zu Hause kein Fremder imponire und dass er draussen überall zu Hause sey» (FA 13: 67).

Goethe selbst sprach oder las, soweit ich sehe, außer den drei alten Sprachen und Französisch, Italienisch und Englisch, auch Arabisch und Persisch. Die Sprachen der Welt interessierten ihn lebhaft. Von Wilhelm von Humboldt ließ er sich die Lage der Sprachen Europas beschreiben, von Friedrich Justin Bertuch wollte er sich danach eine Sprachkarte stechen lassen. Schließlich war ihm die Kenntnis anderer Sprachen die Bedingung zur Erkenntnis der Muttersprache: «Wer fremde Sprachen nicht kennt, weiß nichts von seiner eigenen» (FA 13: 12).

Solcherart mit Goethe gerüstet kann ich nun auf den Dissens zurückkommen zwischen dem unglücklichen «Lamentierer» und den glücklichen Germanisten. Es ist mir wichtig festzustellen, dass meine «defätistischen» Bemerkungen ganz im Geiste Goethes sind, das heißt von einer Sympathie für die Sprachen der Welt getragen, die den heimischen Dialekt, die «reine deutsche Mundart» (FA 18: 861) und die Sprachen der Welt in ihrer Vielfalt lustvoll miteinander verbindet. Mit Goethe frage ich also, wie es dem Deutschen geht?

Schlecht, sagen die Pessimisten. Und zwar aus folgenden Gründen:
– Es wird immer weniger Deutsch gelernt in der Welt.
– Als internationale Wissenschaftssprache spielt das Deutsche eine immer geringere Rolle.
– Im Land selbst wird in wichtigen Diskursdomänen – Wissenschaft, Wirtschaft – immer weniger Deutsch geschrieben und gesprochen.

- In Europa – sprich in Brüssel – spielt das Deutsche so gut wie keine Rolle.
- Englische Inschriften erobern den öffentlichen Sprach-Raum in Deutschland: Reklame, Geschäfte, Institutionen geben sich globalesisch.[14]
- Anglizismen verderben das Deutsche.
- Einwandererdeutsch – «Kanak Sprak» (Zaimoglu) – verdirbt das Deutsche.
- Die Sprachformen der neuen Medien – SMS, Chats – verderben das Deutsche.
- Einwanderer lernen nicht genügend Deutsch.
- Die deutschen Eliten wandern aus dem deutschen Schulsystem und damit aus dem Deutschen aus. Sie lieben das Deutsche nicht.

Alles zusammengenommen ein finsteres Szenario des Niedergangs. Die Optimisten halten dem Folgendes entgegen:
- Es wird immer noch viel Deutsch gelernt in der Welt.
- Auch in der Wissenschaft wird noch viel Deutsch gesprochen und geschrieben.
- Noch nie haben so viele Menschen so gut Deutsch gekonnt wie heute.
- Anglizismen gefährden das Deutsche nicht.
- Kanak Sprak ist kreativ und entspricht trotz scheinbar abweichender Strukturen der Struktur des Deutschen.
- Die Deutschen lieben ihre Sprache.

Ich möchte meinerseits noch zwei weitere Positiva hinzufügen, nämlich erstens das schon erwähnte Faktum, dass das Deutsche immer noch, wie Goethe es gewollt hat, die Heimat der Literaturen der Welt ist, und zweitens, dass nach Böll und Grass der Nobelpreis in jüngerer Vergangenheit an zwei deutschsprachige Autorinnen ging, Elfriede Jelinek und Herta Müller, und jetzt auch noch an Peter Handke. Das erhöht natürlich das Ansehen des Deutschen in der Welt. Obwohl ich doch eigentlich die Kassandra bin, gebe ich den Optimisten weitgehend Recht. Allerdings mit ein paar Einschränkungen.

Erstens: Ja, es wird immer noch viel Deutsch gelernt in der Welt, vor allem auch dank der segensreichen Wirkung des Goethe-Instituts. In einigen Ländern gibt es derzeit ein neues Interesse am Erlernen des Deutschen. Das ist aber nur eine konjunkturelle Hausse, die sofort abflauen wird, wenn sich das ökonomische Blatt wieder wendet. Ansonsten besteht kein Zweifel daran, dass dort, wo Deutsch einmal stark war, in Osteuropa, die Zahl der Deutschschüler zurückgeht. In Frankreich ist der Deutschunterricht im freien Fall. 2015 sollte er durch eine Reform der Mittelstufe (*Collège*) sogar gänzlich aus dem Curriculum verschwinden, was durch die neue Regierung zum Glück rückgängig gemacht wurde. Neues Interesse am Deutschen in China lässt hoffen. So richtig beglückend ist die Bilanz aber nicht.

Zweitens: Was die strukturellen Gefährdungen des Deutschen, genauer gesagt: der hochdeutschen Norm, angeht, so bin ich Linguist genug, um diese für nicht so dramatisch – wie etwa Bastian Sick – zu halten. Chatsprache, Kanak Sprak und Anglizismen beunruhigen mich nur mäßig, die Norm wird gut bewacht. Allerdings teile ich zum Beispiel nicht ganz den Optimismus, dass das Deutsche die Xenismen so wunderbar integriere.[15] Denn das muss eine Sprache tun, wenn sie wirklich kräftig ist. Goethe hat es gesagt: «Die Gewalt einer Sprache ist nicht dass sie das Fremde abweist, sondern dass sie es verschlingt» (FA 13: 70). Das Spanische ist in dieser Hinsicht stark, das Deutsche verschlingt aber nur halb, es integriert morphologisch-grammatisch: ich emaile, du emailst, er emailt. Aber phonetisch und graphisch verschlingt es weniger: «E-mail» wird immer noch «E-m-a-i-l» geschrieben und englisch ausgesprochen. Die Deutschen behalten fremde Lautung und Schreibung gern bei. Sogar das Wichtigste im Leben, Geld und Liebe, integrieren sie phonetisch nicht in ihre Sprache: Das europäische Kleingeld, geschrieben «Cent», lautet zumeist – englisch – Ssent [s] und nicht – deutsch – Zent [ts], und die Liebe lautet – englisch – Ssex [s] und nicht – deutsch – Sex (stimmhaft: [z]). Das ist englische Phonetik, in der (nord)deutschen Standardaussprache gibt es nämlich kein anlautendes stimmloses [s].

Dennoch, wie gesagt, gebe ich den optimistischen Germanisten durchaus recht: Es geht dem Deutschen gut, oder besser: ganz gut. Aber deswegen kann ich meine Augen doch nicht vor bestimmten Tendenzen verschließen, die mir Sorge bereiten.

Deutsch war, wie erwähnt, nie eine Weltsprache wie das Lateinische, das Französische oder das Englische, also eine Sprache der globalen Kommunikation in allen möglichen Diskursen des internationalen Verkehrs. Weltweit war es für einige Jahre einmal wichtig als Sprache der Naturwissenschaften, etwa von Helmholtz bis Einstein. Und es strahlte 150 Jahre lang weltweit durch seine großen Denker von Kant bis Heidegger. «Sprache der Ideen» nannte das Goethe-Institut eine seiner Werbekampagnen für das Deutsche. Bis zum Ersten Weltkrieg war das Deutsche eine international respektierte Kultursprache. Doch der Krieg war die historische Katastrophe, die diese internationale Hochachtung zerstörte.[16] Die Nationalsozialisten haben die deutsche Sprache dann bleibend kontaminiert: Aus der Sprache Goethes war für viele Menschen auf der Welt die Sprache Hitlers geworden.

Unsere germanistischen Freunde, die überall auf der Welt auf Germanisten, also auf Freunde des Deutschen, treffen, wollen das nicht glauben. Sie denken, es sei vorbei, es sei vergessen. Aber immer wieder kann man erleben, dass es nicht vorbei ist. Das Deutsche ist und bleibt in den Gedächtnissen vieler Menschen auf der Welt die Sprache der Nazis. Das kommt immer an die Oberfläche, wenn der Stress groß ist, im Streit. Dann sagt einer plötzlich (zum Beispiel am Getty-Institut in Los Angeles): «I don't read books in the language of Hitler.» Nichts ist vergessen. In den internationalen sprachverbreitenden Medien, im Film und im Fernsehen, ist Deutsch ewig, in der medialen Endlosschleife, die gebrüllte Sprache der Lager und des Kriegs.

Und weil das so ist – und nicht nur, weil die amerikanische Wissenschaft so großartig, die amerikanische Wirtschaft so mächtig und die Globalisierung so unausweichlich ist –, sind zum Beispiel die Wissenschaften hierzulande so rasch und bereitwillig zum Englischen übergegangen. Zunächst die Naturwissenschaften. Nun aber stellt sich der gesamte Wissenschaftsbereich immer mehr auf Englisch um, nicht allein in internationalen Kontexten, sondern auch im nationalen Bereich, und nicht nur in den Naturwissenschaften. Der Druck auf die deutsch schreibenden und sprechenden Wissenschaftler, das Deutsche aufzugeben, ist enorm.[17]

Hier wäre jetzt endlich auszuhandeln, wie weit das eigentlich gehen soll: Sollen alle Disziplinen nur noch auf Englisch publizieren? Soll die gesamte Universitätslehre auf Englisch umgestellt werden? Soll auch der wissenschaftliche Unterricht in den Schulen auf Englisch gehalten werden? In allen Fächern? Ab wann? Warum? Das müsste endlich ausführlich diskutiert werden und nicht einfach ohne Weiteres von den jeweiligen «international» gesinnten Schul- und Universitätsverwaltungen verordnet werden oder von der Privatwirtschaft unter öffentlicher Anerkennung ins Werk gesetzt werden. Mittelstrass/Trabant/Fröhlicher (2016) haben hierzu in einer Denkschrift der deutschsprachigen Wissenschaftsräte Stellung genommen. Der deutsche Wissenschaftsrat hat – daraufhin? – 2018 endlich differenzierte und konstruktive Empfehlungen zur Sprachenpolitik vorgelegt. Diese erkennen vor allem die Bedeutung des Deutschen als Sprache der Geisteswissenschaften an, sie weisen auf die qualitative Gefährdung des akademischen Unterrichts durch schlecht englisch sprechende Dozenten hin und unterstreichen die Wichtigkeit deutschsprachiger Einführungen in die Wissenschaft. Es kommt nun auf die Wissenschaftsadministrationen an, diese Empfehlungen auch zu berücksichtigen. Doch hier sind vermutlich – wie bei der Rechtschreibreform oder bei den Gendervorschriften – längst mächtige, beratungsresistente Personen und Grüppchen am Werk, die schon das Falsche entscheiden werden.

Der andere wichtige Sprachbereich, aus dem das Deutsche zugunsten des Englischen verdrängt wurde, ist natürlich die Wirtschaft, oder genauer: *big business*. Und ein wichtiger Teil der Kultur – Film, Musik – spricht und singt globalesisch.

Also: Mehr und mehr hohe, prestigereiche Redefelder werden nicht mehr auf Deutsch sprachlich gefasst. Die Eroberung der wichtigsten und höchsten Diskursdomänen durch die verschiedenen europäischen Volkssprachen war aber gerade die entscheidende kulturelle Neuerung der Neuzeit und damit ein zentrales Moment der Moderne. Nun wird genau diese Entwicklung rückgängig gemacht: Das obere Stockwerk bzw. die *bel étage* im Haus der Sprache übernimmt sozusagen ein auswärtiger Investor. Die Volkssprache ist nicht mehr Herrin im Haus, den schönsten Teil besitzt jetzt ein anderer. Das bleibt nicht ohne Folgen: Das Prestige der Volkssprache sinkt. Und deren Ausbau geht allmählich zurück, das heißt, bestimmte Sachen kann man irgendwann einfach nicht mehr auf Deutsch sagen. Das kann jeder schon heute beobachten, der sich mit Naturwissenschaftlern oder Wirtschaftlern unterhält. Das Alltagsleben bewältigen sie noch ganz gut auf Deutsch, aber über ihre wissenschaftlichen und professionellen Spezialgebiete können sie bestenfalls noch in einem deutsch-englischen Gemisch Auskunft geben.

Die gesellschaftlichen Konsequenzen des Statusverlusts der alten Hochsprache und damit die Folgen für die Sprachgemeinschaft sind völlig klar und einigermaßen dramatisch. Diese Entwicklung wirkt nämlich unmittelbar auf den Erziehungssektor: Warum soll mein Kind irgendwelche Anstrengungen für den Erwerb einer Sprache auf sich nehmen, die für die höheren Diskurse und das berufliche Fortkommen gar nicht mehr taugt? Englisch ist ja jetzt Arbeitssprache, wie Günther Oettinger, damals einer der föderalen Herren über die deutsche Bildung, einmal sehr laut gesagt hat. Da ich sehen muss, dass mein Kind möglichst schnell und effektiv an den höheren Diskursen teilnehmen kann, erziehe ich es also im Gegenteil in der neuen Hoch-Sprache, auf Englisch. Das globale Englisch wird zunehmend Bildungssprache, es übernimmt die wichtigsten Funktionen des Hochdeutschen. Dieses sinkt damit zur Vernakularsprache hinab, zur «Familiensprache», wie Herr Oettinger sagte. Es wird dann die Funktionen haben, die früher und heute noch Dialekte haben.

Solche Prozesse sind nicht neu. Die Verbreitung der nationalen Standardsprachen verlief überall in Europa nach dem gleichen Muster wie die Durchsetzung des Englischen heute, mit der Schule als der Hauptagentur zur Verbreitung der Hochsprache – auf Kosten der Dialekte oder anderer Sprachen bis hin zu deren Eliminierung. Vielleicht sehen Germanisten das nicht so dramatisch wie Romanisten, zu denen ich mich zähle. Die deutschen Dialekte sind ja immer noch da, sie schwächen sich eher langsam ab. In der Romania allerdings konnte der beschriebene Prozess mindestens zweimal in aller Radikalität beobachtet werden: Zuerst hat das Lateinische so gut wie alle Sprachen des westlichen Imperium Romanum getilgt, dann hat im 19. und 20. Jahrhundert das Französische die anderen Sprachen Frankreichs vernichtet.

Es ist evident, dass die gesellschaftlichen Mechanismen zur Ersetzung der alten Hoch-Sprache durch die neue, effizientere, prestigereichere Sprache Englisch in Deutschland massiv in Gang gesetzt worden sind und sich von Jahr zu Jahr intensivieren: Die Maschine läuft. Es ist zuvörderst der von der Wirtschaft betriebene und geförderte private Erziehungsbereich, der die Strukturen zum Ausstieg aus dem Deutschen bereitstellt. Einstieg in den Ausstieg ist der Kindergarten, der in Deutschland nicht obligatorisch in der Hand des Staates ist. Englischsprachige Kindergärten können sich gar nicht retten vor Anmeldungen. Es folgt die International School, ein ungeheuer erfolgreiches Erziehungsangebot. Privatschulen bauen neue Schulgebäude, wohingegen ich schon lange keinen öffentlichen Schulneubau mehr gesehen habe. Englischsprachige Privatfakultäten vollenden das – teure, also gesellschaftlich exklusive – Bildungsangebot.

Die Staatsschulen stehen aber auch nicht abseits: Frühenglisch wird ab der Grundschule angeboten, allerdings oft von dafür überhaupt nicht ausgebildeten Lehrkräften (das lässt nichts Gutes für die tatsächliche englische Sprachkompetenz der Frühlerner erwarten). Später sind sogenannte bilinguale Angebote in den Staatsschulen beliebt und begehrt. CLIL, Content and Language Integrated Learning, also englischsprachiger Fachunterricht, ist der pädagogische Knüller jedes einigermaßen ehrgeizigen Schuldirektors.

In dem Wunsch, ihren Kindern die Teilnahme an den höheren Diskursen und Tätigkeiten zu ermöglichen, scheuen Eltern keine Kosten und Mühen, ihren Kleinen eine englischsprachige Erziehung angedeihen zu lassen. Deutsch ist nicht mehr die selbstverständlich geschätzte und als erstrebenswert angesehene Bildungssprache. Dies meine ich, wenn ich sage, dass die Deutschen – bzw. ein ziemlich einflussreicher Teil derselben – ihre Sprache nicht lieben.

Der Exodus aus den deutschen Schulen wird nun durch die unabweisbare Tatsache verstärkt, dass das staatliche Schulsystem das Problem der sprachlichen Integration von Migranten nicht in den Griff bekommt. Erhebliche Teile hiesiger Migranten sind nicht oder wenig an der sprachlichen Teilnahme am Leben der Mehrheitsgesellschaft interessiert.[18] Lehrer mühen sich im täglichen Kampf damit ab, Klassen zu bewältigen, in denen Kinder ohne Deutschkenntnisse und mit mehreren verschiedenen Muttersprachen sitzen. Aber die Schulen haben einfach nicht genug Gelder, keine dafür ausgebildeten Lehrkräfte, keine Methoden, um dieses Problem zu lösen. All die schönen pädagogischen Mittel, die Privatschulen für die Sozialisation auf Englisch bereitstellen, fehlen für die Sozialisation auf Deutsch. Eine Schülergeneration nach der anderen geht hier dem Land und seiner Sprache verloren.

Aus dieser Situation erwachsen zwei – für das Deutsche fatale – Folgen. Erstens: Viele deutsche Eltern wollen nicht warten, bis in den für sie erreichbaren Staatsschulen Verhältnisse hergestellt werden, die ein vernünftiges Lernen ermöglichen. Also ergreifen sie, wenn sie es sich erlauben können, die Flucht in den Privatschulbereich und schlagen damit zwei Fliegen mit einer Klappe: Sie bekommen wohlgeordnete Schulverhältnisse, und die Kinder werden gleich in der hohen Sprache der Aufsichtsräte, der Wissenschaften und Hollywoods sozialisiert. Zweitens: Wenn die Deutschen selbst ihre Sprache offensichtlich nicht so schätzen, dass sie ihre Kinder weiter in ihr bilden, dürften sich Migranten bald fragen, warum ihre Kinder diese Sprache überhaupt lernen sollen. Der Auszug der Deutschen aus dem Deutschen regt diejenigen mit einer anderen Muttersprache nicht gerade zum Erlernen des Deutschen an.

Wir treiben also in sprachlicher Hinsicht einer gesellschaftlich höchst problematischen Situation zu, in der eine anglophone Aristokratie abdriftet aus der Sprachnation und eine Zuwandererschicht mit verschiedenen Sprachen gar nicht erst in diese Sprachnation eintritt. Dazwischen steht eine deutschsprachige Mittelschicht, die, wie der Soziologe Pierre Bourdieu das für Frankreich beschrieben hat[19], alles daran setzen wird, die neue Hochsprache zu erwerben, und die die alte Sprache in den Bereich des *patois*, der niedrigen Familiensprache, der Vernakularsprache, verweisen wird.

Das ist die Situation, die meiner Bemerkung zugrundeliegt, dass es das Deutsche schwer hat in diesem Land. Auch wenn alles heute noch zutrifft, was die glücklichen Germanisten erfreut – viele Lerner des Deutschen im Ausland, guter Standard der Deutschkenntnisse bei den Deutschen, keine strukturelle Gefährdung des Deutschen durch Kontakt mit anderen Sprachen –, so braut sich am sprachlichen Horizont doch etwas zusammen, das alle diese schönen Errungenschaften gefährdet: Wenn eine junge Generation von Deutschen gar nicht mehr in dieser Sprache gebildet wird, wird immer weniger Interessantes in dieser Sprache gesagt und geschrieben werden. Dann wird es auch weniger in- und ausländische Lerner des Deutschen geben, weil Deutsch ja gar nicht mehr die hohe Sprache dieses Landes sein wird. Die strukturellen Gefährdungen der deutschen Sprachnorm werden dann den entscheidenden kulturellen Schichten des Landes einfach gleichgültig sein. Das konnte ich zum Beispiel schon vor Jahren in meiner Akademie beobachten, als einige Naturwissenschaftler gleichgültig bis genervt auf eine Diskussion um die deutsche Rechtschreibung reagierten. Sie war ihnen einfach unwichtig, weil das Deutsche ja schon längst nicht mehr ihre (Schreib-)Sprache war. Ohne Sorge um die Sprache beschleunigen sich aber die Sprachwandelprozesse, oder, nicht-linguistisch gesagt: verkommt die Sprache.

Eine ganze coole Berufsgruppe steht ständig bereit, uns zu sagen, dass ihnen nichts gleichgültiger ist als dies.

8

―――――――

Gegen die Sorge:
Die Coolen

Es gibt Zeitungsartikel, die erscheinen – obwohl sie von verschiedenen Journalisten geschrieben werden – fast gleichlautend periodisch in unterschiedlichen Zeitungen. Dazu gehört der progressiv-aufgeklärte, coole Artikel über die deutsche Sprache. Anlass des zyklischen Erscheinens dieses Artikels ist zumeist irgendeine öffentliche Bekundung von Sorge um diese Sprache. Der darauf unweigerlich reagierende Artikel besagt im Wesentlichen (manchmal gibt es auch nur eine Auswahl der folgenden Argumente): Nun habt euch mal nicht so! In der globalen Welt muss das Deutsche nun einmal in vielen Bereichen dem Englischen weichen: Business, Wissenschaft und Show sind global und sprechen daher englisch. Sich dieser Tendenz entgegenzustellen ist unklug und provinziell. Damit wir global mitspielen können, ist es am besten, man fängt gleich im Kindergarten mit dem Erwerb der englischen Sprache an. Klagen über zu viele Entlehnungen aus dem Englischen sind nur fehlgeleiteter Nationalismus. Sprache verändert sich doch «natürlich». An diesen dynamischen Prozessen kann auch eine Verankerung der deutschen Sprache im Grundgesetz nichts ändern. Und überhaupt sei man das Sprachthema leid, es gebe schließlich Wichtigeres zu tun. Das Sprachthema nervt.

So ist dieser Artikel neulich wieder einmal – aus Anlass einer der Sorge ums Deutsche gewidmeten Tagung – aus der Feder eines berühmten Starjournalisten geflossen und in einer großen konservativen Zeitung gedruckt worden.[20] In seinem mutigen Kampf gegen törichte Altmodlerei dient der Artikel natürlich gleichzeitig dazu, die weltoffene, fortschrittliche und aufgeklärte Haltung des jeweiligen Schreibers zu dokumentieren. Das ist wohl auch der Grund dafür, dass keine Zeitung, egal welcher politischen Couleur, sich diesen Artikel entgehen lässt.

Obwohl der Artikel lässige Coolness manifestiert, zittert aber in seinem Genervtsein noch das Gefühl, dass es um etwas Wichtiges gehen könnte, und es lässt den Schreiber so kalt nicht, wie er tut. Auf dieser Rest-Emotion basiert meine Hoffnung, dass man in ein Gespräch über die Sprache eintreten könnte, in dem die Sorge der einen und die kosmopolitische Coolness der anderen sich vermitteln ließen.

Sprache ist nämlich für alle Menschen etwas Wichtiges, weil sie tief mit den Emotionen, dem Körper, der Begegnung mit dem Anderen und der Welt, mit ästhetischen und intellektuellen Erfahrungen – kurz mit allem, was Menschen bewegt, verbunden ist. Denn Sprache begleitet den Menschen nun einmal sein ganzes Leben lang, ja sogar schon, bevor er auf die Welt kommt, im Mutterleib, wo der Fötus im Rhythmus und im Klang der Sprache der Mutter badet. Die modernen Medien – Radio, Fernsehen, Handys, Internet – haben die Sprachlichkeit des menschlichen Lebens noch einmal ins Extreme gesteigert. Wir ertrinken geradezu in geschriebenen und gesprochenen Wortschwällen.

Aber wie bei anderen universellen Fähigkeiten des Menschen ist es auch bei der Sprache so, dass Menschen diese gemeinsame Voraussetzung völlig unterschiedlich ausgestalten und ausleben: Menschen sprechen viel oder wenig, schnell oder langsam, diese oder jene Sprache, eine Sprache oder viele Sprachen. Manche Menschen erleben den Klang und den Rhythmus ihrer Sprache als ein sie tief bewegendes Ereignis, andere lässt das ziemlich kalt. Manche nehmen Sprache bloß als praktisches Kommunikationsmittel, andere als poetisches Medium der Erkenntnis. Und für viele Menschen sind Musik und Bilder wichtiger als Sprache. Dennoch: Alle haben im Mutterleib den Klang der Sprache vernommen, alle haben ihre Beziehungen zu anderen durch Sprache begründet, und alle haben die Welt durch Sprache kennengelernt. Welt und Mitwelt sind den Menschen durch Sprache gegeben. Dies sind einigermaßen tiefe Gründe dafür, dass Sprache für keinen Menschen wirklich gleichgültig ist. Denn wie gesagt: Der Mensch ist nur Mensch durch Sprache.

Dies müssten eigentlich auch die Coolsten anerkennen, wenn sie die Sprachsorgen der nicht so Coolen kritisieren, denen die Sprache oft nä-

Gegen die Sorge: Die Coolen 81

her geht und die daher eher leiden, wenn es Probleme gibt. Und eine der ganz großen Sorgen um die Sprache, eine tief verstörende Erfahrung, ist nun einmal ihre Fremdheit. Es ist nicht nur nationalistischer Purismus – der übrigens, wie ich im 10. Kapitel zeigen will, gar nicht so verwerflich ist, wie angenommen wird –, wenn Menschen fremdeln, weil ihnen ein bislang vertrauter sprachlicher Raum fremd wird. Wo es früher Fahrkarten gab, gibt es nun *Tickets*, die Auskunft ist zum *Service Point* geworden, und sogar der – pseudofranzösische, aber längst heimische – Frisör ist jetzt ein *Hairdresser*. Ich sage nicht, dass das schlecht ist oder dass man das Neue nicht lernen könnte. Ich sage nur, dass diese Stücke fremder Sprache den Sprachraum, in dem wir leben, schwieriger machen. Auch dass in der Straße, in der ich aufgewachsen bin, meine Sprache nun kaum mehr zu hören ist, ist doch keine harmlose Veränderung, sondern eine tief ins Leben eingreifende Umwälzung meiner Umwelt. Oder dass meine Forschungen, die Arbeit meines Lebens, zusammen mit ganzen Bibliotheken deutsch geschriebener Wissenschaft allmählich in den Orkus der Nichtbeachtung versinken, weil sie nicht auf Englisch verfasst oder ins Englische übersetzt worden sind. Diese gigantische Wissensvernichtung kann mir doch nicht gleichgültig sein. Es ist also vielleicht doch nicht so unverständlich, wenn Menschen über das Anwachsen sprachlicher Fremdheit Klage führen. Über solche Zurückgebliebenheit das kosmopolitische Näschen zu rümpfen ist eine Möglichkeit. Man könnte diese Entfremdungserfahrung aber auch zu verstehen versuchen.

Die sprachlichen Fremdheitserfahrungen der letzten Jahrzehnte sind nämlich einigermaßen dramatisch und lassen sich vielleicht folgendermaßen erzählen: Nach dem Zweiten Weltkrieg sind auch in die entferntesten Dörfer dieses Landes Menschen gekommen, die andere Dialekte sprachen als den des Dorfes. Ich erinnere mich sehr gut an sudetendeutsche Flüchtlinge in dem nordhessischen Dorf, in dem ich als Kind lebte (und in dem ich selbst ein Fremder war, weil ich einen anderen Dialekt als den des Dorfes sprach, der aber nicht so fremd war wie derjenige der Flüchtlinge). Die Sudetendeutschen wurden gerade auch wegen ihrer anderen Sprache als fremd erlebt, obwohl sie doch «Deutsche» waren. Ein noch tieferer Fremdheitsgrund war natürlich die Konfession: Die Sudetendeutschen waren Katholiken, die hier in einem rein lutherischen Umfeld gelandet waren. Religion spaltet viel mehr als die Sprache, denn

Sprachunterschiede lassen sich überwinden. Nicht zuletzt hat dann die gemeinsame Schrift- und Bildungssprache, die Hochsprache Deutsch, die Integration jener Fremden ermöglicht. Sie war das Medium, in dem es gelang, trotz der Unterschiede eine Zusammengehörigkeit zu entwickeln und eine Nation zu sein. Gewiss ist eine Nation, wie Ernest Renan es klassisch formuliert hat, der auf gemeinsamer Geschichte basierende *plébiscite de tous les jours*, die tägliche Volksabstimmung.[21] Aber diese basiert eben auch auf der täglich gelebten Erfahrung einer gemeinsamen Sprache. Die Erfahrung sprachlicher Fremdheit und der über die Sprache gelingenden Integration ist also nichts Neues für die Deutschen – ebenso wie die damit einhergehende Erfahrung, dass dieser Prozess für beide Seiten nicht leicht ist.

Gleichzeitig mit der sprachlichen Fremdheit «von unten» gab es nach dem Krieg eine sprachliche Fremdheit «von oben». Es lebten ja Menschen im Land, die es beherrschten, die eine andere Sprache sprachen und nichts mit den Einwohnern des Landes zu tun haben wollten. Die Amerikaner in Frankfurt am Main, wo ich meine Jugend verbrachte, zum Beispiel hatten zwar ein Hauptquartier mitten in der Stadt, aber mit deren Bewohnern so gut wie keine Verbindung. Sie traten mit ihnen nur über eine – allerdings mächtige – Stimme in Kontakt, über das Radio: the American Forces Network (AFN). Die Kommunikation war völlig einseitig. Sie kam von oben, als Stimme des Meisters, und wurde kaum verstanden. Sie verlangte keine Integration, aber sie setzte ein Modell: So klang die Stimme des Siegers.[22] Diese zweite sprachliche Fremdheitserfahrung brachte im Wesentlichen die Einsicht, dass es über unserer Hochsprache noch Höheres gab. Die Einseitigkeit dieser Kommunikation erzeugte im Entgegenhorchen zunächst nur ein Begehren nach Partizipation, aktive Teilnahme wurde ja nicht gewünscht oder gar verlangt. Alle höheren sprachlichen Aktivitäten in Deutschland – Wissenschaft, Wirtschaft, Literatur, Kultur – verblieben aber noch in jener alten hohen Sprache, die auch den Zusammenhalt der Nation garantierte.

Beide Fremdheitserfahrungen – von unten und von oben – haben sich nun in neuerer Zeit in anderer Form wiederholt bzw. so radikalisiert, dass sie die Sprach-Gemeinschaft heute ernsthaft gefährden: Angesichts der tiefen kulturellen, religiösen und sprachlichen Fremdheit zwischen

Einwanderern und Deutschen (hier sind ja nicht nur verschiedene Dialekte derselben Sprache im Spiel, sondern grundverschiedene Sprachen) fehlt oft – auf beiden Seiten – der Wunsch, eine gemeinsame Sprache zu finden. Das Volk findet sich nicht mehr als gemeinsame Sprachnation zusammen. Die in den verschiedenen Migrantengruppen aufgehobenen geschichtlichen Erfahrungen sind ohnehin massiv disparat. Dem deutschen Holocaust-Gedenken steht zum Beispiel eine palästinensische Vertreibungserinnerung radikal entgegen. Dem *plébiscite de tous les jours* fehlt damit weitgehend die historische Grundlage. Eine gemeinsame Sprache würde daher wenigstens die minimale Voraussetzung für ein Zusammenfinden stiften. Sie ist die einzige Hoffnung, dass aus dem Flüchtlingslager eine (zumindest partiell) gemeinsame Sprachnation werden kann. Daher kann man gar nicht genug Anstrengungen auf sich nehmen, die gemeinsame Sprache zu befördern – eine beiderseits aufwendige, harte Prozedur.

«Oben» haben sich sozusagen die verführerische Stimme des AFN und das Begehren der Hörenden zu gewaltigen Befehlsstrukturen und weitgehender Unterwerfung radikalisiert: Die weltweite Ökonomie spielt nicht mehr nur «Strangers in the night», sie bittet nicht «Love me tender» oder «Put your head on my shoulder», sondern sie verlangt brutal Gefolgschaft. Und diese wird bereitwillig gewährt: Aus dem Entgegenhorchen (*ob-audire*) ist längst Gehorsam (*obedience*) geworden. Der am Mast festgebundene, den Sirenen lauschende Odysseus – immerhin noch Herr eines ihm gehörenden Schiffes – hat sich losgebunden und den Sirenen überantwortet. Ins heimatliche Ithaka findet er nicht mehr zurück. Globale Kapitalströme fordern das Flutschen einer Kommunikation ohne Hindernis, das heißt ohne andere Sprachen als der einen, globalen. Und der *impact factor*, ein von amerikanischen Verlagen auferlegter quantitativer Wirksamkeitsindikator, verlangt, dass alle Wissenschaftler englisch schreiben. Wer nicht auf Englisch publiziert, wird nicht berücksichtigt bei der Evaluation seines Tuns, er lebt und arbeitet für den Papierkorb, er ist einfach nicht existent.

Der Gewinn der Teilhabe am globalen Englisch ist jene zunächst nur begehrte, nun aber Wirklichkeit gewordene Partizipation an der Stimme des Siegers. Die Kosten sind hoch: eine Entwertung der ehemaligen Hochsprache und die Emigration von oben, der Auszug der Eliten aus der Nation, die sich als kulturelle und sprachliche Gemeinschaft auflöst: Desintegration. Auch beim Desintegrationsproblem ist – wie beim Integrationsproblem – dringend Aktivität angesagt, nämlich «Bildung» und eine wirkliche «Mehrsprachigkeitserziehung», kurzum «Sprachkultur». Die geschmackvolle Integration englischer Wörter in die deutsche Sprache ist nur ein Teilaspekt einer solchen umfassenden Kultur der Sprache.

Angesichts der tiefgreifenden sprachlichen Transformationen kommt es darauf an, dass sich die Coolness gegenüber der Sprachenfrage nicht der Sorge um die Sprache hochmütig verschließt und dass sich umgekehrt die Sorgenden den Wandlungen der Gegenwart nicht stur versagen. Sprache ist tatsächlich zu wichtig, um missachtet zu werden, und zu lebendig, um sich dem ihr wesentlichen Wandel entziehen zu können.

Keine dieser Veränderungen ist übrigens «natürlich», wie der coole Aufsatz obstinat behauptet. Es sind allemal historische Prozesse, keine Naturereignisse, sondern vom Menschen gemachte Transformationen, die daher auch alle vom Menschen beeinflussbar sind, also ihrerseits wieder verändert werden können. Ich warte nicht ab, bis kein Schüler mehr Deutsch kann (weil das der «natürliche» demographische Prozess ist), sondern ich setze aktiv eine Sprachpolitik für die Schulen dagegen. Ich warte nicht ab, bis keine Führungskraft mehr Deutsch kann (bestimmt kein «natürlicher» Prozess, weil der Führungskräfte-Nachwuchs schon im Kindergarten das Deutsche ganz gezielt abtrainiert bekommt), sondern ich kümmere mich um ein vernünftiges Schulwesen, das die alte Nationalsprache als Kultursprache ebenso fördert wie das Training in der Welt-Kommunikationssprache. Ich widersetze mich dem Aufzwingen von *Tickets*, *Servicepoints* und *Hairdressern* durch die Werbeindustrie (die diese Wörter gezielt, propagandistisch und alles andere als «natürlich» in den öffentlichen Raum einführt). Fragen Sie doch einfach mal das Personal am Flughafen, wo denn *Gate* (gesprochen wie «Pate») 7 auf diesem *Airport* (gesprochen «Eierport») sei, oder bei P&C, wann denn wieder *Sale* (gesprochen wie der gleichnamige Fluss) sei. Das wirkt einigermaßen subversiv.

Über das Deutsche in den Wissenschaften

Man ist immer wieder überrascht, dass in wichtigen Streitfragen plötzlich noch einmal vehement eine Position vorgebracht wird, die niemand mehr bestreitet, weil sie längst gewonnen hat oder auch weil die Streitfrage seit langem eine einvernehmliche Lösung gefunden hat. So hat es vor ein paar Jahren ein Sprachwissenschaftler noch einmal für nötig befunden, in der «Neuen Zürcher Zeitung» das Englische als weltweite Wissenschaftssprache anzupreisen, unter nachdrücklicher Schmähung der reaktionären Kräfte, die sich diesem progressiven Trend widersetzen und in den anderen europäischen Wissenschaftssprachen weiterarbeiten wollen, zum Beispiel in der Sprache Deutsch.[23]

Selbstverständlich spricht bzw. schreibt «die Wissenschaft» heute global englisch, und natürlich ist es schön, dass wir jetzt eine globale wissenschaftliche Kommunikationsgemeinschaft haben. Das braucht uns doch niemand mehr zu empfehlen. Von Zürich über Poughkeepsie, Tokyo und Neu Delhi nach Galway können wir nun unsere Forschungsergebnisse auf Englisch verbreiten, die vorher über Flensburg und Innsbruck nicht hinausgekommen sind. Und natürlich ist der Weltgeist auf der Seite dieses globalen Wissenschaftsparadieses. Ein alter Traum der Menschheit ist – jedenfalls in der Wissenschaft – wahr geworden: eine Sprache für alle. Der Sieg der «einerlei» Sprache ist vollkommen bzw. wird in Bälde vollkommen sein, weil die Jugend der Welt offensichtlich begeistert dem Beispiel des flotten deutschen Sprachwissenschaftlers folgt und auf Globalesisch forscht und schreibt. Warum also noch nachtreten auf den Gegner, der doch schon am Boden liegt? Warum den bedauernswerten (und oft alten) Verlierer, der weiterhin in seiner alten Nationalsprache Wissenschaft betreiben will (und den daher doch niemand mehr liest), noch als dummen Tropf beschimpfen? Warum müssen die verbliebenen besiegten Gegner dieser schönen neuen Wissenschaftswelt völlig ausgerottet werden?

Anders gefragt: Warum dürfen nicht diejenigen, die lieber in ihren alten Kultursprachen wissenschaftlich arbeiten und publizieren wollen, in Ruhe weitermachen? Und sei es auch nur, dass man sie friedlich sterben lässt (die Sache wird ja ausdrücklich auch als eine Generationsfrage behandelt, mit der üblichen kleinen gemeinen Prise *ageism*: Die Alten schreiben in der alten Sprache, die Jungen, Flotten in der Sprache der Jugend der Welt). Die Gründe dafür, warum es trotz des globalen Kommunikationsraums sinnvoll sein kann, weiter in den alten Sprachen Wissenschaft zu betreiben, sind inzwischen ausführlich ausgebreitet worden.[24] Sie sind nicht verwerflich, sie sind auch nicht dumm und unwissenschaftlich. Daher zeichnet sich als Lösung der Frage nach der Sprache der Wissenschaft doch längst ein differenziertes Sprachregime ab, in dem das Globalesische und die alten Wissenschaftssprachen jeweils ihre Plätze haben. Die Details dieser neuen Sprachkonstellation sind allerdings noch zu präzisieren. Der Wissenschaftsrat hat dazu, wie schon erwähnt, kluge Vorschläge gemacht. Doch ist noch einiges zu tun, und da sind polemische Invektiven nicht besonders hilfreich. Es geht um so wichtige Fragen wie: In welcher Phase der wissenschaftlichen Ausbildung soll Englisch verwendet werden, in welchen Disziplinen ist das sinnvoll? Geht es ums Schreiben oder auch ums Sprechen? Etc. Das Ziel ist eigentlich nicht mehr, sämtliche Wissenschaften in sämtlichen Diskursen und Situationen auf Englisch umzustellen.

Warum also dieses Nachtarocken? Der siegreiche Spötter benutzt bei seiner Invektive gegen die Freunde der alten Wissenschaftssprachen ein verräterisches Wort: «Religionskrieg»: «Wie bei einem Religionskrieg folgt auf die Niederlage nicht die freiwillige Bekehrung», stellt er fest. Aha! Altmodische Heiden verweigern sich verstockt dem neuen Glauben der neuen Weltsprache, offensichtlich einem sprachlichen Monotheismus. Der siegreichen Religion ist es also noch nicht gelungen, alle Ungläubigen zu bekehren. Daher muss offensichtlich noch ein bisschen nachgearbeitet werden bei der «freiwilligen Bekehrung». Wie bei der spanischen Inquisition? Aber auch der ist es bekanntlich nicht gelungen, die Ungläubigen völlig zu bekehren. Es ist eine historische Erfahrung, dass Religionskriege trotz aller Siege nicht wirklich zu gewinnen sind: Die besiegten Götter treiben sich als Gespenster und Geister im Untergrund herum (Voodoo), die Zwangsbekehrten betreiben ihre Religion heimlich weiter (wie die spanischen Maranen), die Verstockten flüchten in Wälder (französische Protestanten) und fremde Länder (Juden, Hugenotten, Quäker). Religionskriege sind einfach dumme Kriege. Religionskriege enden erst, wenn die Religionen ihren Fundamentalismus, ihre Intoleranz, ihren Absolutheitsanspruch aufgeben.

Und genau darum muss es gehen in der Auseinandersetzung um die Sprache der Wissenschaft. Sie darf keine fundamentalistische, religiöse Auseinandersetzung sein – gerade weil wir Wissenschaftler sind, das heißt Menschen, die sich nicht religiös, sondern rational miteinander verständigen. Deswegen muss man damit aufhören, die anderen als ideologisch verbohrte Irrgläubige zu verhöhnen und sich selbst als Besitzer der alleinseligmachenden Wahrheit darzustellen. Man muss mit der «freiwilligen Bekehrung» aufhören.[25]

Im vorliegenden Fall wurden die Wissenschaftler, die weiter in ihren eigenen Sprachen Wissenschaft betreiben möchten und die das wichtig finden, vom Vertreter der wahren Lehre als Inhaber der folgenden verderblichen Irrlehre gebrandmarkt: Sie glauben, dass Sprache ein Instrument des Denkens sei und dass Sprache und Denken miteinander verbunden seien. Sie wollen gern in ihrer eigenen Sprache wissenschaftlich denken, sind also Nationalisten. Richtig sei es dagegen anzunehmen, dass zuerst – ohne Sprache – gedacht und dann gesprochen wird, dass Sprache also nur zur Kommunikation von etwas außerhalb der Sprache Gedachtem dient. Da der wissenschaftliche Gedanke universal sei, hätten Muttersprache und Vaterland hierbei nichts zu suchen, sondern sei allein das Englische wegen seiner universalen Reichweite zu verwenden.

In Wirklichkeit sind beide Auffassungen richtig. Es handelt sich hier nämlich um etwas, das ich die Antinomie der sprachlichen Vernunft nenne. Und es geht in der derzeitigen Transformation des wissenschaftlichen Kommunikationsraums darum, beiden Sprachauffassungen die ihnen zustehenden Betätigungsfelder einzuräumen. Dabei ist das, was hier als supermodern daherkommt, die ältere Sprachauffassung: Jahrhundertelang haben alle europäischen Schüler von Aristoteles gelernt, dass die

Menschen ohne Sprache denken und dass diese Gedanken bei allen Menschen gleich seien. Wenn sie das Gedachte dann anderen mitteilen möchten, verbinden sie es mit Lauten, die in den verschiedenen Sprachen verschieden sind. Da diese Laute aber nichts mit dem Denken zu tun haben, sei es völlig gleichgültig, mit welcher Sprache der Gedanke kommuniziert werde.

Diese eher triviale Auffassung ist nicht falsch (sie tötet allerdings, wie wir mit Humboldt in Kapitel 4 gesehen haben, allen Geist). Denn tatsächlich funktioniert Sprache im praktischen Leben so: A teilt dem B etwas – einen Sachverhalt, einen Gedanken, einen Wunsch etc. – mit, es kommt ihm dabei auf die möglichst reibungslose Übermittlung des Etwas an. Und da ist es ihm völlig gleichgültig, mit welchen Lauten oder Zeichen dies geschieht. Hauptsache, es funktioniert, es geht ganz um die Sache. Nehmen wir an, A verspürt einen brennenden Durst – da ist es ihm doch egal, ob er «ein Bier» oder «una cerveza» sagen muss. Er will einfach seinen Wunsch kommunizieren und seinen Durst löschen. Die Realität – der Gedanke, die bezeichnete Sache – ist in den praktischen Lebensumständen zumeist so stark, dass es allein auf sie ankommt.

Und tatsächlich funktioniert Sprache auch in einem großen Teil der Wissenschaft so: Der Geograph hat berechnet, dass der Fuji 3776 Meter hoch ist, und teilt dies allen mit, die es wissen wollen, mit irgendwelchen Zeichen, es muss nicht Japanisch sein. Der Astronom hat herausgefunden, dass sich die Erde um die Sonne dreht. Der Soziologe hat gemessen, dass 35 Prozent der deutschen Bevölkerung CDU wählen. Der Arzt hat festgestellt, dass bei täglicher Einnahme von x Tabletten YZ die Grippe in drei Wochen geheilt ist. Ich vereinfache etwas – aber das, worum es geht, ist ja auch von relativer Einfachheit. Wissenschaft gewinnt durch Messen, Rechnen, Sezieren und andere außersprachliche Operationen Faktenwissen. Und für dieses ist es in der Tat ziemlich gleichgültig, mit welchen Lauten oder Zeichen es mitgeteilt wird. Damit die für alle Menschen gleichen Fakten möglichst weit verbreitet werden, ist es nur praktisch, wenn dies in dem am meisten verbreiteten Zeichensystem geschieht.

Nur: Das ist nicht die ganze Wissenschaft, und Aristoteles hat nicht immer Recht. Die moderne europäische Sprachreflexion hat durch die Begegnung mit vielen verschiedenen Sprachen (die Griechen haben sich wenig für fremde Sprachen interessiert) festgestellt, dass die Dinge nicht so einfach liegen. Vor allem hat sie erfahren, dass das Denken nicht unabhängig von der Sprache ist – zumindest in dem Maße nicht, das uns Guy Deutscher gezeigt hat.[26] Was die Wissenschaften angeht, so gibt es wissenschaftliche Betätigungen, die keineswegs nur sprachlos Gedachtes, Gemessenes, Gewogenes und Berechnetes als wissenschaftliche Erkenntnis erzeugen, sondern die wissenschaftliche Erkenntnis *in Sprache* generieren. Wissenschaftliche Arbeiten in den Geisteswissenschaften kommen durchaus nicht so zustande, dass der Forscher sich sozusagen zuerst die Ergebnisse in seinem Kopf ohne Sprache denkt und sie dann nur noch bezeichnet und verlautbart. Er bringt wissenschaftliche Erkenntnisse – oft über sprachliche Gegenstände – durch die Produktion von Texten im Schreiben hervor. Er schafft also mit der Sprache einen völlig aus Sprache bestehenden kognitiven Gegenstand. Michael Hagner hat es einmal in einem wichtigen Aufsatz in der NZZ gesagt: Geisteswissenschaften verkörpern ihr Denken in der Sprache.[27]

Und eben das möchten nun manche Geisteswissenschaftler, gerade weil sie Wissenschaft betreiben, weil sie das beste Wissen erzeugen wollen, in der Sprache tun, die sie am besten können. In meinem Fall ist das zum Beispiel die alte Kultursprache Deutsch, die mir als voll ausgebaute Sprache alle Mittel zur Verfügung stellt, die ich brauche. Kommunikation ist nicht das erste Ziel meiner wissenschaftlichen Sprachproduktion, sondern die Generierung des wissenschaftlichen Gedankens selbst. Es geht dabei nicht darum, dass ich irgendetwas *nur* auf Deutsch sagen kann, sondern dass ich es auf Deutsch *am besten* sagen kann. Die Verwendung der alten Sprache ist also wissenschaftlich angezeigt, nicht nationalistisch motiviert.

Hier entsteht nun in der globalen Gesellschaft tatsächlich ein Konflikt zwischen wissenschaftlicher Produktion und Kommunikation. Wenn ich in der alten Sprache schreibe, verzichte ich auf die weltweite Kommunikation zugunsten des besten Handwerkszeugs (ich hoffe aber natürlich, dass mich einer ins Weltweite übersetzt). Wenn ich in der neuen globalen Sprache schreibe, was ich ebenfalls manchmal tue, stelle ich mein bestes wissenschaftliches Handwerkszeug zugunsten der weltweiten Kommunikation zurück.

Dies sind Spannungen und Konflikte, die man nicht einfach durch die öffentliche Aufforderung zur «freiwilligen Bekehrung» zur Einheitssprache eliminieren kann. Es geht darum, ein liberales und klug abgewogenes Sprachenregime in den Wissenschaften zu etablieren, und nicht um die Durchsetzung eines sprachlichen Einheitsglaubens, sozusagen eines intoleranten Mono-Glossismus, der durchaus der Forderung nach guter Wissenschaft widerspricht.

Es ist auch sinnlos, uns immer wieder den englisch schreibenden Dänen vorzuhalten. Natürlich wählt der Däne eher das Globalesische: Seine wissenschaftliche Gemeinschaft ist so klein, dass er zugunsten der größeren kommunikativen Reichweite auf seine eigene Sprache verzichtet. Als deutsch schreibender Wissenschaftler habe ich aber das Glück, noch eine relativ große Gemeinschaft ansprechen zu können *und* in meiner eigenen Sprache denken zu dürfen. Warum soll ich es dem Dänen nachmachen und auf dieses Glück verzichten? Im übrigen hat ausgerechnet der berühmteste dänische Sprachwissenschaftler (der sonst zumeist in der Weltsprache Französisch schrieb) sein Hauptwerk auf Dänisch geschrieben! Für sein bestes Buch, für seine subtilen «Prolegomena zu einer Sprachtheorie», brauchte Louis Hjelmslev ganz offensichtlich sein bestes Denkinstrument: Dänisch. Es hieß «Omkring Sprogteoriens Grundlægellse» (1943).

Also: Lasst uns von gegenseitigen pfäffischen Bannstrahlen in dieser wichtigen Frage Abstand nehmen, die Wissenschaft ist nicht der Ort von Religionskriegen und intoleranten Glaubensstreitereien. Wohl aber ist sie ein Ort, an dem man in Ruhe verhandeln muss, welches die Regeln des Spiels sind, also welche Sprache wir wann sinnvoll bei unseren durchaus verschiedenen wissenschaftlichen Aktivitäten verwenden. Der Wissenschaft jedenfalls tut ein mehrsprachiges Regime in vielerlei Hinsicht außerordentlich gut.

10

Purismus 1:
Gegen fremde Wörter

Neben dem verstockten «Nationalismus» derer, die weiter in ihren traditionellen Kultursprachen Wissenschaft betreiben wollen, ist ein zweiter Feind politisch korrekter Linguistik und eines ebensolchen Sprachjournalismus der «Purismus». Dieser sei eine besonders perverse Abart des Nationalismus, meint der aufgeklärte Linguist. Frühere Zeiten fanden Purismus einfach nur zum Lachen. Sprachlicher Purismus galt seit Goethes und Schillers Xenion gegen den Puristen als lächerlich:

> Sinnreich bist du, die Sprache von fremden Wörtern zu säubern,
> Nun so sage doch, Freund, wie man *Pedant* uns verdeutscht.

Heutzutage lacht niemand mehr und wird Purismus als politisch besonders verwerflich betrachtet, sozusagen als Bruder des Rassismus: Nach dieser Meinung korrespondiert nämlich im Denken der Puristen die Reinheit der Sprache mit der Reinheit des Blutes. Oder: Wer englische Wörter bekämpft, bringt auch Juden um. Ein geschätzter sprachwissenschaftlicher Kollege behauptete kürzlich in einem ansonsten schönen Buch über Sprache und Politik, dass Sprachreinigungsgesetze immer im Tandem mit Aktivitäten für rassische Reinigungen aufgetreten seien.[28] Wirklich? In der Tat hatte sich der puristische Allgemeine Deutsche Sprachverein dem Nationalsozialismus angebiedert. Hitler selbst hat allerdings dem sprachlichen Purismus dieses Vereins ein Ende bereitet, dem rassistischen bekanntlich nicht. Ich sehe auch nicht, dass zum Beispiel die Gründung der Académie française, die ausdrücklich der Reinigung der französischen Sprache dienen sollte, von rassistischen Gesetzen begleitet gewesen wäre.

Ein anderer Kollege hat neulich schaudernd bei mir «Purismus» vermutet, weil ich mich – wie im vorangegangenen Kapitel – für das Deutsche als Wissenschaftssprache eingesetzt hatte, und mich zur öffentlichen Buße aufgefordert. Nun, erstens hat das Engagement für deutsche Wissenschaftssprache nichts mit Purismus zu tun, und zweitens bin ich gar kein Purist, dazu liebe ich die «Wörter aus der Fremde» (Adorno) und was man alles mit ihnen machen kann, viel zu sehr. Außerdem weiß ich als Sprachwissenschaftler, dass Sprachen nicht «rein» sind, und ich weiß auch ganz gut, woher die Wörter kommen. Sprachen sind Straßenköter, Mischungen, Kreuzungen, Resultate der Begegnung des Schönsten mit dem Hässlichsten, des Höchsten mit dem Niedrigsten, des Nächsten mit dem Fernsten. Denn wie die Aktion, die zur Produktion des Straßenköters führt, so ist auch Sprechen ein nicht zu unterdrückender Trieb, bei dem alles eingesetzt wird, was zum Erfolg führt. Wenn ich kein eigenes Wort für etwas habe, mache ich mir eines oder ich borge mir eines aus. Weil ich klug, stark, jung, elegant und weltläufig erscheinen möchte, leihe ich mir eines aus der klugen, starken, jungen, eleganten großen weiten Welt. Weil ich so cool sein möchte wie ein amerikanischer Getto-Bub (ich weiß, dass das «Getto-Kid» heißen muss, ich wollte aber sagen, dass dieses auch nichts anderes ist als ein frecher Bub oder ein freches Mädchen), spreche und bewege ich mich wie dieser, ich borge mir sozusagen Wörter und Bewegungen «von unten». Weil ich so gelehrt erscheinen möchte wie Adorno, verwende ich solche Wörter wie «perhorreszieren» oder «Rancune» und setze das Reflexivpronomen so weit wie möglich ans Ende des Satzes: «… dass mit dem Willen zur Macht Mitleid nur schlecht sich verbindet.» Wir erkennen die Mechanismen, die auch bei der Produktion des Straßenköters wirken: schmusen und angeben. Was dann als Summe herauskommt, als «Sprache», ist in der Tat oft ein ziemlich wildes Gemisch.

Gegen dieses Straßenköterartige der Sprachen haben nun seit Jahrhunderten immer wieder Menschen sich (Adorno!) gewehrt. «Wörter aus der Fremde» waren aber dabei – entgegen gängiger Meinung – überhaupt nicht die vorrangigen Gegenstände der Abwehr. Und es sind auch keine lächerlichen oder verwerflichen Motive, die solchen Abwehraktivitäten zugrundeliegen. Zumeist ist es vielmehr der Wunsch, die eigene Sprache auf ein hohes kulturelles Niveau zu heben, das man gerade andernorts erreicht sieht. Im Frankreich des 16. Jahrhunderts setzte der Wunsch, mit dem Lateinischen oder mit dem Italienischen mithalten zu können, die Sorge um die Sprache in Gang. Weil er das Französische genauso vornehm wie die klassischen Sprachen haben wollte, hat zum Beispiel der erste «Sprachsorger» Frankreichs, der schon erwähnte Drucker Geoffroy Tory, 1529 gegen «niedrige» Wörter, gegen snobistischen Schwulst und gegen zu viele lateinische Wörter polemisiert. Das Lateinische wurde hier nicht als «Fremdes» abgelehnt, sondern als etwas gelehrt Dünkelhaftes. Latein war auch keine «fremde» Sprache im Frankreich jener Zeit. Erst Henri Estienne hat fünfzig Jahre später gegen zu viele fremde Wörter, nämlich gegen Italianismen gewettert. Aber auch hier war die Polemik mehr vom religiösen Zorn des Protestanten gegen die Katholiken und über die von deren italienischer Königin angezettelte Bartholomäusnacht motiviert als von Xenophobie oder gar von Rassismus.

Die Sorge um die «Reinheit» einer Sprache ist Teil einer viel komplexeren Sorge um die Sprache. Das kann man beispielhaft an der klassischen Quelle des Purismus, an den Gründungsdokumenten der französischen Akademie von 1635, zeigen. Die «Reinigung» der französischen Sprache ist ausdrücklich eine ihrer Aufgaben: *la rendre pure*. Der Purismus der Académie française richtet sich aber nicht gegen *ausländische* Wörter. Der «Schmutz», die *ordure*, der «Müll», von dem die Sprache befreit werden soll, findet sich im *Inneren* der Sprache und meint Niedriges, Dialektales und allzu spezielle Fachwörter im Französischen selbst. Die letzteren benutzt übrigens der *pédant*, der Spezialist, der Fachidiot. Der Pedant ist also im Französischen gerade kein Purist, was immer die Weimarer Klassiker auch meinten.

Hinter dem Reinigungsmotiv stehen also nicht Fremdenhass oder Rassismus, sondern der Wunsch nach Heilung eines *inneren* Übels. Das Bedürfnis nach Reinheit (und Ordnung) der literarischen und kultivierten Sprache erwächst nämlich aus der Erfahrung des Bürgerkriegs, des französischen Religionskriegs, den man sich genauso scheußlich vorstellen darf wie den deutschen Dreißigjährigen Krieg danach oder Darfur, Kongo oder Syrien heute. Vor dem Bürgerkrieg war das Französische eine liberale und permissive Sprache gewesen. Es war offen für Entlehnungen, vor allem aus dem Lateinischen und Griechischen, man freute sich seiner dialektalen Vielfalt, und auch die sozialen und stilistischen Unterschiede waren reizvoll und wurden literarisch genutzt. Nun wurde diese Offenheit und innere Verschiedenheit, diese Komplexität der Sprache, gleichsam in Schuldhaft genommen für das Chaos des Bürgerkriegs: Man hatte einfach genug von Diversität, Komplexität, Dissonanz, man sehnte sich nach Einheit, Ordnung, Einfachheit. Es gab einen Wunsch nach Zähmung der Wildheit und der Passionen – eine Bewegung, die stark von Frauen getragen wurde, gleichsam als Gegenbewegung gegen die wilden Kerle, die das Land – und die Sprache – mit ihren unkontrollierten Leidenschaften in den Krieg, in das Blut der Bartholomäusnacht, in den Dreck getrieben hatten. Lasst uns eine aus einem einzigen geographischen und sozialen Ort hervorgehende vorbildliche Sprache schaffen! Die «reine» Sprache war der sogenannte *bon usage*, der gute Sprachgebrauch, den der Akademie-Grammatiker Vaugelas wie erwähnt im «gesündesten Teil des Hofes» (*la plus saine partie de la Cour*) fand, in letzter Instanz war sie die gesprochene Sprache vornehmer Frauen. Die Reinheit ermöglichte *noblesse et élégance* der Sprache. Sprachlicher Purismus ist demnach primär ein Ringen um Distinktion in einer hyperkomplexen, «schmutzigen» Welt.[29]

Wenn man sich diesen politischen und kulturellen Leidenshintergrund des Purismus verdeutlicht, so sieht man, dass sich das puristische Motiv an ganz unvermuteter Stelle wiederfindet: Auch die Flucht der Deutschen aus dem Deutschen nach dem Dreißigjährigen Krieg und die Flucht der Deutschen aus ihrer Sprache nach dem letzten Krieg verdanken sich nämlich diesem puristischen Motiv: Weg vom Dreck des Krieges, weg von den Greueln der Nazizeit. Der Umzug der deutschen Aristokratie ins Französische im 17./18. Jahrhundert wie auch der Umzug der Eliten ins Englische heute sind einem radikalen sprachlichen Purismus geschuldet, der sich von dem ganzen deutschen Müll befreien will. Insofern sollten die anglophonen und anglophilen Deutschen nicht von allzu hohen politischen Rössern herab gegen jene Puristen wettern, die keine englischen Wörter mögen. Die radikaleren Puristen sind sie: Sie reinigen die Sprache nicht nur von ein paar «schmutzigen» Wörtern, sondern sie beseitigen gleich den Dreck einer ganzen schmutzigen Sprache. *La rendre pure!*

11

Purismus 2:
Gegen schmutzige Wörter

Der radikalste Purismus entzündet sich derzeit aber nicht am Leiden an einer Markierung bestimmter Wörter als «niedrig» oder «fremd», sondern an der schmutzigen Semantik deutscher Wörter, und er wütet in einem sprachlichen Bürgerkrieg, bei dem es nicht um soziale Distinktion geht, sondern um das Denken, um richtig und falsch, um die Wahrheit. Und das ist immer mörderisch.

Der Vater der Aufklärung, der englische Philosoph Francis Bacon, wollte mit seinem «Novum Organum» 1620 eine auf Wissenschaft beruhende Herrschaft gründen: ein *regnum quod fundatur in scientiis*. Im Gestus eines Religionsstifters macht er dazu erst einmal vier Feinde des neuen Wissenschaftsreiches dingfest, die es zu besiegen gilt: die Vorurteile des Stammes, der Höhle, des Theaters und des Marktes, die den menschlichen Geist trübten und die wahre Erkenntnis behinderten. Er nennt sie *idola*. *Eidolon* heißt auf griechisch eigentlich «Bild». *Eidolon*, latinisiert *idolum*, ist das Wort, mit dem die monotheistische christliche Religion die alten Götter beschimpfte, mit denen sie konkurrierte und von denen sich der neue Rechtgläubige abwenden sollte. Die Götter der anderen waren nur Trugbilder, *idola*. Auffällig ist, mit welch religiösem Eifer nun der vernunftsuchende Aufklärer dazu aufruft, jene *idola* zu vertreiben: *sunt abneganda et renuncianda*, sie sind abzuweisen und zu verwerfen. Das neue Reich der Wissenschaft duldet wie die Religion des Einen Gottes keine anderen Götter neben sich oder gar in sich. Es reinigt sein Gebiet von den alten Göttern, den *idola*, die auf Deutsch ja auch nicht «Götter» heißen, sondern mit einem negativen Ausdruck «Götzen».

Die schlimmsten Feinde des Gründers der Wissenschaftsreligion waren nun die *idola fori*, die Götzen des Jahrmarkts: *molestissima sunt*, schrieb Bacon, sie sind die lästigsten. Was waren denn das für furchtbare Götzen, die den Vater der europäischen Aufklärung so aufregten und von denen er den Geist unbedingt befreien und reinigen musste (*liberandus est et expurgandus*)? Es waren die *Bedeutungen* der Wörter der Sprache, die das Volk verwendete. Bacon hatte nämlich eine große Entdeckung gemacht: Ihm war aufgefallen, dass die normale Sprache, die das Volk (*vulgus*) sprach, die Welt nicht so sah, wie das die Wissenschaft verlangte. Das Volk schuf in seinen Wörtern Vorstellungen, die aus Sicht der *doctores*, der klugen Wissenschaftler und Schlaumeier, falsch waren. Und Bacon hatte völlig Recht. Das Volk schert sich nicht um die «richtige», wissenschaftliche Ausdrucksweise. Ein Beispiel aus dem Deutschen: Wir sagen immer noch, dass die Sonne «untergeht», obgleich wissenschaftlich gesehen nichts dergleichen geschieht. Wir nennen den Wal auch «Walfisch», obwohl wir wissen, dass er ein Säugetier und kein Fisch ist. Oder, ein anderes berühmtes Beispiel, wir haben zwei Wörter mit zwei verschiedenen Bedeutungen, «Morgenstern» und «Abendstern», die doch ein und denselben Gegenstand bezeichnen und diesen auch noch mit überflüssigen Zeitangaben versehen.

Das Schlimme war nun für Bacon, dass diese falschen Begriffe an den Wörtern kleben und dass sie solcherart das Denken beeinflussen: Sie befehlen dem Denken, glaubt er, und sie verhindern damit das richtige Denken. Die volkssprachlichen Bedeutungen machen Krach: *obstrepunt*, sie lärmen gegen die Wahrheit. Und weil sie stören und das richtige (wissenschaftliche) Denken behindern, muss man sich – jedenfalls für die Wissenschaft – von den Wörtern des Volkes abwenden und eine neue Sprache schaffen. Diese soll dann die Sachen so darstellen, wie sie sind, *secundum naturam*, das heißt «die Wirklichkeit abbildend», als wahre Bilder.

Was Bacon entdeckt, ist, dass die Sprachen als Schöpfungen des volkstümlichen Geistes (*vulgaris intellectus*) ganz unwissenschaftliche Begriffe schaffen und dass diese an den Wörtern hängen und unser Denken beeinflussen. Und sein Landsmann Locke ergänzt etwas später, dass die verschiedenen Sprachen die Welt verschieden betrachten, und beschimpft dann die Semantiken der Sprachen des Volkes als «Nebel», der den Blick auf die Wahrheit behindert. Bacons und Lockes Erkenntnis ist eine große Entdeckung. Bis dahin hat man im wesentlichen geglaubt, das Denken hätte nichts mit der Sprache zu tun, Sprache sei nur Schall, verschiedene Sprachen verschiedene Laute. Das hat man auch deswegen geglaubt, weil man nur wenig Erfahrung mit anderen Sprachen hatte. Nun hat Europa aber Sprachen kennengelernt, die strukturell völlig anders sind als die eigenen: die amerikanischen Sprachen vor allem. Die Priester bemerken, dass es nicht so einfach ist, die für universell gehaltenen Glaubensinhalte zum Beispiel auf Mexikanisch (Nahuatl) auszudrücken. Diese Inhalte müssen semantisch völlig umgekrempelt werden. Und die europäischen Gelehrten lernen auch die Sprachen der europäischen Völker kennen, weil diese seit dem 16. Jahrhundert auf vielen Gebieten (Religion, Verwaltung, Technik) an die Stelle des universellen Lateins treten. Das heißt, durch die Verschiedenheit der Sprachen erfährt man – oft schmerzlich –, dass Sprache und Denken verbunden sind.

Aber gleichzeitig übertreibt Bacon, wie eng die Wörter mit dem Denken verknüpft sind, wie sehr sie das Denken beeinflussen: Nach Bacon befehlen sie, *imperant*, was wir denken.[30] Und da sie das Falsche befehlen, muss man sie so einrichten, dass sie künftig das Richtige befehlen: Man muss ohne die alte Sprache ins Reich der Wissenschaft eintreten und eine neue Sprache schaffen. Die große Entdeckung des englischen Philosophen ist also von Anfang an von der eifernden Forderung nach Sprachreinigung begleitet. Die Philosophie hat damit die große sprachliche Waschmaschine zum Zwecke der Wahrheitsfindung erfunden: Sprachreinigung – *expurgare* – im Dienste der Wahrheit und des richtigen Denkens.

Politisch wurde die sprachliche Waschmaschine zum ersten Mal in der Französischen Revolution im großen Stil in Gang gesetzt. Die französischen Intellektuellen, die die Revolution betreiben, waren mehr oder weniger alle durch die Schule der englischen Philosophie gegangen, das heißt, sie wussten, dass Sprache und Denken eine enge Beziehung haben, und sie glaubten mit Bacon, dass das Volk in seiner Sprache falsches Denken transportiert. Nun kommen in der Revolution die Wissenschaft, die Wahrheit und die Tugend an die politische Macht. An den Wörtern des Volkes kleben jedoch immer noch die Ideen der schlechten und dummen Vergangenheit, was natürlich die Herrschaft des richtigen Denkens auf Erden behindert. Also muss man auch die Sprache revolutionieren. Die allergrößte linguistische Waschaktion war hier die Eliminierung (*anéantir*, «vernichten», ist das in diesem Zusammenhang gebrauchte Wort) der alten Sprachen Frankreichs. Diese waren insgesamt altes und falsches Denken, auszutreibende *idola fori*, nur das Französische war die Sprache der Republik, der Vernunft und der Freiheit. Selbstverständlich konnte es nur Eine Sprache der Vernunft geben.

Aber auch das Französische selbst musste noch gesäubert werden, das heißt, es mussten die richtigen Bedeutungen in die Wörter gebracht oder die falschen Wörter durch richtige ersetzt werden. Das prominenteste Beispiel revolutionärer Sprachreinigung war der semantische Befehl, das Wort *roi*, «König», durch *tyran*, «Tyrann», zu ersetzen. «Tyrann» ist natürlich in der Republik die richtige Bedeutung für den verhassten Monarchen. Der revolutionäre Kalender ist ein anderes Beispiel für korrekte Sprache. Er teilt endlich die Zeit richtig ein: Denn er beginnt mit dem ersten Tag der neuen politischen Ordnung, mit der Einführung der Republik. Dann werden die Tage in ordentlichen Zehnerpäckchen (nicht mit der merkwürdigen Sieben) gezählt. Die Monate tragen Namen, die den meteorologischen Zuständen, also der Natur, entsprechen: Nebelmonat (*brumaire*), Schneemonat (*nivôse*), Keimmonat (*germinal*), Heißmonat (*thermidor*) etc. Das revolutionäre Du, also die Abschaffung des Unterschieds zwischen *Tu* und *Vous*, ist ein Versuch, Nähe und Distanz oder Unten und Oben sprachlich zu liquidieren.

Diese semantische Reinigung wurde mit religiösem Eifer betrieben. So wurde das Manuskript des noch vor der Revolution fertiggestellten Akademie-Wörterbuchs der französischen Sprache von den Jakobinern beschlagnahmt und erst einmal nicht gedruckt, weil es ja noch das falsche Denken des alten Regimes enthielt. Als es dann aber – nach der radikal terroristischen Phase der Revolution – doch gedruckt wird, bekommt es ein Supplement mit neuen Wörtern mit richtigen Bedeutungen. Und die alten Wörter werden – ein genialer Propaganda-Coup – kurzerhand zu Wörtern einer aufgeklärten Klein-Republik erklärt, nämlich der *Académie française* selbst. Diese Republik habe schon in den feudalen Zeiten existiert und eben republikanisch gedacht und gesprochen. Die alten Wörter werden damit, gleichsam per kollektiver Absolution, post festum vom alten royalistischen Denken gereinigt.

Purismus 2: Gegen schmutzige Wörter 99

Die philosophische Waschmaschine wurde in der Französischen Revolution also massiv im Namen der Politik eingesetzt. So richtig gewirkt hat es nicht. Der König, auch wenn er gehasst wird, ist immer noch *le roi*, der neue Kalender hat sich nicht bewährt, und auch die Unterscheidung zwischen *Tu* und *Vous*, Du und Sie, besteht noch immer im Französischen. Sie ist allerdings dabei, sich abzuschwächen, aber nicht auf staatlichen Befehl und durch eine politisch verordnete Sprachreform, sondern aufgrund von gesellschaftlichen Veränderungen. Offensichtlich ist es so, dass, wenn die Realität sich verändert, die Sprache nachfolgt, nicht umgekehrt.

Orwell hat die aufgeklärte politische Sprachreinigungsmaschine dann noch einmal eindrucksvoll im Roman in Gang gesetzt: *Newspeak* in «1984» ist nichts anderes als die von den alten, «schlechten» Bedeutungen gesäuberte Sprache für eine neue politische Ordnung. Bacons philosophischer Traum einer gereinigten Wissenschaftssprache ist hier in seiner totalitären politischen Konsequenz zuende gedacht. Orwell beschreibt, wie ein rechthaberisches terroristisches Regime und sein Wahrheitsministerium die Wörter «reformieren», um das Denken zu lenken.

Eigentlich hätte dieser Roman die Idee einer politischen Sprachreinigung ein für allemal diskreditieren müssen. Aber das ist mitnichten geschehen. Im Gegenteil, die politische Sprachreinigung ist zu einer permanenten Sprachrevolution geworden, zu einer Selbst- und Fremdzensur, die hinter der in «1984» nicht zurücksteht. Ein selbsternanntes deutsches Sprachreinheitsministerium hat kürzlich verkündet, dass die Semantik des Wortes «Flüchtling» verwerflich («abschätzig für sprachsensible Ohren») sei – *molestissimum est*. Damit ist «Flüchtling» eigentlich nicht zum Wort, sondern zum Unwort des Jahres erklärt worden. Und schon fahren wohlmeinende Gutsprecher uns und sich selbst über den Mund: Es heißt jetzt «geflüchtete Person», nicht mehr «Flüchtling». Wie sagte doch der Jakobiner im Jahr II der Republik: Das Unwort/Wort des Jahres II ist *roi*, der heißt jetzt *tyran*. Und wenn ein Sprecher in der Jakobinerzeit das falsche Wort verwendete, wurde er schnell um den Kopf gekürzt, in dem diese verwerfliche Semantik enthalten war.

Besonders bedrohlich ist, dass nicht nur wohlmeinende, rechthabende Bürger die semantische Waschmaschine betreiben, sondern dass auch der Staat richtige und gute Sprache verordnet: Die Berliner Verwaltung zum Beispiel ordnet bei Strafandrohung den Gebrauch gegenderter Ausdrucksweisen im öffentlichen Sprachverkehr an. Vorbild ist der sprachliche Terror der Jakobiner – Robespierre lässt grüßen. Dessen Ende lässt allerdings die Freunde der Freiheit und der Sprache hoffen.

In Deutschland hat die linguistische Purifikationswut vermutlich damit zu tun, dass die Herrschaft der Nationalsozialisten mit einer politischen Verunreinigung der Semantik in den von ihnen beherrschten Diskursen einherging, gegen die dann die Sprachkritik Victor Klemperers für reine Luft gesorgt hat.[31] Klemperer hat gezeigt, dass Bacon Recht hatte: Die Wörter können falsch und gemein sein, und sie können «befehlen», das heißt, sie können das Denken von der Wahrheit oder einfach vom menschlichen Anstand abbringen. Aber Klemperers Sprachkritik ist analytische historische Semantik eines bestimmten Diskurses gewesen, keine politische Aktion zur Sprachreform. Die aktuelle permanente semantische Revolution dagegen übt terroristischen Druck auf die Alltagssprache und ihre Sprecher aus und scheut keine Mittel zur Durchsetzung «richtiger» Wörter oder Sprachstrukturen. Sie ist also selbst politische Durchsetzung einer totalitären Semantik, die unter Klemperers Sprachkritik fallen würde, wenn er sie beobachten könnte.

Offensichtlich sind gerade durch die Verbreitung der Aufklärung, also des Wissens dessen, was richtig, gut und vernünftig ist, die «monotheistischen» (wissenschaftlichen, politischen) Denkweisen demokratisiert worden und daher allgemeiner und aggressiver als je zuvor. Als «wissenschaftlich» oder «politisch richtig» stoßen sich die «reinen» Begriffe an der schmutzigen Sprache des Volkes, an den *idola fori*, den bunten, lauten und falschen Wörtern des Markplatzes. Es gibt immer mehr Besserwisser, die diesen semantischen Lärm abstellen und den Nebel vertreiben wollen.

Gegen die generalisierte totalitäre Sprachwaschmaschine ist aber einzuwenden, dass ihre zweite Grundannahme falsch ist: dass nämlich die Wörter befehlen (*imperant*), dass das Denken sozusagen insgesamt und ausweglos in die Sprache eingepfercht ist, dass die Sprache ein Gefängnis des Geistes ist oder dass, wie Roland Barthes im Banne der aufgeklärten Sprachverachtung gesagt hat, die Sprache «faschistisch» sei. Richtig ist, dass die Sprache bestimmte Regeln hat, zu denen auch die im Sprachgebrauch eingeübten Bedeutungen von Wörtern gehören. Aber erstens ändern sich diese Bedeutungen im Gebrauch ständig, sie sind notwendigerweise offen und vage. Zweitens geht das Denken im Sprechen ständig über die Sprache hinaus. Ich kann ohne weiteres sagen, dass die Sonne untergeht, und dennoch wissen und denken, dass die Erde sich um sich selbst und die Sonne dreht. Drittens bin ich ja nicht in eine einzige Sprache eingezwängt, sondern ich kann in anderen Sprachen «denken». Diese geistige Öffnung ist im übrigen der wichtigste Zweck des Erlernens fremder Sprachen. Viertens ist die Schicht des sprachlichen Denkens eben nur eine der kognitiven Schichten des Menschen: Die sprachlichen Strukturen sind eingebettet in kognitive Strukturen «unterhalb» und «oberhalb» der Sprache. So «denken» wir eine ganze Menge über die Welt unterhalb der Wörter, nämlich in Gesten, Bildern, Tönen, Berührungen und anderen Zeichen. Und wir denken eine ganze Menge oberhalb der Sprache, nämlich dann, wenn wir in wissenschaftlichen Begriffen im Sprachspiel Wissenschaft sprechen. Und schließlich hat uns der späte Wittgenstein gelehrt, dass es verschiedene Sprachspiele gibt und dass nicht in allen das Spiel «Ich sage nur das Richtige und Gute» gespielt wird. Sprachliche Liberalität ist also angesagt.

Der alte religiöse Eifer des Philosophen, der gleichsam vor Empörung bebte über die falschen Wörter des dummen Volkes, hat sich nicht gelegt. Durch die Demokratisierung des wissenschaftlichen Geistes rufen immer mehr eifernde Besserwisser: *abneganda et renuncianda sunt*, die alten dummen Bedeutungen sollen verschwinden. Ich würde stattdessen vorschlagen: Hör lieber hin, eifernder Rechthaber, höre, was der Götze dir zu sagen hat. Das ist nicht immer schön, aber es ist oft auch nicht völlig falsch: Der Wal sieht ja doch aus wie ein Fisch, so blöd ist es also nicht, ihn «Walfisch» zu nennen. Von meinem subjektiv festen Standpunkt auf der Erde aus geht die Sonne unter, das Drehen der Erde um sich selbst und die Sonne spüre ich nicht.

Die Logik der natürlichen Sprache ist nicht die der Wissenschaft. Sprachliche Oppositionen funktionieren anders als wissenschaftliche Terminologien, zum Beispiel ein so einfacher Gegensatz wie der zwischen Tag und Nacht. Obwohl die Sprache diese beiden Wörter hat, unterscheidet sie nicht immer zwischen Tag und Nacht. Wenn jemand «zehn Tage lang» unterwegs war, dann war er auch in der Nacht unterwegs, die Nacht ist hier also im Tag enthalten. Wenn jemand allerdings «nur bei Tag» reist, dann ist die Nacht nicht enthalten. Und wenn mir jemand über den Mund fährt, weil ich gerade begeistert ausgerufen habe: «Was für eine schöne Stadt!», und mich korrigiert: «Das ist ein Dorf, es hat nur tausend Einwohner», dann ist das ein rechthaberischer Verwaltungsidiot, der die Terminologie der Verwaltung auch in der Alltagssprache respektiert sehen möchte. Also: Philosophen, Rechthaber, Monotheisten, Revolutionäre, Verwaltungsfritzen aller Art, rüstet euren sprachlichen Monotheismus ab. Das «Volk» sagt es so, wie es das sagt. Und es sagt das auch noch in vielen verschiedenen Sprachen. Wenn es ein gutes und kluges Volk ist, dann sagt und denkt es dabei immer weniger Dummheiten. So dumm, wie Herr Bacon meint, ist es eigentlich nicht.

12
___

Purismus 3:
Gegen den Akzent

Ein weiterer «Schmutz» der Sprache, der gern puristisch bekämpft wird, ist schließlich der Akzent. Sogar der damalige türkische Präsident Abdullah Gül, der, anders als sein Freund Erdogan, die hiesige türkische Bevölkerung nicht vor Assimilation warnte, forderte bei seinem Staatsbesuch 2011 überraschenderweise von Deutschland Anstrengungen beim Deutschunterricht für Türken, damit diese «akzentfrei» Deutsch sprechen lernen. Diese Forderung konnte man natürlich nur begrüßen. Einerseits ist die Erlernung der Sprache des Landes, in das man auswandert, der wichtigste Schritt zur inneren Ankunft daselbst, sie ist daher unbedingt zu fördern. Und andererseits ist es immer erstrebens- und bewundernswert, wenn jemand eine fremde Sprache sogar «akzentfrei» spricht, also die Norm – vor allem die Aussprachenorm – einer Sprache voll erfüllt. Der Akzent ist die lautliche Spur einer Erstsprache in einer Zweitsprache. Er wird daher im allgemeinen als störend angesehen, als Zeichen des Noch-Nicht-Ganz-Angekommen-Seins, gleichsam als übriggebliebener Schmutz in der sauberen neuen Wohnung. Wenn Gül Akzentfreiheit forderte, plädierte er also für die rückstandslose Ankunft seiner Landsleute im Deutschen.

Aber nicht nur bei Migranten, auch bei den Deutschsprachigen ist der Akzent immer noch ein unwillkommenes Indiz der Herkunft und der noch nicht gelungenen Ankunft. Die Tilgung dialektaler Lautspuren ist ein Lernziel hochsprachlicher schulischer Sozialisation. Und die FAZ hat kürzlich in ihrer wöchentlichen Rubrik über Beruf und Karriere beschrieben, wie hinderlich Dialektakzente für das berufliche Fortkommen in Deutschland sind.[32]

Solche Spuren sind aber deswegen so schwer zu beseitigen, weil sie tief in den Körper der Sprecher eingeprägt sind, sie sind sicher die tiefsten, fast natürlichen kulturellen Formungen des Menschen. Bei allem Bemühen behält man daher normalerweise etwas von dem Klang der Erstsprache, wenn man eine Fremdsprache als Zweitsprache lernt, auch wenn man sie am Ende gut kann. Nur ganz wenigen, spezifisch begabten Menschen gelingt es, jede Spur ihrer Erstsprache zu tilgen und keinen Akzent in der erlernten Fremdsprache zu haben. Aber das hat immer etwas Außerordentliches, etwas, das man vorführen kann (wie Dr. Higgins die arme Eliza Doolittle) oder worauf man seine Berufslaufbahn gründen kann, zum Beispiel als Lehrer oder als Spion. Doch selbst Spione verraten sich oft durch irgendein winziges Detail, und sei es auch nur, dass sie – wie in Quentin Tarantinos klugem Film «Inglourious Basterds» – eine falsche Gebärde machen. Man spricht eben nicht nur mit dem Mund, sondern mit dem ganzen Körper, der Akzent ist also mehr als fremder Klang, er ist auch fremde Gestik. Akzentfreiheit in einer Zweitsprache ist daher fast wie ein Wunder. Eigentlich haben nur «natürlich Mehrsprachige», also Menschen mit mehreren Muttersprachen, keinen Akzent in den verschiedenen Sprachen, die sie als Erstsprachen erwerben.

Nun sollen also die türkischen Migranten, in ihrer Mehrzahl einfache Arbeiter und Handwerker und keine professionellen Sprachenlerner und -könner, ein Wunder vollbringen und allen «Akzent» fahren lassen, wenn sie deutsch sprechen. Die Forderung des türkischen Präsidenten war natürlich völlig unrealistisch. Und sie war auch überflüssig: Denn außer Sprachlehrer und Pedanten stört es eigentlich niemanden, wenn die Wörter ein bisschen anders klingen, solange man sie nur versteht. Wenn ich verstehe, was mein Gesprächspartner sagt, warum soll ich dann nicht gleichzeitig hören, woher er kommt? Dies Wunder der Tilgung der Herkunft vollbringen auch die meisten Deutschen nicht, wenn sie deutsch sprechen. Fast bei allen hört man, woher sie kommen: Spuren des Bairischen, Niederdeutschen oder des Schwäbischen (wie bei Cem Özdemir, der ja keinen türkischen Akzent im Deutschen hat) finden sich in dem, was sie «auf Deutsch» sagen, das ja auch bei den meisten Deutschen eine später gelernte Zweitsprache ist. Warum soll dann nicht im Deutschen der türkischen Erstsprachler ein Rest Türkisch vernehmbar sein?

Adorno hat einmal vom hohen Ross der Bildungsbürgerlichkeit herab über jene Hessen die Nase gerümpft, die den Namen des englischen Philosophen Hobbes aussprechen wie das Wort für «etwas» in ihrem Dialekt – also «ebbes». Er hat damit den (in diesem Fall hessischen) Akzent als Zeichen nicht gelungener Bildung verhöhnt. Sicher: Der Akzent ist das Zeichen der noch nicht gelungenen Ankunft in der Zweit- oder Hochsprache und insofern der noch nicht ganz vollendeten «Bildung». Aber er ist eben auch das Zeichen des Bildungswillens bzw. des Integrationswillens. Und der ist gerade zu loben, nicht zu verhöhnen. Das Verbleiben in der Erstsprache dagegen – sei es der Dialekt oder die Sprache aus der Heimat – ist die Verweigerung von Bildung oder Integration. Nur die völlig akzentfreie Erst- und Einsprachigkeit ist tatsächlich ungebildet.[33]

Güls unerfüllbarer Forderung nach Akzentfreiheit muss daher geradezu ein Plädoyer *für* den Akzent entgegengehalten werden: Ich freue mich doch, wenn meine französischen, amerikanischen, italienischen Freunde mit mir deutsch sprechen, auch wenn sie das mit ihrem jeweiligen Akzent tun. Ihre Herkunft aus Frankreich, Amerika, Italien gehört doch zu ihrer Person dazu. Und sie ist auch einer der Gründe, weswegen ich mit ihnen befreundet bin. Sie sprechen oft «perfekt» deutsch, sofern sie alles sagen können – aber sie haben einen Akzent. Diese Spur ihrer Herkunft ist eine zusätzliche Dimension dessen, was sie sagen, und damit eine Bereicherung ihrer Rede. Das gilt aber auch für die deutschsprachigen Sprecher des Deutschen. Dass man hört, dass sie aus Zürich, Wien, Stuttgart oder Hamburg kommen, ist doch ein liebenswerter Zug ihrer Persönlichkeit.

Die mit Akzent Sprechenden bemühen sich im übrigen zumeist, der Norm der von ihnen gesprochenen fremden Sprache zu entsprechen. Und dieses Bemühen muss honoriert werden, es darf nicht durch hochmütiges Über-den-Mund-Fahren (wie es so passend heißt), Stirnrunzeln, bewusstes Nicht-verstehen-Wollen bestraft werden. Das Insistieren auf der Akzentfreiheit frustriert zum Beispiel erwachsene Lerner von Fremdsprachen. Die Begeisterung am Sprachenlernen wird durch die Arbeit am Akzent oft geradezu zerstört: Wörter und grammatische Strukturen kann man nämlich ganz gut noch in späterem Alter lernen, die Phonetik ist dagegen oft eine unüberwindliche Klippe. Also lassen wir sie doch einfach stehen, umschiffen wir sie. Niemand in Italien erwartet von einer blonden Dame, der man das Deutschsein aus weiter Entfernung ansieht, dass sie akzentfrei italienisch spricht. Dass sie aber überhaupt Italienisch lernt und spricht, das freut alle.

Alle Touristen in Berlin verständigen sich mit uns inzwischen auf Englisch mit den verschiedensten Akzenten. Es stört mich überhaupt nicht, dass sie chinesische, italienische und brasilianische Akzente haben, ich finde es aber schade, dass sie englisch sprechen. Viel lieber hätte ich alle diese Akzente im Deutschen. Also her mit den Akzenten!

Nichts ist törichter als das überlegene Lächeln von Einsprachigen oder von Sprach-Cracks, wenn ein deutscher Wissenschaftler einen englischen Vortrag mit hörbar deutscher Phonetik hält. Klar, das kann schon manchmal lustig klingen. Doch bei Herrn Oettinger haben wir nicht wegen des Akzents schadenfroh gelacht, als sein Englisch hörbar wurde, sondern weil er vorher großmäulig das Englische zur Arbeitssprache für alle Deutschen erklärt hatte, das er dann so hörbar schlecht beherrschte. Und ist es nicht großartig, wenn der deutsche Professor sein Wissen in diese fremde Sprache packt, wenn er seine Erkenntnisse der Welt (die ja insgesamt mit Akzent englisch spricht) in dieser fremden Sprache kundtut? Schon gar nicht lächeln sollten Amerikaner oder Briten, die zunehmend überhaupt nichts mehr in einer fremden Sprache sagen können, die also auch keinen Akzent (außer ihrem jeweiligen regionalen) haben. Einen Akzent haben heißt nämlich meistens, dass man zumindest zwei Sprachen kann. Wenn ich nur eine Sprache spreche, habe ich zwar (zumeist) keinen Akzent, ich bin aber leider auch einsprachig. Das ist die Katastrophe. Vor dieser hat der frühere türkische Präsident zu Recht gewarnt.

13

Rückkehr des Dialekts?

«Wir können alles. Außer Hochdeutsch.» Die Wahrheit dieses Slogans für die «Sympathie- und Werbekampagne» jener Landesregierung, die Stuttgart 21 beschlossen hat, ist dem ganzen Land vor ein paar Jahren während der Anti-Bahnhofs-Proteste so hörbar geworden, dass sich die Frage aufdrängte, ob denn der Dialekt im deutschen Sprachgebiet wieder auflebt, gleichsam als ein sprachliches Aufbegehren gegen die Staatssprache. Die Bürger, die in Stuttgart auf die Straße gingen und in der öffentlichen Diskussion das Wort ergriffen, protestierten ja vernehmlich auf Schwäbisch. Bei anderen Wutbürgern war ein paar Jahre später das Sächsische massiv präsent, allerdings auf der anderen politischen Seite. Sind die Protestierenden die Maulhelden einer Sprachrevolution der Republik, zerfällt gar die sprachliche Einheit der Nation, sozusagen als Kollateralschaden des Bürgerprotests?

Der Reklamespruch der Stuttgarter Regierung beschrieb auf eine witzige und selbstironische Art die sprachliche Situation des deutschsprachigen Südwestens, nicht nur Baden-Württembergs, sondern auch der Schweiz: Dort sind die Dialekte lebendig und durchaus keine in kommunikativen Nischen und sozialen Niederungen verbliebenen Redeweisen wie andernorts im deutschen Sprachraum. Viele gebildete Bürger Stuttgarts sprechen Dialekt bzw. ein stark dialektal gefärbtes Standarddeutsch, Honoratiorenschwäbisch. Sie können natürlich auch Hochdeutsch. Aber das ist, wie die Linguistik sagt, eine «Sprache der Distanz», und im Südwesten ist Hochdeutsch die Sprache der ganz großen Distanz, also Schriftsprache, Sprache sehr formeller Rede oder der Rede mit Fremden. Dass hier – eben auch in gebildeten Kreisen – Mundart gesprochen wird, ist eine immer wieder überraschende Erfahrung jedes Besuchers aus dem Norden oder aus dem Ausland. Schon wenig nördlich von Stuttgart, zum Beispiel in meinem Frankfurt, ist der Dialekt als sozial niedrig markiert. Die Gebildeten haben dort zwar einen regionalen Akzent – man darf also durchaus hören, woher sie kommen –, aber frankfurterisch sprechen sie nicht, auch nicht als Nähesprache unter sich. Ich habe im vorigen Kapitel erwähnt, dass Adorno sich vor Jahrzehnten über «ungebildete» Frankfurter Studenten lustig gemacht hatte, die den englischen Philosophen Hobbes wie das Frankfurter Wort für etwas – «ebbes» – aussprachen. Das haben die sich nicht zweimal sagen lassen. Sie sagen jetzt, wie es die deutsche Norm verlangt, «etwas» und «Hops», was allerdings auch nicht gerade der englischen Aussprache (mit offenem o, b und stimmhaftem s) entspricht.

Noch weiter im Norden, in Berlin zum Beispiel, ist die regionale Variante des Deutschen eindeutig ein niedriger Soziolekt. Berliner Bürger verbieten ihren Kindern zu berlinern. Wir Westberliner staunten daher nicht schlecht, als nach der Wende das Berlinische hinter der Mauer hervorkam und sich laut im öffentlichen Raum der Stadt bemerkbar machte. Im Westen Berlins mit seinen vielen Einwanderern aus ganz Deutschland und der weiten Welt war diese Mundart mit dem rauhen proletarischen Charme eher selten zu hören gewesen, man sprach ein regional möglichst wenig markiertes Standarddeutsch. Außerdem hatten wir Westberliner mit mehr Sächsisch gerechnet, wo doch die Ostberliner Freunde sich immer darüber beklagt hatten, dass ganz Ostberlin von Sachsen okkupiert sei. Doch nein, es war Berlinisch, das da plötzlich in der ganzen Stadt tönte. Auch in höheren Bildungssphären, die sich programmatisch volkstümlich gaben, war der Dialekt zu hören: Ostberliner Theaterleute zum Beispiel erläuterten ihre Produktionen gern im schnodderigen Prololekt. Aber auch dieser öffentliche Auftritt des Dialekts war kein Zeichen für sein Erstarken. Damals glich sich nur eine spezifische soziolinguistische Situation der West-Stadt aus: Die Position des Soziolekts der niederen Klassen war in Westberlin vorwiegend von den Sprachen der Immigranten, vor allem natürlich vom Türkischen, besetzt gewesen. Das Erscheinen der Maulhelden der Wende war keine Wende der deutschen Sprachgeschichte.

Die – jahrhundertealte – Tendenz dieser Geschichte ist nämlich die Ausbreitung einer allgemeinen deutschen Sprache und der damit verbundene Rückzug regionaler Redeweisen aus der Sprache der Gebildeten und aus allen «höheren» Redesituationen. Seit der Reformation und der Erfindung der Buchdruckerkunst wölbt sich allmählich eine allgemeine Sprache, eine *Koine*, über die deutschen Dialekte, zunächst nur als geschriebene Sprache. Allmählich wird sie auch eine gesprochene Sprache, entwickelt schließlich sogar eine gesprochene Nähesprache – Umgangsdeutsch – und vertreibt damit den Dialekt noch aus den Enklaven, in die er sich geflüchtet hatte. Schon Goethe, der große Sympathie für Dialektdichtung hatte, hat von seinen Schauspielern gefordert, die «reine deutsche Mundart» auf der Bühne zu sprechen (was immer er damit gemeint haben mag). Sein eigenes Deutsch war regional geprägt, wie man an den berühmten Versen «Ach neige, du Schmerzensreiche» sehen kann, die sich nur auf Frankfurterisch reimen. So wie sich auch Schillers «Dies alles ist mir untertänig, begann er zu Ägyptens König» nur auf Schwäbisch reimt.

Im 20. Jahrhundert hat sich durch die vertreibungsbedingte Durchmischung von Millionen von Deutschen aus verschiedenen Dialektgebieten, durch bessere Schulbildung und beruflichen Aufstieg, durch die auditiven Medien die Verbreitung der allgemeinen deutschen Sprache auf Kosten der Dialekte rasant beschleunigt. Meine Eltern waren beispielsweise noch ausschließlich Dialektsprecher, ich selbst bin aufgrund meiner schulischen und beruflichen Laufbahn von der hessischen Muttersprache (wie lieblich klingt sie mir immer noch, wie erwärmt sie mein Herz!) ins Hochdeutsche übergegangen, mit meiner Hamburger Frau spreche ich Hochdeutsch auch als Nähesprache, und unsere Kinder können keinen Dialekt mehr. Diese Entwicklung ist im Norden Deutschlands erfolgreicher gewesen als im Süden. Aber auch vor Stuttgart hat die Dynamik des Hochdeutschen nicht Halt gemacht, selbst wenn dort der Dialekt noch stärker ist. Die Schweiz hat allerdings aus politischen Gründen der Versuchung widerstanden, der allgemeinen deutschen Sprache jenseits ihrer schriftlichen Verwendung wichtige kommunikative Räume zu eröffnen. Dort gibt es in den Medien – entgegen der geschichtlichen Dynamik der deutschen Sprachgemeinschaft – sogar eine Ausdehnung der Mundart in Bereiche, die früher von der Distanzsprache Deutsch besetzt waren. Ein echter Fall von Stärkung des Dialekts in Bereichen der Distanzkommunikation ist Luxemburg, das seinen moselfränkischen Dialekt neben Deutsch und Französisch sogar zur Nationalsprache erhoben hat.

Dennoch: Die allgemeine Tendenz – übrigens nicht nur im deutschen, sondern auch in den anderen europäischen Sprachgebieten – ist die Schwächung des Dialekts, die Reduzierung seiner kommunikativen Reichweite, zugunsten der Standardsprache.[34] München ist ein gutes Beispiel hierfür. Dort ist der städtische Raum fast frei von bairischen Tönen: Belauscht man die Kinder auf den Schulhöfen der Innenstadt, hört man hochdeutsche Umgangssprache, kaum Bairisch. Die Ansage in der U-Bahn kann einen bairischen Akzent haben, also Spuren des Dialekts in hochdeutscher Rede. Doch München hat ganz offensichtlich einen starken Drang zur Hochsprache. Ja, es liebt die hohe Sprache so sehr, dass man dort zunehmend auch die neue Hochsprache Deutschlands, das globale Englisch, auf der Straße hört. In den schickeren Gegenden der Stadt begegnet man oft einer intensiverziehenden deutschen Mutter, die ihr Kind – drei- bis sechsjährig – laut auf Englisch abrichtet. Dass es eine *ci-devant* Deutsche ist, die da spricht, erkennt man an der Lautstärke und auch an dem – trotz aller kosmopolitischen Bemühungen – zumeist deutlich hörbaren deutschen Akzent.

Trotz der medialen Blüte des Protest-Schwäbischen und des Pegida-Sächsischen und der Re-Berolinisierung Berlins ist die dominante Dynamik der Veränderungen im deutschen Sprachraum also nicht die Rückkehr zu den Dialekten oder alten Nähesprachen, sondern im Gegenteil die Radikalisierung oder Überbietung des Übergangs zur Hochsprache: Gerade die Bourgeoisie, die ihr Gebildetsein einmal in der begeisterten Annahme und Pflege der deutschen Hochsprache ausdrückte, wendet sich zunehmend einer noch höheren Sprache, sozusagen der ultimativen Höchstsprache, zu: Sie sozialisiert ihre Kinder auf Englisch, das nun verspricht, was das Hochdeutsche früher gewährte: beruflichen Erfolg, gesellschaftlichen Rang, Teilnahme an der Hochkultur. Nicht die Berliner Prolls gefährden das Hochdeutsche, ebensowenig die schwäbelnden Protest-Bürger, wohl aber die bildungsbeflissenen Kinder der letzteren, die sich in Schwabing und im Prenzlauer Berg niedergelassen haben und dort dem Aufruf des früheren Ministerpräsidenten von Baden-Württemberg Oettinger zum Erwerb der neuen Hochsprache Folge leisten. Bei Herrn Oettinger selbst, der kein begnadeter Sprecher der alten Hochsprache ist, hapert es auch mit der neuen noch ein bisschen. Das alte Schwäbisch will einfach nicht von seiner Zunge weichen.

14
___

Kiezdeutsch

Das Varietätengefüge des Deutschen ist, wie dasjenige anderer europäischer Sprachen, durch gesellschaftliche Veränderungen, kulturelle Dynamiken, Mauerfälle und Migrationen in ständiger Bewegung. Dazu gehört die überall in Europa zu beobachtende Entstehung einer Sprache junger Migranten, die in Frankreich *langue des banlieues* (Sprache der Vorstädte), in Deutschland «Kiezdeutsch» genannt wird. Sie hat das brennende Interesse, ja die Begeisterung der Linguistik erregt, nicht nur weil diese Sprache neu ist, sondern auch weil sie anscheinend eine volkstümliche, «natürliche» und gesprochene Sprache ist. Sprachwissenschaft ist nämlich ein Kind der Romantik, die das Volk, die Natur und den Laut liebte. Richtige Linguisten haben daher schon immer das Volk geliebt. Und sie haben schon immer die Sprache als etwas Natürliches ansehen wollen. Das Hohe und das Künstliche war ihnen ein Graus. Und deswegen haben sie auch die Schrift und die Literatur nicht besonders geschätzt, sondern Sprache als wesentlich lautliches Geschehen gefasst. Der Vater der deutschen Sprachwissenschaft, Jacob Grimm, betrieb eine Linguistik des Volkes. Franz Bopp, der Ur-Linguist, hat die Sprache auf Lautliches reduziert und zum Naturgegenstand erklärt. Und der «Cours de linguistique générale» von Ferdinand de Saussure, ein weiteres Gründungsdokument professioneller Linguistik, bekämpft die Schrift als etwas, das die lautliche Reinheit der Sprache verfälscht. Der Gegenstand der Sprachwissenschaft ist also volkstümlich, natürlich und lautlich.

Hohe, künstlerisch-elaborierte und geschriebene Sprache war und ist dagegen die Domäne der Philologie, von der sich die professionelle Linguistik deutlich absetzte (auch wenn das Universitätsfach, das die Sprache thematisierte, «Philologie» hieß). Richtige Linguisten trieben sich zunächst in Alpendörfern und in den Abruzzen herum, tummelten sich dann in Australien und in Neuguinea und forschen jetzt gern in den Vierteln der unterprivilegierten Schichten, also dort, wo die Sprache am volkstümlichsten, am natürlichsten und am wenigsten schriftlich ist.

An diese zumeist ganz unreflektierten Grundeinstellungen zweier verschiedener Arten von «Sprachfreunden» muss angesichts einer aktuellen Debatte erinnert werden. In der Diskussion um das sogenannte Kiezdeutsche steht nämlich wieder einmal das Linguistische dem Philologischen gegenüber. Die Linguistin Heike Wiese (2012) feiert die Kreativität des (einfachen) Volkes, das in reiner Mündlichkeit und Natürlichkeit ihm gemäße einfache sprachliche Strukturen generiert. Diese machen zusammengenommen eine neue Varietät des Deutschen aus, die Wiese mit linguistischer Professionalität beschreibt. Dagegen kann doch eigentlich niemand etwas sagen. Oder? Es protestiert ja auch niemand, wenn ein Sprachwissenschaftler die (nur gesprochene) Sprache eines Volkes am Amazonas beschreibt.

Es ist nun allerdings so, dass schon allein die gelehrte Beschreibung, die «Grammatisierung», einer Sprache eine Anerkennung zuteil werden lässt, die sie als rein mündliche und unbeschriebene Technik nicht hat. Insofern ist der Akt der Grammatisierung einer mündlich vorkommenden und vermeintlich regellosen Sprache eine «Erhöhung» und damit durchaus schon eine Provokation für die Freunde der «hohen Sprachen», denen bisher allein das Privileg der Grammatik (also der gelehrten Feststellung ihrer Regeln) zukam. Als im 16. Jahrhundert die europäischen Volkssprachen in Grammatiken und Wörterbüchern gefasst wurden, war dies eine Herausforderung für die Hohe Sprache und ihre Grammatik (sowie für ihre Verteidiger): also für das Lateinische. Schon damals betrieben die Freunde der Volkssprachen deren Grammatisierung als Akt der Nobilitierung gegenüber dem hohen Latein.

Abgesehen von der impliziten wissenschaftlichen Erhöhung entzündet sich auch in unserem Fall die Diskussion zwischen linguistisch und philologisch gestimmten Sprachfreunden vor allem daran, dass die Linguistin als Freundin des Volkes (und der Jugend) die volkstümliche und jugendliche Varietät des Deutschen gegen wirkliche oder vermeintliche Anfechtungen von «oben», also seitens der prestigereichen, elaborierten Schriftsprache und deren Vertretern, seitens der Philologie, verteidigt.

Ihre Deskription des Kiezdeutschen ist stark polemisch, sofern sie ständig beweisen muss, dass die Strukturen dieser Sprache nicht defizitär (also kein «restringierter Code», wie es früher hieß) und dass sie «deutsch» sind. Sie gibt – soziolinguistisch gesagt – ständig den Labov gegen Bernstein, Differenz gegen Defizit.[35] Und sie kämpft ständig gegen eine angenommene linguistische Xenophobie. Aber wer ist hier denn eigentlich xenophob, wer fände es schlimm, wenn die Struktur «ich mach dich Messer» türkisch wäre, warum muss sie denn deutsch sein?[36] Außerdem möchte die Linguistin der von ihr entdeckten Varietät des Deutschen eine eigene Würde geben, deswegen bezeichnet sie diese als «Dialekt». Damit schließt sie an die gute alte Dialektologie an, die seit hundert Jahren die Dialekte als Sprachen mit einer eigenen Würde gegenüber der «Hochsprache» und deren philologischen Liebhabern verteidigt.

Die philologisch Gesinnten wehren sich nun vom Standpunkt der elaborierten hohen Kultursprache gegen die Zumutung einer wissenschaftlichen und gesellschaftlichen Aufwertung dieser «niedrigen» Varietät des Deutschen. Sie sehen darin offensichtlich eine Gefahr für die Hochsprache. Aber auch die Freunde der Dialekte, der alten regionalen Varianten des Deutschen, solidarisieren sich nicht mit dem Kiezdeutschen, sondern wettern gegen die Kategorisierung als Dialekt.

Tatsächlich ist diese Kategorisierung problematisch. Wenn man unter Dialekt – wie es üblich ist – die *geographische* Variante einer Sprache versteht, so ist das Kiezdeutsche kein Dialekt, sondern eher eine *soziale* Varietät des Deutschen. Es kommt ja nicht an einer bestimmten geographischen Stelle des deutschen Sprachraums vor, sondern findet sich überall dort, wo es eine bestimmte soziale Gruppe gibt: die Gruppe der jungen Migranten. Handelt es sich also um einen Soziolekt, um die Sprache einer bestimmten Schicht? Im Vergleich zu einem «richtigen» Soziolekt hat die kiezdeutsche Varietät aber eine Besonderheit, die auch diesen Ausdruck als ungeeignet erscheinen lässt: Sie ist nicht die Erstsprache ihrer Sprecher, sondern eine Zweitsprache. Ein «richtiger» Soziolekt ist die Erstsprache einer sozialen Schicht. Im deutschen Sprachraum ist eine solche schichtspezifische Muttersprache oft identisch mit dem Dialekt, es gibt hier keine dialektal neutralen Soziolekte. Am ehesten ist noch das Berlinische, das ja kein «richtiger» niederdeutscher Dialekt ist, ein niederdeutsch gefärbter («ick», «det») Soziolekt. Aber in Ländern, wo die regionalen Varietäten verschwunden sind, wie etwa im Zentrum Frankreichs, gibt es echte Soziolekte, zum Beispiel das von der französischen Arbeiterklasse als Muttersprache gesprochene sogenannte *français populaire*. Kiezdeutsch ist jedoch niemandes Muttersprache.

Es ist eine Zweitsprache, die in einer typischen Pidgin-Situation entstanden ist: Sprecher mit unvollständiger Beherrschung der dominanten Sprache ihrer Umgebung treffen aufeinander. Und es besitzt strukturelle Merkmale, wie sie die linguistische Forschung bei Pidginisierungsprozessen festgestellt hat. Die Muttersprachen (und Soziolekte) der Kiezdeutsch sprechenden jungen Menschen sind zum Beispiel Türkisch, Arabisch, Kurdisch, Albanisch, zunehmend auch Berlinisch oder gar Hochdeutsch, nämlich dann, wenn die Kinder der Bourgeoisie diese Sprachvariante verwenden. Gerade das Letztere, das Einnehmen eines bestimmten sprachlichen Verhaltens in bestimmten Sprechsituationen (unabhängig von der Erstsprache), zeigt, dass das Kiezdeutsche statt Dialekt oder Soziolekt eine Varietät ist, die man in der Soziolinguistik ein «Register» nennt: Es ist eine Varietät für eine bestimmte *Situation*, die durch den mündlichen Modus der Rede, informelle Sprecherbeziehungen und alltägliche Felder der Rede (Freundschaft, Freizeit, Schule etc.) charakterisiert ist. Das heißt: Man schreibt Kiezdeutsch nicht, man verwendet es auch nicht in einer Rede im Bundestag, im Gespräch mit der Lehrerin oder bei einer Predigt in der Moschee, ebensowenig wie zum Sprechen über Physik oder über politische Verhältnisse usw.

Dieses Register hat allerdings ein zusätzliches soziales Situierungsmerkmal: Man muss *jung* sein, um es zu sprechen, es ist eine Jugendsprache. Das «Volk» also, dessen Sprechen die Linguistin so liebevoll beschreibt, ist nicht nur volkstümlich, das heißt einfach, treuherzig, schlicht und folglich natürlich, es ist auch jung. Damit hat die romantische Linguistin sozusagen auch gleich noch den Weg zur Jugendbewegung und in die Herzen sämtlicher Jugend-Popkulturen gebahnt. Sie hat alle Trümpfe in der Hand. Die Philologen sehen demgegenüber ziemlich alt aus. Ihre Sprache ist «hoch», geschrieben, literarisch. Wer sie spricht, hat bestenfalls kein Alter, in Wirklichkeit ist er/sie alt.

Aber warum bleiben die alten Philologen – also die Freunde der hohen, geschriebenen Sprache – nicht wenigstens cool? Warum zittern sie denn so vor dem Pop-Hype, der dem Pidgin-Deutschen solche Aufmerksamkeit beschert? Glauben sie wirklich, das Pidgin-Deutsche würde das Hochdeutsche verdrängen? Warum freuen sie sich nicht darüber, dass eine neue Variante des Deutschen entstanden ist? Es ist doch besser, die jungen Migranten sprechen Kiezdeutsch als gar kein Deutsch. Es ist doch immerhin Deutsch, und außerdem ist dieses Deutsch ganz zweifellos ein Weg in die Hochsprache. Von Sprechern von Kreolsprachen (also zur Erstsprache gewordenen Pidgins) wissen wir, dass sie leicht in die entsprechende Hochsprache übergehen, wenn sie die Gelegenheit dazu haben oder wenn es die gesellschaftliche Situation gebietet: Zum Beispiel wechseln kreolsprachige Haitianer in Paris leicht zum Standardfranzösischen über.

Nun, einerseits ist sicher, wie oft bei den Gebildeten, ein arroganter Dünkel im Spiel. Die alten Latein-Philologen waren darin schon unerträglich. Das kann man nachlesen in Texten des 16. Jahrhunderts über die sogenannte *questione della lingua*, in denen sich vor allem die Vertreter der Hochsprache Latein durch bildungsstolze Verachtung der «niedrigen» Sprachen des Volkes hervortaten. Das hat ihnen im übrigen nichts genützt: Die «niedrigen» Volkssprachen haben gewonnen. Aber als diese dann «oben» waren, haben sie den philologischen Dünkel gegenüber den nächstniedrigen Sprachen, den Dialekten, übernommen. Wenn also dermaleinst Kiezdeutsch den Sieg über Hochdeutsch davontragen sollte, wird es bestimmt kiezdeutsche «Philologen» geben, die ihre Sprache gegen den nächsten Nachrücker von unten verteidigen. Und wir können einigermaßen sicher sein, dass sich das heute noch «einfache» Kiezdeutsch entsprechend den vielfältigen Aufgaben, die es dann hätte, komplizieren und verfeinern würde, dass es also «ausgebaut» würde. So ist aus dem Kiez-Lateinischen Galliens, dem *sermo rusticus* der romanisierten keltischen Bauern, das vornehme und elaborierte Französische hervorgegangen.

Andererseits ist aber bei den «Philologen» doch eine echte Sorge um die Sprache im Spiel, die in der Kiezsprache den Vorschein einer unerwünschten Zukunft der geliebten hohen Sprache erblickt. Aber sind die Strukturen des Kiezdeutschen so bedrohlich? Sie sind zumindest nicht unproblematisch. Nehmen wir einmal an, das Deutsche würde die Struktur «ich gehe Apotheke» generalisieren: «ich fahre Paris», «ich besuche

Oma Altersheim». Die Präpositionen würden also bei Ortsangaben entfallen, und das Gemeinte (zur, nach, im) müsste sich aus dem Kontext ergeben. Das ist zwar keine sprachliche Katastrophe, sondern ganz normal bei sprachlichen Strukturen. Hier wird einfach weniger sprachlicher Aufwand getrieben. Aber die Ortsangabe ohne Präposition ist durchaus nicht nur «einfacher». Sie ist nämlich keineswegs «einfach» für den Versteher, der jetzt einen höheren Interpretationsaufwand betreiben muss. Weniger sprachliche Struktur ist nicht gleichbedeutend mit einfach. Und darin steckt schon eine berechtigte Frage an die Wünschbarkeit einer neuen Struktur.

Ein weiteres Motiv des philologischen Protests ist die Angst vor dem Sprachwandel. Sich zu wandeln ist aber der Sprache wesentlich. Sprache lässt sich nicht auf ewig festlegen, durch eine strenge Fixierung würde sie zur «toten» Sprache, wie das beim Lateinischen der Fall war, als man es auf die ciceronianische Norm festlegte; auch das Französische hat durch seine starke Normierung etwas Totes. Sprache muss sich ständig an neue Lebenssituationen anpassen, deswegen müssen ihre Bedeutungen vage und ihre Strukturen veränderbar sein. Und jeder Sprecher schafft die Sprache fortwährend neu. Wandel und Vagheit sind einfach Grundeigenschaften von Sprache. Nur sollte uns niemand sagen, der Wandel sei «natürlich», denn Sprache ist eine auf einer natürlichen Sprachfähigkeit aufruhende *kulturelle* Technik. Der Sprachwandel betrifft die kulturellen, von den Menschen selbst gemachten Kunstregeln der Sprache, und deswegen kann man auch gegen Änderungen kämpfen, die einem nicht passen. Insofern, liebe Mit-Philologen, lasst euch nicht ins Bockshorn jagen. Niemand zwingt euch ja dazu, «ich gehe Schule» zu sagen. Sprache ist auch ein Kampf zwischen verschiedenen konkurrierenden Ausdrucksweisen. Seid optimistisch, ihr könntet ja auch gewinnen, wenn ihr kräftig daran arbeitet, dass sich unwillkommene Veränderungen nicht durchsetzen.

Vor allem aber sollten die Philologen – wenn sie die hohe gebildete deutsche Sprache lieben – sich über alles freuen, was noch «deutsch» daherkommt – und sei es kiezdeutsch. Die wirkliche Gefahr für das Deutsche kommt nämlich nicht aus dem Kiez, von unten. Das Deutsche, also die Hochsprache, ist nicht von einer niedrigen Variante seiner selbst bedroht. Kiezdeutsch ist vielmehr eine Form des Deutschen, mit der man in die Hochsprache einsteigt. Schon beim Bewerbungsgespräch mit einem zukünftigen Arbeitgeber muss der Kiezdeutsch Sprechende zum Standard hinaufsteigen. Deswegen soll die Schule in der Tat das Kiezdeutsch als Chance begreifen, als eine Leiter hinauf zur Hochsprache. Und deswegen ist das Buch der Linguistin tatsächlich ein wichtiger Beitrag zur Integration in die Sprachgemeinschaft.

Die wirkliche Gefahr für das Hochdeutsche kommt dagegen von oben, von den super-philologisch gesinnten Mitgliedern unserer Sprachgemeinschaft, von denen, die die ganz hohe Super-Kultursprache wollen. Ein einflussreicher Teil der deutschen Sprachgemeinschaft meint ja ganz offensichtlich, dass das Deutsche selbst eine Kiezsprache sei bzw. der Dialekt einer unbedeutenden Weltgegend und der Soziolekt einer niedrigeren Klasse. Die richtige hohe, geschriebene, gebildete Sprache für die höheren Stände und für die höchsten Redeanlässe ist diesen *ci-devant Allemands* schon längst nicht mehr das Deutsche, sondern das globale Englisch. Diese Super-Philologen nehmen daher erhebliche finanzielle und zeitliche Mühen auf sich, um sich und ihre Kinder aus der niedrigen Sprachgemeinschaft hinaus- und in die höhere hinaufzuerziehen. Das sprachliche Kapital, wie Bourdieu das nannte, wird hier längst nicht mehr im Besitz der nationalen Prestige-Sprache akkumuliert, sondern im Besitz der Weltsprache.[37] In den «internationalen» Kindergärten, in den globalesischen Schulen in den besseren Vierteln der großen Städte und in den Universities bereitet sich eine junge Elite auf die Teilnahme an der Welt-Sprachgemeinschaft vor. Alles Höhere, also Business, Kultur und Wissenschaft, ist englisch. Damit schützt sich eine junge Elite vor der sozialen Stigmatisierung durch das vermeintlich niedrige Deutsche. Dabei steigt dieses gerade erst durch den Auszug der Bildungselite zur Kiezsprache ab. Es wird von dieser Schicht nur noch als Kiez-Register verwendet: im Modus der mündlichen Rede, in familiären Sprecherbeziehungen und in alltäglichen Feldern der Rede, zunehmend also nur noch mit dem Personal: mit der Frau an der Kasse, dem Handwerker etc. Aber im Gegensatz zum Kiezdeutschen ist dieses verkiezte Deutsche nicht cool, es ist nämlich kein Register für Junge. Gesprochen wird es allenfalls noch mit der Oma, die kein Englisch kann (die oft aber den Exodus aus dem Deutschen und die teuren Schulen der Enkelkinder finanziert).

Die Verkiezung des Hochdeutschen, nicht Kiezdeutsch, ist die dem Deutschen gefährliche historische Dynamik. Sie ist jedenfalls das Ausstiegsszenario aus dem Deutschen, Kiezdeutsch dagegen ist der Einstieg. Deswegen sollten wir froh sein, wenn unsere Kinder noch «Schule gehen». Die Präposition kommt dann schon noch, später.

Die neue Vatersprache:
Das Globalesische

15

Die Stimme Amerikas:
Szenen einer akroamatischen
Verführung

Bei einer immer größer werdenden Zahl von Büchern liest man verwirrt, sie seien «aus dem Amerikanischen übersetzt von XY» oder einfach «aus dem Amerikanischen von XY». Das ist deswegen so auffällig, weil jeder Leser weiß, dass es eine Sprache namens «Amerikanisch» nicht gibt und dass uns doch einige Schlaumeier in den Verlagen unentwegt diesen Sprachnamen aufdrängen. Wenn der Leser sich nun seinerseits ebenso dumm stellen würde, wie sich die Verlage schlau geben, könnte er dort anfragen, ob das ihm vorliegende Buch aus dem Nahuatl, dem Otomí, dem Guaraní, dem Quechua, dem Delaware oder ähnlichen Sprachen übersetzt worden sei? Denn dies sind die Sprachen, die normalerweise die «amerikanischen» heißen und unter dem Eintrag «amerikanische Sprachen» in den Lexika erscheinen.

Europäische Verlage – diese Merkwürdigkeit ist ausnahmsweise einmal nicht nur deutsch, sondern zum Beispiel auch französisch, denn auch in Frankreich übersetzt man *de l'américain* – haben eine Sprache erfunden, die es außerhalb der Buchwelt der Übersetzungen nicht gibt. In Amerika jedenfalls kennt man keine Sprache, die «Amerikanisch» heißt. In Südamerika wird – neben den genannten und vielen anderen amerikanischen Sprachen – Portugiesisch und Spanisch gesprochen, nicht «americano». Und die Nordamerikaner nennen die von ihnen mehrheitlich gesprochene Sprache «Englisch», *English*. Ganz bestimmt! Ich weiß das auch deswegen so genau, weil meine Tochter, die mit mir ein Jahr lang in Amerika war und dort zur Schule ging, jeden Morgen *English as a Second Language*, ESL, betrieben hat. ASL, *American as a*

Second Language, gab es nicht. Auch in meiner beruflichen Tätigkeit als Dozent an amerikanischen Universitäten ist mir das Amerikanische niemals vorgekommen. Es musste entschieden werden, ob meine Kurse auf Deutsch oder auf Englisch stattfinden sollten. Es hat mich nie jemand aufgefordert, die Vorlesungen auf Amerikanisch zu halten.

Nun, es ist klar, dass mit «Amerikanisch» die in den Vereinigten Staaten gesprochene bzw. die dort geschriebene Variante des Englischen gemeint ist: das «amerikanische Englisch», aus dem laut Titelseite der Übersetzung dann tatsächlich auch manchmal – aber viel seltener – übersetzt wird (neben dem «Amerikanischen» findet man auf den Titelseiten natürlich auch immer noch den korrekten Namen «Englisch» zur Bezeichnung der Sprache amerikanischer Autoren). Warum aber diese merkwürdige Sprachbezeichnung «Amerikanisch»? Was beabsichtigen die Verlage damit? Wieso diese auffällige Abweichung von dem, was üblich ist in der Sprachgemeinschaft, aus der die Bücher stammen?

Fremde Sprachnamen brauchen natürlich nicht mit der Eigenbezeichnung übereinzustimmen. So sagen in Europa zum Beispiel eigentlich nur die Italiener und manche Nordeuropäer, dass wir «deutsch» sprechen: *tedesco, tysk, duits*. Die anderen behaupten, wir würden «alemannisch» oder «germanisch» reden oder wären überhaupt «stumm» (wie die Tiere). Das letztere (*njemecki*) meinen die Slawen. Es steht fremden Völkern frei, der Sprache eines Volkes einen anderen Namen zu geben als den, den die Sprachgemeinschaft selbst verwendet. Allerdings haben manche Völker auch verächtliche Namen zurückgewiesen, die ihnen von anderen gegeben wurden: etwa die Inuit (= «Menschen») die Bezeichnung «Eskimo» (= «Esser rohen Fleisches»). Unschuldig sind die Sprachnamen oft nicht, auch nicht «Amerikanisch». Es ist zweifellos das Recht deutscher und französischer Verlage, Sprachnamen zu erfinden. Aber es hat doch etwas Besserwisserisches, Rechthaberisches und Arrogantes, wenn Fremde eine Sprachgemeinschaft, die sich selbst als Einheit sieht, auseinanderdividieren. Der Sprachname «Amerikanisch» könnte nämlich ungefähr folgendes besagen: Natürlich wissen wir, dass ihr Amerikaner eure Sprache «Englisch» nennt und dass ihr glaubt, ihr würdet englisch reden. Wir (schlauen Deutschen und Franzosen) aber sagen euch: Was ihr da redet, ist kein Englisch. Es hat sich so sehr von der Sprache Englisch entfernt, dass wir euch jetzt von den Engländern scheiden und eure Sprache «Amerikanisch» nennen. Ihr könnt noch so viel ESL an euren Schulen lehren, wir wissen es besser: Es ist Amerikanisch.

Ein solcher besserwisserischer Eingriff in das Selbstverständnis einer fremden Sprachgemeinschaft ist nun erstens nicht besonders sympathisch (auch die Inuit fanden es nicht besonders sympathisch, dass man sie «Rohfleisch-Esser» nannte). Und zweitens trifft es oft auch gar nicht zu, dass die beiden Varianten des Englischen so verschieden sind, dass man ihnen verschiedene Namen geben müsste. Die *geschriebene* Sprache, aus der übersetzt wird, ist ja oft bis auf die bekannten kleinen orthographischen Differenzen (*-or*/*-our*, *-ize*/*-ise*) überhaupt nicht amerikanisch, sondern einfach geschriebenes Englisch. So habe ich zum Beispiel in einem Verlagsprospekt gelesen, dass Harry Frankfurts Schriften «aus dem Amerikanischen» übersetzt worden seien. Das ist gerade bei einem Philosophen oder Wissenschaftler ein ziemlicher Unsinn. Auf beiden Seiten des Atlantiks wird in derselben Sprache philosophiert und Wissenschaft getrieben. Eine gewisse Berechtigung könnte die Differenzierung bei Romanen und Theaterstücken haben, bei denen die spezifische Amerikanität, eben das Amerikanische, der Sprache deutlich akzentuiert ist und wesentlich zum Sinn der Texte beiträgt, etwa bei Richard Ford oder bei James Elroy. Entschieden «amerikanisch» ist aber natürlich die Phonetik des amerikanischen Englisch, also das Gesprochene und Gehörte. Das in den Vereinigten Staaten *gesprochene* Englisch nenne auch ich «Amerikanisch». Doch um dieses geht es ja nicht bei den übersetzten Büchern.

Vermutlich sind es aber auch gar nicht nur die Besserwisserei und das verlagsseitige Dekretieren der Distanz zwischen dem englischen und dem amerikanischen Englisch, die zum Sprachnamen «Amerikanisch» führen. Die Wahl des Namens «Amerikanisch» ist wohl primär ein Hinweis auf die Macht oder, vornehmer gesagt, mit Antonio Gramsci, auf die kulturelle Hegemonie der Vereinigten Staaten. Sie ist diktiert von dem Wunsch, an dieser Hegemonie teilzunehmen. «Amerikanisches» stammt aus dem Zentrum der Weltkultur, von den *Masters of the Universe*. Wenn ein Buch «aus dem Amerikanischen» übersetzt worden ist, dann kommt es vom Ort des höchsten politischen und kulturellen Prestiges, dann ist kein Irrtum mehr möglich: Es gehört zur hegemonialen Weltkultur, seine Bedeutung ist damit gleichsam schon gesetzt. «Aus dem Amerikanischen» erhöht das übersetzte Buch zu einer Botschaft aus New York, Hollywood oder Harvard, zu einem Kulturprodukt aus dem Zentrum des Empire, an dessen Glanz auch noch die Übersetzung metonymisch partizipiert. Die Formel «aus dem Amerikanischen von XY» ist also zuvörderst ein Beweis für das Verführerische von Macht und kultureller Hegemonie. Der Sprachname «Amerikanisch» ist eine Ikone der Macht.

Genau in diesem Sinne verwende ich den Sprachnamen im Folgenden. Die politische und kulturelle Potenz, die Amerikanität des Amerikanischen, tritt für europäische Ohren am unmittelbarsten am Klang des Amerikanischen hervor. Er reißt uns Europäer hin. Die Verführung geht durch das Ohr, sie ist eine akroamatische Verführung.

Der Ausdruck «das Amerikanische» ist, wie «das Deutsche», «das Chinesische» usw., zweideutig: Er meint ja nicht nur die Sprache, sondern auch die Essenz Amerikas, die Amerikanität überhaupt. Diese Amerikanität klingt gewiss in der Sprache, aber sicher ist sie noch hinreißender in der Musik. Für mich fließt der verführerische Klang des Amerikanischen in einer Erfahrung zusammen, bei der Musik und Sprache untrennbar zusammengehören: Der verführerische Klang des Amerikanischen, das war der Sound des AFN. The American Forces Network war während meiner Schulzeit in den fünfziger und sechziger Jahren die alternative Klangwelt überhaupt. Dort hörten sich Musik und Sprache so an, wie das Leben eigentlich klingen sollte. Musik und Sprache des AFN waren Klangwelten des Traumes, eines Traumes von Freiheit, von *glamour* (*-or*), von Sex, politischer Unschuld und Leichtigkeit – *easy* – und *coolness* jenseits der alten und schweren deutschen Klangwelt. Der AFN klang auch nicht «englisch», sein Klang hatte mit der Sprache, die wir in der Schule lernten, wenig zu tun. Man verstand die im AFN gehörte Sprache kaum. Sie war in der Tat eigentlich nur ein Klang. Der Klang des AFN war Amerika, und umgekehrt: Amerika war gerade wesentlich Klang. Amerika war etwas Gehörtes, eine akroamatische Erfahrung. Der AFN war die Sirene. Wir haben sie gehört, und wir waren nicht an den Mast gebunden.

Jenseits des Radios hat man damals das Amerikanische eher selten gehört. Die amerikanischen Soldaten hatten zwar mitten in der Stadt, gegenüber dem Frankfurter Hauptbahnhof, ihr Hauptquartier, das heißt, man hat sie gesehen, aber gehört hat man sie nicht, man hat ja nie mit ihnen gesprochen. Ich habe jedenfalls keine einzige akustische Erinnerung an diese durchaus sichtbar präsenten Amerikaner aus jener Zeit. Auch im Kino hat man den Klang des Amerikanischen nie vernommen, obwohl man dort viele Amerikaner sehen konnte, die Filme waren alle synchronisiert. Amerikanische Filmstimmen habe ich erst während des Studiums in den sechziger Jahren in Paris gehört, wo es nicht-synchronisierte Filme gab.

Das Amerikanische war also zunächst vor allem Radioklang. Das war schon eine ganz besondere Art der Begegnung. Wenn es zutrifft, dass, wie Herder in der Schrift über den Sprachursprung (1772) in seiner kleinen Phänomenologie des Hörens schreibt, das Gehörte tiefer als das Gesehene in die Seele eindringt, dann ist es eine innige psychische Prägung gewesen. Das bestätigt jedenfalls eine weitere Begegnung mit der Stimme Amerikas: Der amerikanische Klang, der hinreißende Klang des Amerikanischen, ertönte für mich noch in einer ganz anderen, damals noch sehr amerikanischen Lebenssituation: beim Fliegen. Ich bin Ende der sechziger Jahre zum ersten Mal in meinem Leben geflogen, nach Berlin. Dorthin durften damals nur die alliierten Fluggesellschaften fliegen, von Frankfurt aus die Amerikaner, Panam. Während des Fluges kam dann diese tiefe amerikanische Stimme aus dem Lautsprecher: *your captain speaking.* Hier war sie: die tiefe, männliche Stimme, die Sicherheit verströmte, in die man einfach Vertrauen haben musste, die Stimme Amerikas, die uns sicher über das Russengebiet nach Berlin und auch sicher wieder zurückbringen würde. *Captain, my captain.* Der Klang des Amerikanischen war hier nicht nur verführerisch, sondern einfach überwältigend. Es war die Stimme, die uns gefehlt hatte: die Stimme des guten, starken und kompetenten Vaters. Auch heute geht es mir noch so: Wenn ich sie höre, die tiefe, männliche Stimme Amerikas, fühle ich mich aufgehoben, beschützt und absolut sicher. Natürlich ist das lächerlich, aber diese Stimme ist eben «so innig in unsre Seele» eingedrungen (Herder), dass sie Teil unserer seelischen Ausstattung geworden ist.

Allerdings beschützt und sichert diese Stimme nicht nur, sie sagt auch, wo's langgeht. Der Klang der Stimme des Vaters, und sei er noch so gut und stark, reizt daher auch zum Widerspruch. Der Klang des Amerikanischen ist überwältigend, erzeugt aber auch Widerstand, vor allem jene amerikanische Stimme, die uns zwar sagt, wo's langgeht, die aber nicht die große dunkle Vater-Stimme ist. Merkwürdigerweise hatte keiner der amerikanischen Präsidenten eine Panam-Piloten-Vater-Stimme, am ehesten noch Reagan, der jüngere Bush am allerwenigsten, Obama kommt ihr einigermaßen nahe. Diejenige von Trump ist hell und heiser, vom Schreien.

Zwei Momente der amerikanischen Stimme scheinen insbesondere die Sensibilität europäischer Ohren und damit den Widerstand europäischer Psychen zu erregen: ihre Wildheit und ihre Macht. Beides ist attraktiv und abstoßend zugleich. In Pascal Merciers Roman *Perlmanns Schweigen* (1995) wütet zum Beispiel der Linguist Perlmann einmal folgendermaßen über die Sprechweise seines amerikanischen Kollegen Millar:

> Millar ließ sich in seine Sätze, vor allem in die idiomatischen, kolloquialen Wendungen, mit einem Genuss hineinfallen, der Perlmann abstiess. *Suhlen. Er suhlt sich regelrecht in seiner Sprache.* Perlmann hasste Dialekte, und er hasste sie, weil sie oft genau so gesprochen wurden, mit derselben stampfenden Anmaßung, mit der Millar sein Yankee-Amerikanisch sprach. Am allerschlimmsten fand er das bei dem Platt, mit dem er aufgewachsen war. (Mercier 1995: 57f.)

Was den Europäer Perlmann abstößt, ist die Abwesenheit von Kultur und Zurückhaltung, die ihn an die eigene einfache und ungebildete Herkunft gemahnt, die «stampfende Anmaßung» des Provinzlers, der seine Rede keiner Zähmung, keiner Disziplin unterwirft, die geradezu tierhafte Selbstsicherheit («Suhlen»), die aus dem totalen Fehlen jeder Erfahrung von Alterität erwächst. Ähnlichen Abscheu empfindet schon die hochkultivierte Marschallin im «Rosenkavalier», wenn sie dem dialektsprechenden, gänzlich wilden und sich suhlenden Ochs von Lerchenau hinterherruft: «Da geht er hin, der aufgeblasene schlechte Kerl, und kriegt das hübsche junge Ding und einen Pinkel Geld dazu. Als müsst's so sein». Das brutale Gepolter des gar nicht so spaßigen Herrn Vetters vom Lande klingt ebenso stampfend anmaßend wie das Yankee-Amerikanisch bei Mercier.

Mit der «stampfenden Anmaßung» ist natürlich auch die andere Qualität der amerikanischen Stimme verbunden: die Kraft und die Macht. Das war es ja, was nach dem Krieg so väterlich beruhigend klang, was so überwältigend war. Die französische Literaturwissenschaftlerin Hélène Merlin-Kajman hat in einem sprachkritischen Kontext danach gefragt, was junge Franzosen heute am Amerikanischen fasziniert. Die Jungen, so ihre Antwort, hörten im Amerikanischen den reinen Klang der Potenz, den sie sich als phonetische Ikone der Macht aneigneten. Mit dem Klang des Amerikanischen sei die fiktive Explosion im Videospiel oder die siegreiche Waffe des Hollywood-Helden unauflösbar verknüpft: Machtphantasien. Allein schon der Klang dieser Sprache der Herrschenden, der Signifikant allein, repräsentiere Macht und *action*:

> Il [l'anglais] le [le français] pénètre au moment où le rapport à la langue se décompose, pour faire briller, parmi un ensemble de signifiants détachables, des signes souverains, icônes de puissance. Si les *phonèmes* anglais sont aujourd'hui l'objet d'un désir si répandu, c'est parce qu'une sémiologie de la force leur est associée. A l'anglais correspondent la touche sur laquelle il suffit d'appuyer pour faire exploser quelque monument fictif sur un jeu électronique, l'arme que tirent les héros virtuoses et vertueux des films hollywoodiens pour faire triompher le Bien. Plus que toute autre, la langue étrangère des dominants offre des signifiants purs, dont le signifié, souvent inconnu, a vraiment disparu au profit de l'action. (Merlin-Kajman 2003: 58f.)

> Das Englische dringt ins Französische in dem Moment ein, in dem die Beziehung zur Sprache sich auflöst, um unter einer Reihe von loslösbaren Signifikanten souveräne Zeichen aufglänzen zu lassen, Ikonen der Macht. Wenn heute die englischen [Merlin-Kajman sagt «englisch», sie meint aber eindeutig «amerikanisch»] *Phoneme* Gegenstand eines so weit verbreiteten Begehrens sind, dann deswegen, weil eine Semiologie der Kraft mit ihnen verbunden ist. Dem Englischen entspricht der Knopf, auf den man nur zu drücken braucht, um in einem Videospiel irgendein fiktives Monument in die Luft zu sprengen, oder die Waffe, die die virtuosen und tugendhaften Helden der Hollywood-Filme ziehen, um das Gute triumphieren zu lassen. Mehr als jede andere bietet die fremde Sprache der Herrschenden reine Signifikanten, deren oft unbekanntes Signifikat tatsächlich zugunsten der *action* verschwunden ist.

Genauso war es aber auch schon in meiner Jugend, vor einem halben Jahrhundert: Der reine Signifikant, der bloße amerikanische Klang, die phonetischen Ikonen der Macht rissen uns Jungen hin. Eine Semiologie der Kraft – und des *glamor*, des Sieges, der *coolness* etc. – zog uns in ihren Bann, umso mehr als die eigene Wirklichkeit nur Zeichen der Niederlage, eine Semiologie von Verbrechen, Tod und Schuld, bereithielt. Diese war unser Erbe, jene unsere Verheißung. Klang gegen Sound. Der amerikanische Sound hat uns doch erst das Weiterleben möglich gemacht.

Merlin-Kajman liest die Verlockung aus heutiger, französischer und weiblicher Sicht nur negativ. Bei ihr steht der Sound von Jugend, Kraft und Optimismus nicht gegen den schweren, dunklen deutschen Klang, sondern gegen die Helligkeit der französischen Klassik und Aufklärung; der Körper steht gegen den Geist, Macht und *action* gegen Rationalität und Kultur. Weil schon der Klang allein Kraft verheißt, ist diese Sprache so verführerisch für die Jugendlichen, die nicht eigentlich amerikanische Wörter übernehmen, sondern nur die Phonetik, als Klang-Gebärde, als Handlung der Macht selbst, eben als *action*. Der verführerische Klang des Amerikanischen emanzipiert sich von der Sprache, er hat gar keinen sprachlich-semantischen Inhalt mehr, sondern macht sich gleichsam selbständig zu einem Zeichen der Macht, das für Merlin-Kajman direkt – ohne Vermittlung sprachlicher Semantik – nur noch Gewalt signifiziert.

Was ich in einem anderen historischen Kontext als Hoffnungston gehört habe – gerade jener Klang kündete von einem Ort, an dem man vielleicht würde weiterleben können –, scheint bei meinen französischen Kollegen nur Abwehr zu erzeugen: Im Sinne von Merciers Feststellung des «Suhlens», also einer tierhaften, körperlichen Beziehung zur Sprache, sprechen die französischen Kritiker dem Amerikanischen gleichsam die Sprachlichkeit ab, indem sie es ganz auf der Seite der Körperlichkeit ansiedeln und ihm damit die Bedeutungsseite verweigern. Ein Vierteljahrhundert vor Merlin-Kajman hatten schon Françoise Gadet und Michel Pêcheux behauptet, die amerikanische Sprache sei eine ganz und gar körperliche und praktische Angelegenheit, ein *organe-outil du sujet*, dem die europäische Doppeltheit von Sinnlichem und Verständigem abgehe.

> La langue américaine: un organe fonctionnel intégré au système corporel, sans cette partition europénnne qui oppose dès l'école la lettre et l'esprit, le corps et l'âme, le sensible et l'intelligible. (Gadet/Pêcheux 1981: 201)
>
> Die amerikanische Sprache: ein funktionelles Organ, das in das Körpersystem integriert ist, ohne jene europäische Trennung, die – von der

Schule an – den Buchstaben und den Geist, den Körper und die Seele, das Sinnliche und das Intelligible gegenübergestellt.

Hier wird die amerikanische Sprache in eine Anthropologie exklusiver Körperlichkeit eingestellt, die der europäischen diametral entgegengesetzt sei. Während die europäische Sprachlichkeit in die traditionelle Dualität von Geist und Körper eingelassen ist und daher auch zum Denken taugt, ist das Amerikanische offensichtlich gänzlich Körper und Aktion. Das ist natürlich starker Tobak und ideologischer Unsinn. Jede Sprache ist Laut mit Bedeutung, Signifikant und Signifikat bzw., nach dem sehr französischen Sprachtheoretiker Ferdinand de Saussure, *pensée-son*, «Laut-Denken», unauflösliche Einheit von Sinnlichem und Intelligiblem. Jede Sprache wird zum Denken verwendet, und jedes Sprechen ist auch Körper und Aktion. Dennoch sind diese Passagen aus europäischen Büchern insofern aufschlussreich, als sie Versuche darstellen, der Verführung nachzuspüren, die vom Klang des Amerikanischen ausgeht. Verzweifelte Europäer bemühen sich gleichsam, die Sirene zu beschreiben und zu bannen, die mit ihrer Wildheit, ihrer Macht und Körperlichkeit den listenreichen Odysseus und seine Gefährten unwiderstehlich in ihren Bann zieht.

Denn soviel ist sicher: Der verführerische Klang des Amerikanischen – was immer er ist, Wildheit, Körperlichkeit und Macht – verändert die europäische Sprachkultur einschneidend, so einschneidend, dass wahrscheinlich nicht mehr viel von ihr übrigbleiben wird. Ich weiß nicht, ob es eine neue Anthropologie ist, die uns hinreißt, ob also tatsächlich das «Suhlen» der Stimme Amerikas, ihre Potenz (*puissance*) und ihre Körperlichkeit (*corporel*), eine vermeintliche europäische Zivilisiertheit, Raffinesse und Geistigkeit überlagern wird. Aber eines kann ich schon sagen: Die Stimme Amerikas hat im Verlauf meines Lebens einen immer größeren Raum in mir eingenommen. Sie hat von mir Besitz ergriffen, obwohl der Beruf des Romanisten mich eigentlich in andere Sprachrichtungen und andere Klangwelten drängt, mit denen ich mich aufs engste verbunden fühle.

Es ist ganz sicher, dass ich Romanist geworden bin, weil ich dem Charme des Klangs der französischen Sprache, ja sogar ganz bestimmter französischer Phoneme, erlegen bin.[1] Auch der Klang des Französischen ist für mich eine Ikone der Macht und der Körperlichkeit – allerdings nicht der Wildheit, sondern der Macht von Kultur und Eleganz. Dennoch lässt mich – nach der AFN-Musik der frühen Jahre – ein nicht abreißender Strom von amerikanischen Klängen nicht los: Nichts aus der aktuellen französischen Romanproduktion – Houellebecq vielleicht ausgenommen – kann für meine AFN-geprägte Seele mithalten mit den großen amerikanischen Erzählern, mit Pynchon, Updike, Roth, Morrison, de Lillo, Ford, McCarthy etc. etc. Der Klang des Amerikanischen reißt mich unwiderstehlich hin zu diesen Stimmen Amerikas. Wissenschaftliche Lektüren, lange Aufenthalte in den USA, endlich auch immer mehr Filme, die jetzt auch hier im Originalton zu hören sind, und natürlich die Musik kommen hinzu. Der Klang des Amerikanischen erfüllt tatsächlich einen immer größer werdenden Teil des Raums meiner akroamatischen Erfahrungen.

Es verwundert mich daher auch nicht, wie das Amerikanische die akademische Welt erobert, aus der ich im nächsten Kapitel berichte.

Doch bevor ich das tue, ist natürlich ein Wort zu sagen über die Sprache der Macht, wie sie uns der derzeitige Präsident der USA jeden Abend vor unsere Ohren und Augen führt. Das ist ein sprachliches Gesamtereignis, von dem hier nur einige Aspekte hervorgehoben werden können, obwohl es eine ausführliche wissenschaftliche Analyse verdient. Es erklingt eine sehr amerikanische Stimme, laut, aggressiv. Die Stimme ist nicht dunkel, väterlich wie die des Panam-Piloten, sondern eher hell. Die hervorstechende Eigenschaft dieses Rede-Ereignisses ist aber gar nichts im engeren Sinne Linguistisches oder Phonetisches, sondern etwas Gestisches, etwas, das zum körperlichen Gesamtverhalten gehört und das Bourdieu *la gueule* nennt.[2] Im kommunikativen Verhalten junger Männer aus der Unterschicht sind – nicht nur in Frankreich – neben vulgären Wörtern und undeutlicher Artikulation die vorgestülpten Lippen auffällig: *faire la gueule* heißt das auf Französisch, «die Schnauze machen». Das ist eine aggressive redebegleitende Gebärde, die das Gegenüber bedroht, beleidigt, provoziert. Fast alle Reden Trumps werden mit Schnauze gehalten, *il fait la gueule*. Dazu gehören ebenso aggressive Gebärden anderer Gliedmaßen: Auffällig ist ein Zucken mit der linken Schulter. Der rechte Arm wird nach oben gereckt, die Hand mit der offenen Handfläche dem Zuhörenden entgegenbewegt: Halte dich fern! Achtung! Auch die schriftlichen Produktionen sind aggressiv: Ausgreifende Schreibbewegungen stellen die Unterschrift zur Schau, die fast das ganze Blatt Papier, den ganzen Schreibraum okkupiert und damit imperial auftrumpft. Die Twitter-Nachrichten bestehen aus kurzen Sätzen. Keine Hypotaxe. Alles steht nebeneinander, die logische Einordnung wird verweigert.

Die Stimme Amerikas ist also vom verführerischen Klang der Macht, der Männlichkeit und des Vaters zur Drohung geworden, zur *gueule*, zur Gebärde der Gewalt, die sich bewusst den Angeboten der höflichen Bürgerlichkeit versagt und den körperlichen Kampf an die Stelle des Dialogs setzt. Es geht um Gewinnen und Verlieren, nicht um Ausgleich, es geht um Körper, nicht um Gedanken. Was ich für eine Übertreibung meiner antiamerikanischen französischen Kollegen hielt, hier wird es Realität: das amerikanische Sprechen als Ikone der Macht, *icône de puissance*.

On my globalization

Vor einigen Jahren bot sich mir die Chance, an eine englischsprachige Universität in Deutschland zu wechseln. Durch dieses generöse Angebot konnte ich einem verletzenden akademischen Altersmobbing an meiner Universität entkommen. Statt wegen des Alters gedemütigt zu werden, wurde ich an der neuen Universität mit einer «Weisheitsprofessur» geehrt: Ich war jetzt *wisdom professor*. So nennt man dort die ziemlich kluge Weiterverwendung alter Gelehrter nach ihrer Emeritierung. Für diese Möglichkeit, meine Fähigkeiten auch im Alter noch einsetzen zu dürfen, war (und bin) ich unendlich dankbar. Denn ich kann mir das Leben ohne wissenschaftliche Tätigkeit – das Forschen und das Lehren – nur schwer vorstellen, und diese ist ja durchaus auch von alten Männern noch mit einigem Erfolg auszuüben (wir haben noch funktionierende Köpfe und Sprech- und Schreibwerkzeuge). Die Weisheitsprofessur war also lebensrettend.

Allerdings hat mich das großzügige Angebot auch in einen Selbstversuch geführt, der die geliebte wissenschaftliche Tätigkeit in anderer Hinsicht in eine ziemlich tiefe Krise stürzte: Ich musste mich globalisieren, das heißt, ich musste in fortgeschrittenem Alter meine wissenschaftliche Tätigkeit auf Englisch umstellen. Da ich sozusagen als Einzelperson erlebte, was die (alte) deutsche Wissenschaftslandschaft derzeit insgesamt in einer einigermaßen dramatischen Transformation durchlebt, erlaube ich mir, meine diesbezüglichen Beobachtungen mitzuteilen. Ich vermute nämlich, dass es sich nicht nur um die Krise eines einzelnen alten Mannes handelt, sondern sozusagen um die sprachliche Krise der (Geistes-)Wissenschaft Europas.

Den Sinn des Unternehmens einer englischsprachigen Universität in Deutschland – es ist tatsächlich ein privatwirtschaftliches Unternehmen – will ich nicht bewerten. Er wird damit begründet, dass die Jugend der Welt nun einmal kein Deutsch mehr lerne, daher mit einem globalesischen Lehrangebot in unser Land gelockt werden müsse und sich vielleicht auf diese Weise mit ihm anfreunde. Dass sich diese Hoffnung tatsächlich erfüllt, scheint mir eher zweifelhaft. Die meisten Studierenden der globalophonen Universität konnten nach meinen Beobachtungen nicht einmal den deutschen Namen der Stadt, in der sie lebten, richtig aussprechen. Es interessierte sie auch nicht, wie das umliegende Land lebt und spricht. Wenn keine Sprachkenntnisse eine Brücke bauen zu dem Land, in dem die jungen Menschen leben, findet die Begegnung mit diesem Land nicht wirklich statt. Das ist auf der universitären Luxusebene nicht anders als auf der Ebene der Arbeitsmigranten.

Wie dem auch sei, an dieser Lehranstalt studieren junge Leute aus mehr als hundert Ländern, die natürlich nur in einer gemeinsamen Sprache unterrichtet werden können. In einem meiner Seminare zum Beispiel hatten die acht Studenten acht verschiedene Muttersprachen: Russisch, Ukrainisch, Englisch, Mabarathi, Amharisch, Polnisch, französisches Kreolisch, Deutsch. Auf Deutsch oder auf Amharisch zu unterrichten hätte da tatsächlich keinen Zweck, also findet die Unterweisung auf Englisch statt, in unserer gemeinsamen globalesischen Sprache. Da ich gern fremde Sprachen spreche – ich bin ja ein Philologe – und da ich auch lange genug in Amerika gelehrt habe, macht mir das Unterrichten auf Englisch durchaus Spaß, es ist eine intellektuelle und performative Herausforderung. Wunderbar waren auch die verschiedenen kulturellen und politischen Erfahrungen der Studenten, die in den Seminaren zur Sprache kamen.

Kurios war, dass auch die Fakultätsversammlungen, obwohl fast alle Mitglieder Deutsche waren (oder wie die beiden Holländer fließend deutsch sprachen), auf Englisch stattfanden. Das hatte etwas total Künstliches – als ob alle hätten zeigen müssen, dass sie auch diese Situation glänzend auf Englisch meistern. Nun, es verbesserte auf jeden Fall das Klima solcher Veranstaltungen, weil allzu ätzende und giftige rhetorische Auftritte, wie ich sie aus deutschsprachigen Universitäten kenne, ausblieben oder zumindest gemildert wurden. Des weiteren habe ich nun auch gelernt, wie man Formulare zur Drittmittelverwaltung oder einen Urlaubsantrag auf Englisch ausstellt (das wollte ich schon immer wissen).

Insofern war also das Englisch-Sprechen sehr interessant und bereichernd.

Allerdings hatte der Selbstversuch der sprachlichen Globalisierung auch einige der Wissenschaft nicht förderliche Konsequenzen. Wissenschaftliches Sprechen ist in meiner Arbeit als Geisteswissenschaftler – das habe ich schon in Kapitel 9 deutlich zu machen versucht – nicht nur das Verlautbaren von außersprachlich gewonnenen Fakten, sondern eine Produktion von Wissen, das sich auf komplizierte und subtile Weise in Sprache verkörpert und also wesentlich *als* sprachliches Werk existiert und bei dem es dann auch entschieden auf die sprachliche Performanz ankommt. Und dabei gab es nun ein paar Probleme.

Erstens: Obwohl ich ziemlich gut Englisch kann, fehlte mir im Unterricht manchmal das richtige Wort, die witzige Replik, die elegante Rhetorik. Das ist, so könnte man meinen, vielleicht nicht allzu gravierend, aber das volle Verfügen über sämtliche sprachlichen Register gehört doch zur erfolgreichen wissenschaftlichen Tätigkeit dazu. Ich blieb also hinter meinen wissenschaftlichen Fähigkeiten zurück. Die richtig erfolgreichen und beliebten Professoren waren nicht von ungefähr solche mit (quasi-)muttersprachlicher Kompetenz im Globalesischen.

Zweitens: Das ganze Englisch-Reden inspirierte mich nicht zum Schreiben. Ich habe im Verlauf meines ziemlich langen Gelehrtenlebens relativ wenig auf Englisch geschrieben. Die Wissenschaftssprachen meiner Disziplin waren Deutsch und Französisch (und Italienisch). Ich habe also nur geringe Übung im Schreiben englischer Artikel, das ja auch eine ganz eigene Kunst ist, die man gelernt haben muss.[3] Das Englisch-Reden im Unterricht half mir dabei nicht wirklich, ja es blockierte sogar die Nähe zu meiner eigenen Sprache und damit die Produktion in meiner alten Schreibsprache. Das Lehren auf Deutsch in meinem früheren wissenschaftlichen Leben war immer eine Quelle der Inspiration gewesen. Hier konnte man schon einmal etwas ausprobieren, bevor man es dann zu Papier brachte, oder man konnte auch etwas Geschriebenes im Unterricht testen. Dieser für die Wissenschaft notwendige Dialog – das Kernstück der Humboldtschen Idee der Universität im übrigen – kam an meiner neuen Wirkungsstätte nicht richtig in Gang. Ich habe daher noch nie so wenig produziert wie in diesen globalesischen Jahren.

Drittens: Ein Schock war die Begegnung mit der englischsprachigen wissenschaftlichen Literatur. Mir war vorher nie aufgefallen, dass so gut wie alle Forschungen, die ich bisher kannte – in den Sprachen Deutsch, Französisch, Italienisch –, in der englischsprachigen Wissenschaft nicht vorkommen. Die Bibliographie eines deutschen wissenschaftlichen Buches ist meistens mehrsprachig, die eines englischen radikal einsprachig. Da ich mich in der Kursvorbereitung nun viel mehr auf die Anglo-Literatur beziehen musste, fiel mir der skandalöse Ausschluss von Arbeiten aus anderen Sprachräumen auf. So gut wie alles in anderen Sprachen Gedachte ist in der Anglo-Welt einfach inexistent. Was für eine unerträgliche provinzielle Beschränkung, was für eine Arroganz! Die regionale Enge der vermeintlichen Weltkultur verstärkt sich noch durch die Tatsache, dass wir Anderssprachigen kaum ins Englische übersetzt werden. Die Anglo-Welt ist keine generöse, weltoffene Übersetzungswelt. Das war natürlich eine erhebliche narzisstische Kränkung, die mir meine Globalisierung zufügte. Ich bin zu alt, um mir noch ein Werk auf Englisch zu erschreiben, ich bin nicht prominent genug, um ins Englische übersetzt zu werden, bei mir reicht's gerade mal zu Übersetzungen ins Französische. Ich versinke also in die wissenschaftliche Inexistenz.

Viertens: Ein bisschen tröstet beim Nicht-übersetzt-Werden die Tatsache, dass das Wenige, das ins Englische übersetzt wird – zumeist sind das nur die Klassiker oder Super-Promis –, oft katastrophal übersetzt ist. Die offensichtlich starke Tradition der sogenannten freien Übersetzung im Anglo-Raum – man kann auch sagen: die anmaßende, ja eigentlich kolonialistische Haltung der englischsprachigen Übersetzer gegenüber dem Original – lässt oft keine angemessene Begegnung mit dem übersetzten Text zu, dessen Alterität in brutalen Eingriffen getilgt wird. Hierfür könnte ich aus der philosophischen Literatur viele Beispiele geben.

Fünftens: Umso notwendiger wäre nun der Rückgriff auf weitere Sprachkenntnisse der Studierenden gewesen. Da diese aber zumeist nur Englisch als Fremdsprache – jedenfalls kein Latein, Griechisch, Deutsch, Französisch, Italienisch – beherrschten (Englisch konnten sie tatsächlich sehr gut), konnten originalsprachige Texte im Unterricht kaum herangezogen werden. Die wissenschaftliche Einsprachigkeit war also total. Das ist keine gute Ausgangslage für eine wirklich globale, also auf die ja noch immer mehrsprachige Welt offene Geisteswissenschaft.

Fazit: Halbsprachigkeit, Unmöglichkeit eines wirklichen universitären Dialogs im Sinne Humboldts, Eliminierung ganzer Wissenschaftskontinente in anderen Sprachen, wenige Übersetzungen, Unsensibilität für sprachliche (das heißt kulturelle) Alterität und Erschwerung geistiger Mobilität durch Einsprachigkeit (maximal Zweisprachigkeit, aber das reicht einfach nicht) bedrohen die *humanities* in der globalisierten Welt. Das ist das melancholische Ergebnis meines Versuchs einer Selbst-Globalisierung. Meine globalophone Weisheitsprofessur ließ mich einfach nicht voll zur Sprache und damit auch nicht voll zur Sache kommen.

17

Lantsch

Ich treffe mich trotzdem mit meinen Kollegen (jungen und alten Wissenschaftlern, Uni-Leuten) öfter zum *lunch*. Warum nur? Einerseits natürlich, weil wir Hunger haben, aber andererseits auch, weil wir (amerikanische) Geschäftsleute nachahmen wollen, die keine Zeit für ein Mittagessen haben, sich schnell abfüllen und dabei noch rasch die Geschäfte weiterbesprechen müssen. Wir wollen uns so gehetzt und also so wichtig fühlen wie *businessmen*. *Lunch* symbolisiert schon in seiner Einsilbigkeit, dass es viermal so kurz ist wie das viersilbige Mittagessen. Und es konzentriert in einer Silbe immerhin vier Phoneme, l – a – n – tsch, ist also bei aller Kürze extrem gehaltvoll. Es ist ein wirklich gutes phonetisches Abbild dessen, was wir da tun: Es ist zackig, wie ein Peitschenknall: Lantsch. Und zackig wollen wir ja sein, jung, sportlich. Ein Lantsch ist auch diätetisch wertvoll, es macht nicht dick. Es besteht im Prinzip aus einem Gang: Lantsch! Fertig. Vielleicht noch einen Espresso hinterher, wenn die Zeit reicht. Der hat allerdings drei alteuropäische Silben.

Gegenüber dem kurzen Lunch ist eine verwandte amerikanische Sitte wirklich barbarisch, der *lunch talk*. Das ist eine mittägliche Veranstaltung, bei der gleichzeitig gegessen, ein Vortrag gehalten und diskutiert wird. Es ist sozusagen eine Mischung aus Seminar und gemeinsamer Jause. Diese Mischung bekommt aber weder dem Vortrag noch dem Essen. Beim Essen schießt das Blut in den Magen, nicht ins Gehirn. Die Aufmerksamkeit auf die gleichzeitig gehaltene Rede ist daher einigermaßen getrübt. Immerhin isst der Redner zumeist nicht, so dass seine Aussprache klar und deutlich bleibt. Er gewinnt aber angesichts der Essenden auch nicht wirklich den Eindruck, dass man ihm aufmerksam zuhört. Da die Esser gleichzeitig Hörer sein müssen, haben sie ihrerseits nicht viel vom Essen. Diese geringe Aufmerksamkeit bekommt aber wenigstens insofern dem Essen, als es zumeist der Rede nicht wert ist. Barbarisch ist die Veranstaltung, weil sie die beiden an sich schönen Aufmerksamkeiten, die aufs Essen und die auf den Vortrag, nicht erhöht, sondern zerstört. Und weil sie auch nicht wirklich das ermöglicht, was immerhin der normale Lantsch noch bringen kann: ein gutes, wenn auch kurzes, Gespräch.

Wenn der Nachmittag nach dem Lunch oder *lunch talk* dann mit Arbeit erfüllt war, ist es schön, wenn man am Abend zu einem Dinner, gar zu einem «gesetzten Dinner», eingeladen ist. Das war früher das abendliche Festessen oder das festliche Abendessen. Da es beim «gesetzten Dinner» auf den ersten Blick nicht anders zugeht als beim Abendessen, haben wir es hier anscheinend mit einem überflüssigen Amerikanismus zu tun, der außerdem semantisch und grammatisch so was von falsch ist, dass es einem den Appetit verschlägt. Wer auf die Idee gekommen ist, das *seated dinner* (ich vermute einmal, dass das auch kein besonders gutes Englisch ist) mit «gesetztem Dinner» zu übersetzen, sollte zur Strafe in die Darmstädter Akademie für Sprache und Dichtung berufen werden. Dennoch muss man sich natürlich fragen, was bei einem «gesetzten Dinner» anders ist als beim Festessen. Denn warum nennen die Leute das so? Ich vermute, es ist die Vorstellung, dass wir uns dabei in einen Hollywood-Film versetzt finden, wo es bei festlicher Garderobe doch irgendwie lockerer zugeht als bei einem festlichen europäischen Abendessen.

Unterbrochen wird das gesetzte Dinner von einem *dinner talk* (die Unterbrechung des Essens ist der strukturelle Unterschied zum *lunch talk*, bei dem weitergegessen wird). Hierfür gibt es nun tatsächlich kein deutsches Wort. Abendessen-Rede? Festessen-Rede? Nein, das geht nicht. Das würde sich auch nach einer sehr langen Unterbrechung des Essens anhören. Der *dinner talk* ist kurz – und sollte eben auch die gute Laune und den Appetit nicht verderben. Denn in den genannten amerikanischen Filmen tritt hier immer ein blendend aussehender Alpha-Mann auf, der etwas Launiges über sein Leben oder seine beim Dinner gerade gefeierte Leistung sagt und der dann seiner Gattin und seinen wohlgeratenen Kindern dankt, die ihn daraufhin küssen. Solche Intimitäten erlaubt das europäische Festessen nicht, das «gesetzte Dinner» aber schon. Ich vermute einmal, dass es gerade das grottenfalsche Deutsch ist, das dem Festessen diese heiß ersehnte amerikanische Coolness verleiht.

Brudersprache:
Das Französische

18
———

La langue fraternelle

Nichts war in meinem sprachkulturellen Leben wichtiger als die Begegnung mit dem Französischen. Im Frühling 1957, ich bin vierzehn Jahre alt, findet diese erste Begegnung statt. Ich bin ziemlich sicher, dass ich vor diesem Zusammentreffen noch niemals richtig Französisch gehört hatte. Ich lebte ja in der amerikanischen Zone Deutschlands. Das amerikanische Englisch war mir vertraut, vom AFN, aber wo hätte ich Französisch hören sollen? Im Radio gab es höchstens ein bisschen Olala-Frankreich im deutschen Schlager: «Ganz Paris träumt von der Liebe.» Also war mein Französischlehrer in der Obertertia der erste Mensch, von dem ich französische Sätze hörte. Es war eine Epiphanie. Es war, als hätte ich auf diese Töne gewartet. Ja, da seid ihr ja! Ich habe vierzehn Jahre lang auf euch gewartet. Ihr seid meine Sprache. Euch zu hören und vor allem: euch zu bilden ist ein körperliches Vergnügen. Und ich rase mit einem Freund mit dem Fahrrad im Frankfurter Stadtwald herum, und wir rufen – ganz verliebt – in den Wald: *moi, foi* [wa], der schöne Diphthong und die herrlichen Nasale *un bon vin* [œ̃, ɔ̃, ɛ̃] und das weiche [ʒ] haben es uns angetan. Welch eine Freude: *joie* [ʒwa]! Und aus dem Wald schallt es gewaltig heraus: Die Begegnung mit dieser Sprache führt in das Land und zu den Menschen, die diese, meine Sprache sprechen.

Zwei Jahre später, 1959, als sechzehnjähriger Junge, war ich das erste Mal in Paris, auf der Durchreise in den Süden Frankreichs. Diese riesige und schöne Stadt war einfach überwältigend. Ich hatte vorher noch nie eine große Stadt gesehen, die nicht zerstört war. Der Krieg, der zuhause alles gezeichnet hatte, war hier anscheinend nicht gewesen. Es war alles heil. Auch die Sprache!

In Frankreichs Süden traf ich eine Frau, die vier Wochen lang geduldig mit mir in ihrer wunderbaren Sprache sprach. Es war die Mutter des Jungen, mit dem meine Schule einen Schüleraustausch organisiert hatte. Diese Frau, sie war Lehrerin, *institutrice*, hat mir stundenlang alles erzählt, sie hat mich stundenlang alles gefragt. Sie hat gekocht – und das dauert in Frankreich bekanntlich lang! – und dabei gesprochen und mich zum Sprechen gebracht. Dabei konnte ich anfänglich kaum etwas sagen, mir fehlten die Worte und die dazugehörige Grammatik. Am Ende dieser vier Wochen kannte ich viele Wörter, und ich konnte ziemlich viel sagen – in dieser Sprache, die *Madame l'institutrice* mir geduldig geschenkt hat.

Ich wusste damals natürlich noch nicht, welche historische Bedeutung die *instituteurs* und *institutrices* für die französische Sprachgeschichte hatten: Der typische Lehrer oder die typische Lehrerin der Dritten Republik hat nichts Geringeres getan, als den Franzosen das Französische beizubringen. 1882 wurde in Frankreich die kostenlose Schulpflicht eingeführt. Und 1882 konnten mitnichten alle Franzosen Französisch. Es war immer noch ein vielsprachiges Land, das ländliche Frankreich sprach nicht nur französisch, sondern auch bretonisch, baskisch, deutsch, italienisch, katalanisch, niederländisch, okzitanisch. Und viele Franzosen konnten das Französische nur sprechen, nicht aber schreiben. Diesen haben die *instituteurs* die schriftliche und gebildete Form ihrer Sprache beigebracht. Und denen, die das Französische nicht einmal sprechen konnten, brachten sie es von Grund auf bei. 1940, am Ende der Dritten Republik, als die Deutschen ins Land einmarschierten, konnten die Franzosen Französisch.

Und nun, wir waren schon in der Fünften Republik, brachte die *institutrice* dem deutschen Kind, dem Nazi-Kind, ihre Sprache bei. Es war das liebevolle Geschenk einer mütterlichen und politischen Zuwendung, es war das Geschenk einer Sprache für die Welt! Denn meine eigene Sprache, das Deutsche, war nach der Nazi-Herrschaft für den Verkehr mit der Welt nicht mehr geeignet. Französisch wurde meine Welt-Sprache.

Die dritte meiner tiefen Begegnungen mit dem Französischen findet ein Jahr später statt. In Frankreich treffe ich meinen Lebensfreund. Antoine Mendiharat ist ein literarisch und künstlerisch ungeheuer gebildeter

Junge, von dem ich mehr französische Sprache und Literatur lernen werde als von jedem anderen Lehrer. Wir werden mehrere Sommer lang über alles miteinander sprechen, auf Französisch, wir werden uns viele Briefe schreiben, wir werden über dreißig Jahre lang befreundet sein, bis zu seinem frühen Tod. Durch diesen Freund wird das Französische meine Brudersprache, *ma langue fraternelle*.

Eine solche Freundschaft ist ein Wunder, ein Wunder französischer Menschlichkeit. Wir befinden uns 1960 ja erst im fünfzehnten Jahr nach dem Ende des Krieges. Dieser ist natürlich präsent in den Köpfen der Franzosen: Es war ja erst gestern. Du wirst ständig nach Hitler gefragt. Und niemanden hasst du 1960 als deutscher Junge in Frankreich mehr als diesen Hitler, der dich zum Kind der größten Killertruppe der Weltgeschichte gemacht hat, und du weißt, dass du in der Welt eigentlich nichts mehr zu suchen hast. Die Ruinen, in denen du aufwächst, sind die steinernen Beweise für die Bestrafung dieses Verbrechens, das auch deines ist. Doch nun schenken dir diese französischen Menschen ihre Freundschaft und ihre Sprache. Sie sind die Hand, die man dir reicht, damit du weiterleben kannst.

Ich habe dann dieses brüderliche Geschenk zu meinem Beruf gemacht. Französisch studieren – ich wollte das eigentlich nicht, aber dann habe ich doch nicht widerstehen können. Französisch studieren bedeutete damals auch noch: andere romanische Sprachen studieren. Das Französische öffnete den Weg zu anderen großen und schönen Sprachen. Als Schwester des Italienischen, Spanischen, Portugiesischen führt es hin zur großen romanischen Familie. Auch in dieser Hinsicht ist das Französische Weltsprache und Bruder- oder Schwestersprache zugleich.

Aber diese Offenheit der deutschen Romanistik war auch eine Gefahr für mich: Sie führte mich weg vom Französischen. Ich habe zum Beispiel nach der Promotion fast drei Jahre lang in Italien gelebt und italienisch gesprochen. Natürlich ist dadurch auch das Italienische eine mir teure Sprache geworden. Man kann zum Glück viele Sprachen lieben. Dennoch: An die *langue fraternelle* kommt es für mich nicht heran.

Und schließlich: Die wirkliche Gefahr lauerte im Abseits. Das Englische ist die erste Fremdsprache gewesen, die ich mit großem Enthusiasmus gelernt habe, auch wenn es keine Offenbarung war wie das Französische. Wie in der Welt-Sprachgeschichte, so wurde auch in meiner individuellen Sprachgeschichte das Englische immer wichtiger. Selbst das Leben von Romanisten wird in den Jahrzehnten ihrer Berufstätigkeit vom Englischen überwuchert. Die USA sind neugieriger als Frankreich, sie laden Leute ein; Frankreich tut so etwas nicht. In Amerika habe ich daher mehr Berufszeit verbracht als in Frankreich. Ich schreibe zwar lieber auf Französisch, aber die wissenschaftliche Welt wird eben zunehmend englisch – oder wie ich das nenne: globalesisch. Schließlich wurde ich, wie schon berichtet, sogar fünf Jahre lang Professor für europäische Mehrsprachigkeit an einer englischsprachigen Universität, Inhaber des Chair for European Plurilingualism. Das war eine massive Attacke gegen meine *langue fraternelle. Et en effet: Mon français fout le camp.* Mein Französisch haut ab. Wenn auch nicht aus meinem Herzen, so doch aus meinem Mund.

Das Französische ist meine Brudersprache. Es ist auch meine Weltsprache. Aber als Weltsprache konkurriert es zunehmend mit dem Globalesischen. Als Brudersprache ist es völlig unerschütterlich fest in meinem Herzen, doch als Weltsprache hat es einen schweren Stand. Von diesem schweren Stand möchte ich nun berichten. Und damit springe ich von der Mikroebene auf die historische Makroebene: zum Französischen in der Welt.

19

La France c'est une langue

In Frankreich geschehen bekanntlich kuriose Dinge bezüglich der Sprache:
1992 schreibt man das Französische als «Sprache der Republik» in den Artikel 2 der Verfassung: *La langue de la République est le français*. Die französische Sprache wird gleichsam in den Körper des Staates aufgenommen. Die Republik sanktioniert damit den hohen politischen Rang, den sie ihrer Sprache gibt. In Deutschland werden entsprechende Pläne mit Hohn bedacht, als Angriffe auf die Freiheit und als nationalistische Verirrung vehement zurückgewiesen.

Ganz furchtbar lustig fand man es in Deutschland auch, als Frankreich sich 1994 ein Gesetz zur Verwendung der französischen Sprache gab, mit dem es das Französische gegen das Englische verteidigt und auf dem Gebrauch des Französischen im öffentlichen Raum der Republik besteht. Die Deutschen wollten nicht verstehen, warum die Franzosen von Staats wegen englische Wörter durch französische ersetzen sollen, und schon gar nicht, warum es in Frankreich kein schönes *job center* oder keinen schicken *service point* geben soll.

Die englischsprachige Presse reagierte verständnislos, als der französische Präsident Jacques Chirac auf dem EU-Gipfel im März 2006 unter Protest den Saal verließ, weil ein französischer Arbeitgeber-Vertreter vor der hohen europäischen Versammlung seine Rede auf Englisch zu halten begann. Chirac empfand die Präsenz des Englischen an dieser Stelle als eine unerträgliche Provokation.

Schließlich: Der Präsidentschaftskandidat Nicolas Sarkozy rief bei einer Wahlkampfrede im März 2007 mit dem ihm eigenen Pathos aus: *La France c'est une langue*, «Frankreich, das ist eine Sprache». Das klang auf dieser Seite des Rheins völlig übertrieben. Aber auch der europäisch und humboldtisch gesinnte junge Präsident Emmanuel Macron kann sich nicht zu einer Stärkung der Position des Korsischen durchringen, weil Frankreich eine Sprache ist und auch weiterhin nur eine einzige Sprache sein soll.

Das alles ist aber weniger übertrieben, kurios oder lachhaft, wenn man zu verstehen versucht, warum Frankreich so außerordentlich empfindlich reagiert, wenn seine Sprache im Spiel ist, warum man dort auf die Sprache achtet, das Französische «verteidigt» und es gegen allerlei innere und äußere, wirkliche und eingebildete Angriffe schützt. Also: Warum ist das so?

Eine vorläufige und allgemeine Antwort auf diese Frage ist, dass die Gegenwart des Französischen in Frankreich und in der Welt nichts Selbstverständliches oder irgendwie natürlich Gewachsenes ist, sondern das Ergebnis langer und anstrengender politischer Bemühungen. Eine solche Errungenschaft gibt man nicht leichtfertig preis. Ich will dies mit einigen Hinweisen auf wichtige Etappen der französischen Sprachgeschichte belegen.[1]

Das Französische ist bekanntlich aus dem gesprochenen Latein hervorgegangen, das sich im Westen des Römischen Reiches ausgebreitet und die dortigen alten Sprachen verdrängt hatte. In den Provinzen des Römischen Reiches, die dem heutigen Frankreich entsprechen, entstehen zwei unterschiedliche Dialektgruppen: im Süden, südlich der Loire, die heute Okzitanisch genannten Dialekte und im Norden die französischen Dialekte. Dante unterscheidet im 14. Jahrhunderte die literarischen Varianten dieser beiden Sprachen als *lingua oc* und *lingua oïl*. Beide sind im Mittelalter bedeutende Literatursprachen: die oft auch Provenzalisch genannte *langue d'oc* als Sprache der Lyrik, die *langue d'oïl* vor allem als Sprache großer Epen, die in ganz Europa gelesen und imitiert werden. Im 13. Jahrhundert unterwirft der König des Nordens – aus (Île de) France – den okzitanischen Süden in einem Kreuzzug. Das Okzitanische wird sich als Literatursprache von dieser nordfranzösischen Eroberung nicht wieder erholen, auch wenn es noch jahrhundertelang gesprochen wird. Ein erster politischer Sieg des Französischen, des *franceis*.

Allerdings ist – wie überall im mittelalterlichen Westeuropa – auch in Frankreich immer eine weitere Sprache im Spiel, nämlich das Lateinische.

Es ist die Sprache der Kirche, der Macht, des Rechts, es ist die Sprache, die man schreibt. Als geschriebene Sprache ist Latein prinzipiell immer noch dieselbe Sprache wie im versunkenen Römischen Reich, während sich die gesprochene Sprache des Volkes (*vulgare*) weit davon entfernt hat. Das Volk versteht und spricht daher kein Latein mehr (schreiben kann es sowieso nicht). Die königliche Verwaltung, die Universität, die Theologie, die Medizin und die Jurisprudenz, also alle höheren sprachlichen Aktivitäten, finden aber auf Lateinisch statt. Diese Zweisprachigkeit (Diglossie) gibt es, wie wir schon sahen, überall in Europa. Im 16. Jahrhundert verfügt nun der französische König im Rahmen einer Reform des Königreiches, in der sogenannten Ordonnance von Villers-Cotterêts (1539), dass die offiziellen Dokumente in Verwaltung und Gerichtsbarkeit nicht mehr auf Latein, sondern auf Französisch zu verfassen seien: *en langage maternel français et non autrement*, «in der französischen Muttersprache und nicht anders». Dies ist der Startschuss für ein Vorrücken der Volkssprache in die Gebiete des Lateinischen und für die Auflösung der mittelalterlichen Diglossie.

Dieser Aufstieg wird begleitet von einer leidenschaftlichen ideologischen Rechtfertigung: Der Dichter Joachim Du Bellay schreibt 1549 sein Buch zur «Verteidigung und Erleuchtung der französischen Sprache», «Défense et illustration de la langue française», in dem er gegen das Lateinische agitiert und für einen Ausbau des Französischen wirbt. Es handelt sich bei diesem Buch eigentlich nicht um eine Verteidigung, sondern um eine Offensive. Aber das Wort der «Verteidigung» ist damit in der Welt und wird das Französische bis heute begleiten. Der dynamische Aufstieg des Französischen ist vom Gefühl der Gefährdung begleitet.

Überall in Europa steigen die Volkssprachen auf in die Redefelder des Lateinischen. Charakteristisch für die Entwicklung in Frankreich ist die Tatsache, dass – anders als in Deutschland oder in Italien – der *Staat* die entscheidende Rolle für diese Erhöhung der Volkssprache spielt.

Mit dem Schritt des Königs, den *langage maternel français* zur offiziellen Sprache seines Reiches zu machen, ist nicht nur die Verdrängung des Lateinischen aus dem Bereich des Staates und der Politik entschieden, sondern auch die Auswahl einer bestimmten *geographischen* Varietät des Französischen als Staatssprache: *français* ist die Sprache des Zentrums, der Île de France, bzw. die Sprache von Paris.

Die Grammatiker und Wörterbuch-Schreiber beginnen nun die Kodifizierung, also die Festlegung einer Norm, und den weiteren Ausbau der Sprache für die vielfältigen Aufgaben einer Kultursprache. Aber auch diese Aufgabe übernimmt in Frankreich der Staat: 1635 gründet Kardinal Richelieu, der das Land tatsächlich regiert, die Académie française, die ein Wörterbuch und eine Grammatik produzieren soll. Die Akademie definiert dann auch den *sozialen* Ort der Staatssprache: Dieser ist, wie bald darauf der einflussreichste Sprachnormierer der Akademie, Vaugelas, in den «Remarques sur la langue française» (1647) sagt, die aristokratische Elite des Landes: *la Cour* – und ein bisschen auch *la Ville*, die Stadt Paris. Gutes Französisch, *der bon usage*, findet sich im Zentrum der politischen Macht, es ist pariserisch und aristokratisch, es ist nicht populär.

Dieses elitäre, höfische Französisch breitet sich in ganz Europa aus: Seit dem 17. Jahrhundert ist Frankreich das politisch und kulturell dominierende Land in Europa, die europäische Aristokratie nimmt französischen Lebensstil und auch die französische Sprache an. Vor allem in dem vom Dreißigjährigen Krieg verwüsteten Deutschland schließen sich die Eliten der siegreichen Kultur und Sprache an.[2] Am Ende des 18. Jahrhunderts kann Antoine de Rivarol dann in einer Preisschrift der (frankophonen) Berliner Akademie, im «Discours sur l'universalité de la langue française» (1784), in der Tat stolz die «Universalität der französischen Sprache», ihre weltweite Verbreitung, feiern. Das Französische ist vom Westfälischen Frieden bis zum Vertrag von Versailles die Sprache der Welt, *du monde*, im Doppelsinn des Wortes.

Aber in Frankreich selbst ist das Französische durchaus nicht «universell». Als die aufgeklärten französischen Intellektuellen in der Revolution ein demokratisches Regime errichten wollten, stellten sie rasch fest, dass das Volk, der *demos*, der neue Herrscher, nicht recht an seiner eigenen Herrschaft teilnehmen konnte. Es konnte nämlich nicht lesen und schreiben, und ein ziemlich großer Teil davon sprach überhaupt kein Französisch, also nicht einmal einen französischen Dialekt, sondern andere Sprachen: Der gesamte Süden sprach Okzitanisch, außerdem wurden auf dem Territorium der französischen Republik Deutsch, Italienisch, Katalanisch, Baskisch, Bretonisch und Flämisch gesprochen. Die Regionalsprachen waren damit als Feinde der Republik ausgemacht. Die eine und unteilbare Republik brauchte *eine* unteilbare Sprache: *La République, une et indivisible dans son territoire, dans son système politique, doit être une et indivisible dans son langage,* forderte der jakobinische Sprachpolitiker François-Urbain Domergue 1794.

Die Französische Revolution ist der historische Moment, in dem die Sprache zu einem wesentlichen Element im politischen Konzept einer souveränen Nation wird: Der Demos muss *eine* Sprache sprechen. Die republikanische Vorstellung von der Sprache als dem Bindemittel der Demokratie und ihres Staates ist eine französische Erfindung. Und sie ist gerade in Frankreich mit solcher Leidenschaft vorgetragen worden, weil es eine sprachliche Einheit nicht gab, als das Volk an die Macht kam. Die Inbesitznahme der Sprache durch das Volk ist – nach der königlich-aristokratischen Vereinnahmung der französischen Sprache – ein weiterer Grund für die starke Präsenz der Sprache in der politischen Vorstellung Frankreichs von sich selbst.

Die erste französische Republik kann die Idee eines sprachlich einheitlichen Staatsvolkes nur denken, aber nicht durch reale Maßnahmen der Volkserziehung verwirklichen. Das kann erst – dann allerdings mit durchschlagendem Erfolg – die Dritte Republik, hundert Jahre später: Jules Ferry, Erziehungsminister und Ministerpräsident Frankreichs, etabliert 1882 ein obligatorisches, kostenfreies und laizistisches Schulwesen, das (wie schon erwähnt) innerhalb von drei Generationen den Franzosen Französisch beibringt – und dabei die vermeintlichen Gegnerinnen der Republik, die Regionalsprachen, aus den Köpfen und Mündern vertreibt bzw. entscheidend schwächt. Diese kollektive Erfahrung eines späten nationalen Spracherwerbs macht das Französische den Franzosen bis heute kostbar.

Da die Regionalsprachen in der Mitte des 20. Jahrhunderts als innere Gegner der Sprache der Republik überwunden sind, stellen sie nun keine Gefahr mehr dar für die Einheit der Republik. Sie sind daher im Jahr 2008 nach vielem Hin und Her als nunmehr harmlose Zeugen regionaler Vielfalt, gleichsam als ehrwürdige Erbstücke (*patrimoine*), ebenfalls in die Verfassung aufgenommen worden (Art. 75-1).

Aber seit hundert Jahren greift eben ein anderer Gegner das Französische auf seinem weiteren Gebiet an: Das Englische vertreibt es seit dem Ende des Ersten Weltkriegs aus seiner Rolle als dominanter internationaler Sprache. Im 18. Jahrhundert ist Französisch die wichtigste Weltsprache. Obwohl das Englische in dieser Zeit seinen Aufstieg beginnt, ist auch im ganzen 19. Jahrhundert das Französische international noch vorherrschend. Außerdem ist es im riesigen Kolonialreich Frankreichs die offizielle Sprache. Aber im Ersten Weltkrieg tritt neben dem Britischen Empire das starke Amerika auf die Weltbühne. Die Versailler Verträge werden daher nicht mehr nur auf Französisch geschrieben, sondern auch auf Englisch. Dies ist ein schwerer Schlag für die Weltgeltung des Französischen – und natürlich eine schwere Kränkung der Nation, die an die *universalité de la langue française* glaubt. Doch der Aufstieg des Englischen zur Globalsprache ist unaufhaltsam. Das Französische hält für eine Weile noch eine gute zweite Stellung als internationale Sprache, es hat aber keine Chance gegen das Anglo-Globalesische.

Auch wenn Frankreich dagegen kaum etwas unternehmen kann, so reagiert es doch auf zwei unwillkommene Folgen der globalesischen Dominanz im Inneren: Erstens dringt das international triumphierende Englisch nämlich auch noch massiv ins Französische ein, und zweitens wird auch in Frankreich zunehmend auf bestimmten Gebieten Englisch gesprochen und geschrieben. Gegen diese beiden Gefahren setzt der französische Staat eine eindrucksvolle Verteidigungspolitik in Gang.[3] Hier ist nun Du Bellays Ausdruck «Verteidigung» berechtigt. Frankreich schafft zum einen einen aufwendigen Mechanismus zur Ersetzung englischer Wörter durch französische. Zwar hat Claude Hagège gezeigt, dass der englische Einfluss keine strukturelle Bedrohung des Französischen ist.[4] In den Ministerien werden aber trotzdem Vorschläge für die Ersetzung englischer Fachtermini erarbeitet, die dann eine Terminologie-Kommission und die Académie française absegnen müssen. Natürlich kann der Staat seine Bürger nicht zur Verwendung der neuen Wörter zwingen, doch die staatlichen Organe müssen sich an die Vorschläge halten. Dass wie in Deutschland ein Wissenschaftsminister eine Förderinitiative mit dem albernen Spruch «Brain up!» in die Welt setzt, ist in Frankreich undenkbar.

Das Gesetz über den Gebrauch der französischen Sprache von 1994 gebietet zum anderen, dass Produkte und Dienstleistungen auf Französisch angeboten werden, dass im öffentlichen Raum Französisch geschrieben wird, und es bestimmt ausdrücklich das Französische als Sprache des Schulwesens. Es dürfen natürlich auch in Frankreich wissenschaftliche Kongresse in englischer oder einer sonstigen Sprache abgehalten werden, nur muss auf Französisch darüber informiert werden, was auf der Tagung geschieht. Mit dem Festhalten an seiner Sprache im öffentlichen Raum und in den höheren Redefeldern versucht Frankreich auch, seine Beziehungen zu den ehemaligen Kolonien – und damit eine gewisse Weltgeltung – aufrechtzuerhalten. Die sogenannte *Francophonie* bewahrt politische, ökonomische und kulturelle Verbindungen, die sich ohne die gemeinsame Sprache vermutlich in der globalen englischsprachigen Welt auflösen würden.

Frankreich hat eine eigene Behörde zur Koordinierung und Regulierung dieser und anderer sprachpolitischer Maßnahmen eingerichtet: die DGLF, Délégation générale à la langue française, die sich vor ein paar Jahren um zwei zusätzliche Buchstaben erweitert hat: LF, «et aux langues de France». Die einst wütend bekämpften Regionalsprachen werden sanft in die Obhut des Staates genommen: DGLFLF.

Gerade die Deutschen finden die französische Sorge um die Sprache merkwürdig. Meine sprachhistorische Skizze wollte das Besondere andeuten, das diese Haltung erklärt: nämlich dass das Französische eine über die Jahrhunderte schwer erarbeitete und späte Errungenschaft des politischen Körpers Frankreich ist. Erst wählt der Staat für seine administrativen und juristischen Zwecke eine Sprache aus (*franceis*, Paris), dann kodifiziert er sie (*bon usage*, Aristokratie), dann breitet er sie mit großem Aufwand auf seinem Staatsgebiet – und in den Kolonien – aus. Gleichzeitig lernt die Welt diese Sprache. Frankreich ist historisch nicht wie Deutschland eine politisch zersplitterte Sprachgemeinschaft, die eine politische Einheit sucht, sondern umgekehrt eine sprachlich zersplitterte politische Größe, die sich eine sprachliche Einheit erarbeitet. Das Französische ist eine spät und schwer erworbene und daher auch prekäre Staatssprache, die man nicht so schnell aufgibt – und deswegen verteidigt. Bei den Deutschen wird dagegen nicht die – vergleichsweise – alte sprachliche Einheit verteidigt, sondern eher die spät und unvollkommen erreichte und prekäre staatliche Einheit.

Le génie/Jenni
de la langue française

Der Schmerz über den Verlust der Weltgeltung des Französischen ist auch deswegen so groß, weil die Größe der französischen Sprache klassischerweise mit einem Ideologem verbunden ist, das in Frankreich jeder kennt und das dort allgemein geteilt wird: mit dem sogenannten *génie de la langue française*, dem Geist der französischen Sprache. Dieses *génie* sei, so geht die Mär weiter, die besondere Klarheit des Französischen, die *clarté*.

Dass jede Sprache ein besonderes «Genie» hat, ist keine falsche Idee. Jede Sprache ist, wie Humboldt gesagt hat, eine besondere Weltansicht. Aber in Frankreich bemächtigte sich die Politik dieses Geistes der Sprache, und das ist immer schlecht. Er wurde damit ein aggressives Gespenst zur Rechtfertigung imperialer Ansprüche: Der Beichtvater von Ludwig XIV., der Père Bouhours, und der schon erwähnte Rivarol am Ende des 18. Jahrhunderts bescheinigten dem Französischen einen Geist, welcher seinen Anspruch auf universale Ausbreitung begründe. Dieser Anspruch wurde mit der *clarté* des Französischen gerechtfertigt, die ihrerseits auf einem besonderen grammatischen Zug beruhe: Die Wortstellung Subjekt – Verb – Objekt (*Jean mange la pomme*) sei deswegen so klar, weil sie der natürlichen Abfolge des menschlichen Denkens überhaupt entspreche.

Dies ist kompletter Unsinn. Dem Mythos des *génie de la langue française* hat Henri Meschonnic 1997 eine vernichtende Kritik gewidmet in seinem «Essai sur une clarté obscure». Das kleine Gespenst, das noch in den Köpfen herumgeistert, ist nichts als ein politisch motiviertes Ideologem zur Herrschaftsausübung. Und man sollte es endlich vergessen.[5]

Le génie/Jenni de la langue française 153

Beschäftigen muss uns aber, was ich – mit einem, ich hoffe, einigermaßen gelungenen *pun* – *le Jenni de la langue française* genannt habe. Dies betrifft eine tödliche Gefahr für das Französische. *La France c'est une langue*, hatte Sarkozy gerufen. Diese Einheit von Sprache und Land ist nämlich, wenn man dem Dichter Alexis Jenni glauben kann, gar nicht am stärksten von außen – durch den Ansturm des Englischen – gefährdet, sondern mehr noch von innen. Denn sie leidet an einer tödlichen Verschmutzung. *La France est l'usage du français*, «Frankreich ist der Gebrauch des Französischen», schreibt Alexis Jenni in «L'art français de la guerre» (2011: 241f.). Und er fährt fort:

> La langue est la nature où nous grandissons; elle est le sang que l'on transmet et qui nous nourrit. Nous baignons dans la langue. (Jenni 2011: 242)

> Die Sprache ist die Natur, in der wir großwerden, sie ist das Blut, das man überträgt und das uns nährt. Wir baden in der Sprache.

Jenni bestätigt also völlig, was Sarkozy in nationaler Emphase gesagt hat. Er überbietet ihn sogar noch, sofern er den Körper Frankreichs naturalisiert und die Sprache als dessen Blut in diesen Körper integriert. Aber dann fährt Jenni fort:

> [...] et quelqu'un a chié dedans. Nous n'osons plus ouvrir la bouche de peur d'avaler un de ces étrons de verbe.

Und deswegen:

> Nous nous taisons. Nous ne vivons plus. La langue est pur mouvement, comme le sang. Quand la langue s'immobilise, comme le sang, elle coagule. Elle devient petits caillots noirs qui se coincent dans la gorge. Etouffent. On se tait, on ne vit plus. On rêve d'utiliser l'anglais, qui ne nous concerne pas. (Jenni 2011: 242)

Man wagt es kaum, das zu übersetzen:

> [...] und jemand hat hineingeschissen. Wir trauen uns nicht mehr, den Mund aufzumachen, aus Angst, wir könnten diese Wortscheiße verschlucken. Wir halten den Mund. Wir leben nicht mehr weiter. Die Sprache ist reine Bewegung, wie das Blut. Wenn die Sprache erstarrt, wie das Blut, dann gerinnt sie. Sie wird zu kleinen schwarzen Kügelchen, die die Kehle versperren. Sie ersticken uns. Man hält den Mund, man lebt

nicht weiter. Man träumt davon, das Englische zu verwenden, das uns nichts angeht.

Was ist geschehen? Was hat diese Blutvergiftung erzeugt? Nun, für Jenni haben die kolonialen Kriege, die er in seinem Buch mit unglaublicher Intensität erzählt, das Blut des französischen Kollektivkörpers, die Sprache, verschmutzt, und zwar so sehr, dass niemand mehr diese Sprache sprechen mag, dass das Blut nicht mehr fließt und der Körper abstirbt: *On se tait, on ne vit plus.*

Dies ist eine unglaublich pessimistische, tiefdunkle Diagnose des Körpers Frankreich, dessen Blutkreislauf, dessen Sprache, nicht mehr funktioniert. Ob man dem Schriftsteller zustimmt oder nicht, wir Deutsche kennen diese Verschmutzung der Sprache nur zu gut: *quelqu'un a chié dedans,* jemand hat hineingeschissen. Dies war die Erfahrung der Deutschen, nachdem Hitler und das nationalsozialistische Deutschland ihre Sprache in Europa gebrüllt – und sie damit zutiefst verunreinigt hatten. Man möchte eine solche Sprache nicht mehr sprechen. Und auch den Ausweg kennen wir gut: «Man träumt davon, das Englische zu verwenden, das uns nichts angeht.» Diesen Ausweg haben die Deutschen schon längst gewählt.

Für Frankreich wäre diese Erfahrung neu. Ich weiß nicht, ob sie von den Franzosen in der verzweifelten Dramatik geteilt wird, wie sie der Dichter hier formuliert. Ich habe auch nicht den Eindruck, dass die europäischen Völker eine Verschmutzung des Französischen so wahrnehmen, wie Jenni das hier tut. Wir Deutsche haben dagegen diese Erfahrung wirklich gemacht. Unsere Sprache ist wirklich kontaminiert – für die Völker der Welt und für uns. Die Eliten unseres Landes sind aus der Sprache emigriert, um wieder teilnehmen zu können an der zivilisierten Welt.

Nicht nur aus praktischen Gründen, wegen der Globalisierung und Internationalisierung des Lebens, sondern auch wegen der nationalsozialistischen Sprachvergiftung und der postnationalsozialistischen «Sprach-Scham» ist diese Auswanderung so stark. Sie bedroht ganz entschieden die gesellschaftliche Einheit der Nation. Und sie hat weitere Folgen: Wir können zum Beispiel jetzt schon sagen, dass die hektische und geistlose Anglisierung der deutschen Universitäten die wissenschaftliche

Bildung der Nation massiv gefährdet. Wenn nun auch noch Frankreich aus seiner Sprache auszöge, dann fiele die Hoffnung auf ein vernünftiges europäisches Sprachenregime, für das ich in Kapitel 9 und 23 plädiere.

Denn natürlich müssen wir alle Globalesisch lernen – auch Frankreich kann vor dieser Notwendigkeit immer weniger die Augen verschließen. Der französische Nobelpreisträger für Wirtschaft des Jahres 2014, Jean Tirole, hat nach französischen Anfängen seine bedeutenden Werke selbstverständlich auf Englisch geschrieben, er hätte nie den Nobelpreis bekommen, wenn er «The Theory of Industrial Organization» auf Französisch verfasst hätte. Trotzdem müssen wir unsere europäischen Sprachen bewahren und pflegen (auch in den Wissenschaften), denn natürlich sind sie das Blut und das Leben: «Wir baden in der Sprache.» Der andere französische Nobelpreisträger des Jahres 2014, Patrick Modiano, hätte nie den Nobelpreis bekommen, wenn er nicht auf Französisch geschrieben hätte, wenn er nicht in seiner Sprache gebadet hätte. Nur indem er in seiner Sprache schreibt, kann er jene künstlerische Höhe erlangen, die zur höchsten literarischen Auszeichnung führte. Wir müssen also unsere Sprachen verteidigen – *défense* –, um in ihnen das Höchste vollenden zu können. Und dieses Höchste lässt umgekehrt die Sprache in hellstem Glanz erstrahlen – *illustration de la langue française*.

Schließlich war es – ganz unabhängig vom literarischen Glanz – einfach die französische Sprache, *la langue*, ihre Struktur und vor allem ihr Klang, das «Unerklärlichste und Individuellste» (Humboldt, GS VII: 59), eben das Französische an der französischen Sprache, woran ein deutscher Junge vor vielen Jahrzehnten diese Sprache als seine *langue fraternelle* erkannt hat. Das *je ne sais quoi* des Französischen, dieses Besondere, das sich nicht definieren lässt und das mit ästhetischen Freuden, mit körperlichem Vergnügen zu tun hat, das hat ihn in eine Welt von Texten und Menschen geführt, deren Blut diese Sprache war und ist. Die Sprache des brüderlichen Freundes bleibt eine Quelle des Entzückens, wie die folgende Beobachtung aus Paris zeigt.

21

Madeleine? – Madeleine.

Paris ist einfach schön. Man braucht in Paris eigentlich keine großen Veranstaltungen oder Ausstellungen (auch wenn man derentwegen hinfährt). Einfach in der Stadt herumlaufen ist ein solches Erlebnis, dass es für einen Besuch völlig genügt. Es müssen auch gar nicht die ganz großen städtischen Szenerien sein, sagen wir mal, von der Assemblée Nationale die Seine aufwärts bis Notre-Dame oder in die andere Richtung die Rue de Rivoli westwärts, am Palais Royal vorbei durch die Rue du Faubourg St. Honoré bis zur Place Vendôme und so weiter und so weiter. Nein, man geht irgendwo herum, es ist immer lebendig und schön. Natürlich ist die morgendliche Joggingrunde im Jardin du Luxembourg einfach nicht zu überbieten. Aber nun habe ich in Paris etwas Schönes entdeckt, das, glaube ich, noch kein Paris-Enthusiast beschrieben hat. Es ist nichts visuell Schönes, sondern etwas Sprachlich-Klangliches. Ein Sprachwunder in Bus und Bahn: nämlich die Ansage der Haltestellen.

Ich fahre auch zu Hause viel mit öffentlichen Verkehrsmitteln. Ansagen und Anzeigen der Haltestellen erregen keine besondere Aufmerksamkeit, wenn man täglich in der eigenen Stadt unterwegs ist. Seit einiger Zeit wird man auch in Berlin durch die schriftlichen Anzeigen und die standardisierten sprachlichen Ansagen gut und klar über das Fahrziel und die nächste Haltestelle informiert. Früher gab es nichts zu lesen, und der Busfahrer bellte oder murmelte etwas in sein Mikrophon, von dem man nur (Brüllbrüll-)Straße oder (Murmelmurmel-)Platz verstand. An welchem Platz oder an welcher Straße man im einzelnen so ankommen würde, kümmerte den gestressten Ansager wenig. Das ist viel besser geworden, seitdem es der Computer regelt. Es gibt etwa dreißig Sekunden vor der Haltestelle einen Gongton, gefolgt vom Namen der Haltestelle. In der U-Bahn ertönt nach der Ansage der kommenden Haltestelle noch ein (entbehrlicher) Hinweis auf Umsteigemöglichkeiten. Die S-Bahn stellt der Haltestellen-Ansage die überflüssige Information voraus: «Nächste Station». Was sonst? Die schmerzhafte Informationsüberflutung der Bundesbahn ist bekannt und schon oft Gegenstand der öffentlichen Kritik gewesen (ohne dass sich etwas geändert hätte).

In Paris fahre ich natürlich noch mehr Bus, Metro und RER als zu Hause. Und in der fremden Stadt ist man auf Anzeigen und Ansagen viel mehr angewiesen und daher dankbar für Deutlichkeit und Klarheit. Dort aber ereignet sich nun das Sprachwunder: In den Pariser öffentlichen Verkehrsmitteln werden die Haltestellen auf die kommunikativ ökonomischste und auf die schönste Weise angekündigt, die man sich nur vorstellen kann: Saint Sulpice? – Pause – Saint Sulpice. Oder, auf derselben Linie: Madeleine? – Pause – Madeleine. Das ist so genial, dass man nur einmal wieder bewundernd vor dem Genie der französischen Sprachkunst steht. Schon immer sind mir die ökonomischen Ansagen und Inschriften im öffentlichen Verkehrswesen von Paris aufgefallen: Die Haltestelle heißt einfach Raspail oder Concorde. Die völlig überflüssigen Hinweise darauf, dass es sich im ersten Fall um einen Boulevard und im zweiten Fall um einen Platz handelt, entfallen. Nur ganz selten – etwa bei der Rue du Bac – wird einmal die besondere Art der urbanen Örtlichkeit angezeigt.

Nun also: Etwa zwanzig Sekunden vor der Ankunft an der Haltestelle sagt eine – sehr angenehme – weibliche Stimme den Namen der Haltestelle an: Madeleine? Wenn der Zug oder der Bus die Haltestelle erreicht, wird der Name wiederholt: Madeleine. Schon diese Doppelung der Ansage ist ausgesprochen fahrgastfreundlich. Das Timing der beiden Namensnennungen ist perfekt. Man hat gerade genug Zeit, sich zum Aussteigen vorzubereiten. Und beim Halten des Fahrzeugs wird noch einmal gesagt, wo man angekommen ist. Das schafft einfach Sicherheit darüber, dass dies nun auch wirklich die richtige Haltestelle ist. Das eigentlich Geniale aber ist, dass der Stationsname nicht einfach zweimal gesagt wird, sondern dass dies mit je verschiedener Intonation geschieht. Beim ersten Mal mit steigender Intonation: Madeleine?, das zweite Mal mit fallender Intonation: Madeleine. Die steigende Intonation, die ich hier mit einem Fragezeichen andeute, weil wir sie in Entscheidungsfragen häufig verwenden, bedeutet Unabgeschlossenheit, Noch-nicht-fertig-Sein, es geht weiter. Die fallende Intonation, die hier mit einem Punkt wiedergegeben ist, bedeutet: Abgeschlossenheit, Fertig-Sein, Angekommen-Sein. Achten Sie einmal bei Gesprächen darauf: Jemand, der noch nicht zuende gesprochen hat, hält die Stimme oben, er senkt sie erst, wenn er fertig ist.

Dieses subtile sprachliche Informationsmittel wird nun in höchster musikalisch-phonetischer Feinheit systematisch in Pariser Bussen und Bahnen eingesetzt. Madeleine steigend: Wir sind noch nicht angekommen. Madeleine fallend: Wir sind da. Und das durch all die Pariser Namen, die ja schon ohne besondere Intonation einfach schön klingen und die von einer schönen Frauenstimme gesprochen noch schöner werden. Nehmen wir den Bus 84 von Madeleine bis Saint Sulpice: Concorde, Assemblée Nationale, Lille-Université, Solférino-Bellechasse (ist das nicht einfach ein wunderbarer Stationsname? Solférino-Bellechasse, die Namen einer Schlacht und eines Frauenklosters), Varenne-Raspail, Sèvres-Babylone (Porzellan und antiker Sündenpfuhl), Michel Debré, Saint Sulpice (hier wohnte irgendwo Umberto Eco). Und nun wird alles durch steigende und fallende Intonation verdoppelt und musikalisch gestaltet. Das ist Poesie, und es ist die notwendige Information in optimaler Form.

Subtiler und effizienter und schöner kann man die Information nicht geben: Madeleine? (steigend): Du hast jetzt noch zwanzig Sekunden, wenn du aussteigen willst. Madeleine. (fallend): Wir sind da, du kannst aussteigen. Mehr Information braucht man nicht, es ist alles da. In dieser Doppelstruktur ist die Information kommunikativ optimal verpackt, und sie ist auch noch hinreißend schön, wie eben schön ist, was perfekt einfach und einfach perfekt ist – gleich einer Plastik von Brancusi.

Geschwister: Die Sprachen Europas

22

Der Kirchenpelz im Museum

Der Kern der Sammlungen, die das Museum Europäischer Kulturen in Berlin beherbergt, ist der «Schrank Europa». Das war ein bei der Transformation der königlichen Kunstkammer in ein Museum 1856 eingerichteter Schrank, in dem sich ein paar Objekte aus randständigen europäischen Völkern befanden. Die beiden kostbarsten Stücke waren zwei Schamanentrommeln aus dem hohen Norden, aus dem Land der Samen. Die Samen waren wohl das Exotischste, was man in Europa finden konnte. Man nennt sie bei uns immer noch «Lappen» und das Land «Lappland», mit einem für das Volk der Samen beleidigenden Ausdruck.[1] Das Wort «Lappe» schließt dieses Volk als ein wildes, unzivilisiertes aus Europa aus. Der «Schrank Europa» enthielt also das gleichsam Außereuropäische oder Wilde von Europa oder zumindest das Marginale und das Übriggebliebene, das, was die europäische Moderne hinter sich gelassen hatte. Wer braucht schon noch Schamanentrommeln im modernen Europa? Der «Schrank Europa» ist nicht das, woraus Europa seine aktuelle Identität schöpfen würde. Er verweist auf eine ältere Schicht der europäischen Kultur – und auf eine merkwürdig fremde.

Das Museum Europäischer Kulturen war, bevor die anderen Dahlemer Museen ihre Tore für den Umzug ins neue Humboldt-Forum schlossen, unmittelbar der Ausstellung der Kultur der nordamerikanischen Völker benachbart, die wir «Indianer» nennen (was ebenso falsch ist wie der Name «Lappen»). Im Gegensatz zu dem, was wir im Museum Europäischer Kulturen sehen, sind uns die Gegenstände der fernen Indianer aber ziemlich vertraut. Wir haben sie hundertfach in Filmen gesehen, sie gehören fest zu unserem kulturellen Besitz und Wissen. Von den Samen dagegen, von den Siebenbürger Sachsen, den Roma in Rumänien und anderen europäischen Kulturen wissen wir eher wenig. Die Exponate aus den europäischen Kulturen sind oft sehr fremde Gegenstände. Dabei sind uns diese Gegenstände nicht nur räumlich nah, sie sind auch in der Zeit nicht weit von uns entfernt, denn sie sind meistens gar nicht sehr alt. Die samischen Schamanentrommeln stammen aus dem 19. Jahrhundert. Die glasperlenbesetzten Gegenstände, die Werkzeuge von Kesselflickern, der Kitsch zur Erinnerung an Lady Di, die Trachten aus Estland, das alles sind Sachen, die gestern noch in Gebrauch waren. Dennoch sind sie fremd, diese europäischen Kulturgegenstände. Sie sind fremder als die Indianersachen, weil sie das Abgelegte sind, dessen wir uns entledigt haben, während wir uns die Indianersachen gerade angeeignet haben (und nun ins Zentrum unserer Hauptstadt befördern).²

Einer der abgelegten Gegenstände aus dem Museum hat mich besonders berührt: der hier abgebildete Kirchenpelz aus Siebenbürgen, eine schön bestickte Pelzjacke für den sonntäglichen Kirchgang. Er ist ausgestellt in einem Raum, dessen Thema «Identität» ist. Der Kirchenpelz evoziert damit bei mir Überlegungen zur Sprache, denn für einen Sprachwissenschaftler macht sich die Identität einer Menschengruppe zuvörderst an der Sprache fest. Humboldt bindet an die Sprache den Begriff der Nation: «Eine Nation [...] ist eine durch eine bestimmte Sprache charakterisirte geistige Form der Menschheit» (GS VI: 125). Und daher umgekehrt: «Die Sprache ist gleichsam die äusserliche Erscheinung des Geistes der Völker; ihre Sprache ist ihr Geist und ihr Geist ihre Sprache» (GS VII: 42). Humboldt spricht nicht von «Identität», der Ausdruck ist im Diskurs um 1800 in der heutigen Bedeutung nicht üblich. Humboldts Wort ist «Eigentümlichkeit». Nichts ist so «eigentümlich» wie jene «geistige Form der Menschheit», die jeder in sich trägt, die Sprache.

Die erste linguistische Beobachtung zu jenen Pelzjacken, die ein ganz besonderes Kennzeichen der Identität oder der «Eigentümlichkeit» der Siebenbürger Sachsen sein sollen, betrifft das ins Auge springende Faktum, dass sie von Trachten der Ungarn inspiriert sind, mit denen die Deutschen in Siebenbürgen zusammenlebten. Sie sind ein Produkt von Mischungen und Einflüssen; im postkolonialen Diskurs spricht man von *métissage*. Dass das, woran unsere Identität hängt, nicht etwas ethnisch Reines und nur uns Gehöriges ist, sondern oft etwas Gemischtes, Übernommenes, aus der Fremde Kommendes, das zeigt diese Jacke höchst augenfällig. Und auch Sprachen sind solche *métissages*. «Straßenköter» habe ich sie in Kapitel 10 genannt. Sprachen stehen in ständigem Kontakt und Austausch mit anderen. Das Französische ist gesprochenes Latein in Kelten- und Germanenmund. Das Hochdeutsche ist ein zutiefst latinisiertes Germanisch, das außerdem Griechisches, Französisches und Englisches in sich integriert. Das Englische ist sowieso ein germanisch-romanisches Misch-Idiom. Alle europäischen Sprachen schöpfen kontinuierlich aus dem lateinischen und griechischen Fonds. Die identitäre[3] Bindung an Sprachen ist unabhängig von deren wie auch immer definierter Reinheit. Wie beim Kirchenpelz.

Der Kirchenpelz ist des weiteren ein Gegenstand aus einer Kultur, die sich vor unseren Augen aufgelöst hat. Beim Auszug aus Siebenbürgen haben manche Siebenbürger ihre Pelzjacken mitgenommen in die neue Heimat, das heißt nach Deutschland, aus dem sie vor Jahrhunderten ausgewandert waren. Dort fanden sie aber keinen Ort und keine gesellschaftliche Praxis mehr, bei der die schönen Jacken getragen werden konnten. Daher kam das Ding in den Schrank und schließlich in den «Schrank Europa». Dort, also im Museum, ist es jetzt zu bewundern. An diesem Ort wird das von der modernen Kultur Europas zurückgelassene Stück als Zeugnis einer vergangenen, untergegangenen Kultur ausgestellt und vor dem Vergessen bewahrt. Das ist die Funktion des «Schranks Europa».

Aber es gab noch eine andere Option für den Kirchenpelz: Diejenigen, die genau wussten, was ihnen blühte, als sie die Heimat verließen, taten etwas anderes: Sie begruben den Mantel. Ihnen war klar, dass mit ihrem Auszug aus Siebenbürgen ihre Kultur mausetot sein würde, und sie haben die Pelzjacke wie einen geliebten verstorbenen Verwandten ins Grab gelegt. Sie ließen ihre Kultur radikal hinter sich. Sie wollten keinen Platz im «Schrank Europa», sie wollten ihre Identität nicht im Museum Europäischer Kultur aufheben. Die Radikalität dieser Geste ist erschütternd. Sie ist bitter und ungeheuer lebendig zugleich. Der Gestus zeigt eine brutale, schmerzhafte Ablösung von dem, was bisher war, und bekundet doch auch einen Willen zum Leben. Er befreit sich sozusagen nietzscheanisch von der Geschichte, um zu leben. Psychoanalytiker würden allerdings bezweifeln, dass das möglich ist.

Dieses Schicksal der Siebenbürger Jacke gemahnt gleich in mehrfacher Hinsicht an die Sprache. Zwar kann die Jacke im Museum Europäischer Kulturen aufbewahrt werden, kaum aber die Sprache dessen, der die Jacke trug. Dabei ist doch die Sprache das «eigentümliche» Herz jeder Kultur. Sie ist der wichtigste Teil jeder Kultur, ihr lebender Atem, ihr lebendiger Geist, um einen altmodischen Ausdruck zu bemühen. Erneut Humboldt: Die Sprache «ist der Odem, die Seele der Nation selbst» (GS III: 166).[4] Man kann Sprache nur schwer ausstellen, eben weil man einen lebenden Atem nur schwer ausstellen kann. Ich meine mit «Sprache» nicht Schriften und Dokumente, die man natürlich im Museum präsentieren kann. Nein, ich meine lebendige gesprochene Sprache. Man müsste lebendige Menschen ausstellen, denn selbst Tonträger geben nur den lautlichen Teil der Sprache wieder, ihre äußere Erscheinungsform.

Das hat 2018 eine eindrucksvolle Ausstellung des Humboldt-Forums, «[laut] Die Welt hören», auf geradezu herzzerreißend tragische Weise gezeigt.[5] Der Laut der Sprache ist zwar, wie Humboldt schreibt, das «Unerklärlichste und Individuellste», so dass wir im «heimischen Laut einen Theil unseres Selbst vernehmen» (GS VII: 60).[6] Sprache ist aber, wie wir ebenfalls bei Humboldt gelesen haben, gerade auch eine «*geistige* Form der Menschheit». Und deren Ort ist tatsächlich das lebendige Gespräch zwischen Menschen. Sprache ist also das Abwesende (nicht nur) des Museums Europäischer Kulturen. Gegenstände wie der Kirchenpelz verweisen dramatisch auf diese Leerstelle.

Deswegen fragt man sich auch sofort, was denn geschehen ist mit der Sprache dessen, der die Pelzjacke trug. Wo ist er geblieben, der deutsche Dialekt der Siebenbürger, der eine Form des Moselfränkischen war?[7] Sicher trugen und tragen die remigrierten Siebenbürger ihre Sprache erst einmal noch mit sich. Aber es müsste jemand mit ihnen in ihrer Sprache sprechen, damit sie erhalten bleibt. Wahrscheinlich wird die Sprache in den Familien noch eine Weile gesprochen. Auch dort hält sie sich jedoch nur schwer, wenn die Umwelt eine andere Sprache spricht: Ein Siebenbürger Kind im heutigen Schwaben wird mit den Kindern in der Schule sicherlich nicht den Dialekt der Eltern reden, sondern eben Schwäbisch, vielleicht auch Hochdeutsch. Außerhalb der Familie bleibt die Sprache vielleicht noch als Akzent erhalten – der Akzent ist ja, wie wir gesehen haben, die Spur der zurückgelassenen Sprache in der neuen. Trauriger gesagt: Der Akzent ist der Grabstein der alten in der neuen Sprache. Wie für den Kirchenpelz gibt es auch für die alte Sprache keine Verwendung mehr. Sie verschwindet in der Intimität der Familie, und sie wird begraben in der neuen Sprache. Es gibt nicht einmal ein Museum, einen «Schrank Europa», in dem die alte Sprache aufbewahrt wird.

Dies ist nun keine seltene oder irgendwie exotische Erfahrung: Viele von uns haben diese Erfahrung des Sprachwechsels im Rahmen der aktuellen Modernisierung der Lebensverhältnisse gemacht: So ist zum Beispiel, wie ich schon erzählt habe, meine Muttersprache Hessisch, Deutsch habe ich auf der Schule gelernt. Dann habe ich eine Hamburgerin geheiratet, mit der ich in Berlin lebe, also haben wir Deutsch miteinander gesprochen, das nun die Muttersprache unserer Kinder ist. Das Hessische kann ich zwar noch, aber ich spreche es so gut wie nie mehr. Als Akzent ist es noch in meinem Hochdeutsch vernehmbar, als Spur der Vergangenheit. Bei meinen Kindern ist auch diese Spur getilgt. Und deren Kinder – so geht die Geschichte wahrscheinlich weiter – werden, wenn die Modernisierung auf dem eingeschlagenen Pfad voranschreitet, ab dem Kindergarten und der Schule Englisch sprechen. Mit einem deutschen Akzent als Grabmal des Deutschen.

Die alte Sprache verklingt einfach. Allerdings – und nun kommt die Psychoanalyse zu ihrem Recht – geistert sie oft noch als Gespenst in den Köpfen und Seelen der Sprecher herum. Sie wird in die Nacht verbannt, in Lieder und trunkene Gesänge. In der Bretagne zum Beispiel wird tagsüber französisch gesprochen; die Bretonen, die noch vor hundert Jahren bretonisch sprachen, sind heute weitgehend französiert. Aber – ich habe das ein paarmal erlebt – nachts, wenn alle betrunken sind, kommen aus dem tiefen Schacht der Seele und des Gedächtnisses die verdrängten Lieder hervor, da wird die alte Sprache gesungen – und geweint. So wird es auch dem Deutschen gehen: Wenn die *global players* von morgen dann betrunken sind und sentimental, singen sie «Stille Nacht» auf Deutsch. Derzeit ist das Lied ja schon weitgehend nur noch als «Silent night» zu hören.

Aber sollen wir denn die verklungenen und verklingenden Sprachen überhaupt aufheben, wie die alten Kirchenpelze, diese schönen, traurigen Spuren einer untergegangenen Kultur? Das wäre schon eine Option, um sie vor dem völligen Vergessen zu bewahren. Sprachen sind so wichtige und schöne Kreationen des menschlichen Geistes, dass sie es wert sind, aufbewahrt zu werden. Es war daher ein guter Plan, im Humboldt-Forum in Berlin ein Museum der Sprachen der Welt einzurichten – auch als Pyramide für die verschwundenen Sprachen. Dieser großherzige und wahrhaft weltoffene Traum ist ausgeträumt. Die «Welt der Sprachen» ist im politischen Aktualisierungswahn des museumsplanenden Regierenden Bürgermeisters untergegangen. Statt der Sprachen der Welt gibt es nun – schön provinziell – Berlin.

Aber besser ist es natürlich, wir brauchen gar kein Museum. Besser ist es, es gibt die Sprachen in der Welt, nicht im «Schrank Europa». Besser ist es, die vielen verschiedenen Sprachen werden gesprochen. Der Glossodiversität Europas sind daher die nächsten Kapitel dieses Buches gewidmet.

23

Glossodiversität

Wenn man bei Google das Wort «Glossodiversität» eingibt, findet man als erstes einen Verweis auf einen Aufsatz von mir aus dem Jahre 2001 und als zweites einen Hinweis auf ein Rundfunkgespräch von 2014. Ich habe – zu meiner eigenen Überraschung – den Ausdruck offensichtlich erfunden. Und zwar noch vor dem englischsprachigen Autor, der erst 2002 *glossodiversity* in die Welt gesetzt hat, dem berühmten englisch-australischen Linguisten Michael Halliday. Ich möchte den Ausdruck zu einer begrifflichen Unterscheidung nutzen, die das Wort «Mehrsprachigkeit» verdeckt: «Glossodiversität» soll die *gesellschaftliche* Mehrsprachigkeit bezeichnen, also die Existenz mehrerer Sprachen auf einem Territorium, «Mehrsprachigkeit» dagegen die *individuelle* Mehrsprachigkeit, also den Besitz mehrerer Sprachen seitens eines Sprechers. Natürlich hatte ich 2001 auch an die Parallele oder die willkommene Inspirationsquelle der Biodiversität gedacht. Unter Hinweis auf diese plädierte ich für Glossodiversität: «Wie Biodiversität für die Natur so ist Glossodiversität für den menschlichen Geist von höchster Bedeutung» (Trabant 2001: 50). Das klingt naiv ökolinguistisch oder idealistisch. Der Satz war aber auch schon damals argumentativ einigermaßen gründlich abgesichert.

Inzwischen ist vehement gegen Glossodiversität oder, wie es an den wichtigen, also englischsprachigen, Stellen heißt, gegen *linguistic diversity* polemisiert und geradezu geätzt worden.[8] Leider ist nicht gegen mich geätzt worden, und zwar deswegen, weil ich meinen Aufsatz 2001 auf Deutsch geschrieben habe. Die Linguistik in ihrer total reduzierten Sprachenvielfalt, das heißt in ihrer englischen Einsprachigkeit, nimmt nämlich Wissen, das in anderen Sprachen als dem Englischen generiert wird, nicht mehr wahr.

Damit ist interessanterweise meine Erfindung von 2001 ein gutes Beispiel für das, was geschieht, wenn Glossodiversität reduziert wird: Alles Wissen, welches in anderen Sprachen formuliert wird, ist für die Katz. Vorsichtig formuliert würde ich sagen: Die Menschheit wird dümmer durch die dramatische Zerstörung von Glossodiversität. Sie kommt sich dabei natürlich unendlich schlau vor.

«Diversität» ist ein aus der Biologie und der Unesco importiertes Wort, das aus dem Englischen ins Deutsche gekommen ist und auch dort letzthin Karriere gemacht hat. In der progressiven Pädagogik werden Diversität und Inklusion gefeiert. Bischöfe und Historiker melden sich derzeit in der Tagespresse zum Thema Diversität. Es ist ein neues Wort im Deutschen, und es ist positiv konnotiert. Das galt für die bezeichnete Sache durchaus nicht immer, jedenfalls nicht im Fall der Sprachen. Die Diversität der Sprachen hieß früher «Vielfalt». Die Vielfalt der Sprachen aber wird erst seit Leibniz gepriesen, als *merveilleuse variété des opérations de notre esprit*. Und erst Humboldt hat dieses Lob der Verschiedenheit oder Mannigfaltigkeit systematisch in seinem Projekt des vergleichenden Sprachstudiums entfaltet. Wahrscheinlich hat Lorenzo Hervás als erster die positiv gemeinte «Diversität» in einem Buchtitel verwendet: «Catalogo delle lingue conosciute e notizia della loro affinità, e diversità» (1785). Humboldts Hauptwerk führt dann die Diversität im deutschen Wort «Verschiedenheit» im Titel: «Über die Verschiedenheit des menschlichen Sprachbaus» (1836). Dass Glossodiversität etwas Schönes ist, ist als Folge der Leibniz-Humboldtschen Sprachauffassung nur langsam ins allgemeine Bewusstsein gelangt. Aber davor und auch heute noch ist sie – jedenfalls in unserer Kultur – ein Horror: Babel.

Das Lob der Glossodiversität unter Verweis auf die Biodiversität ist ein neues Motiv in der Wertschätzung der Sprachenvielfalt. Es tritt im wesentlichen im Kontext der Diskussion um das Sprachensterben auf, wird also vor allem von Linguisten betrieben, die sich mit außereuropäischen Sprachen beschäftigen.[9] Diese Leute plädieren – natürlich auf Englisch – für eine Bewahrung von Glossodiversität, und ihr Argument geht verkürzt folgendermaßen: Glossodiversität ist dort am größten, wo auch Biodiversität ausgeprägt ist. Glossodiversität hängt also mit Biodiversität zusammen, und sie ist wie diese zu retten. David Harmon, ein Ökoaktivist (Terralingua), ist für dieses Argument der klassische Autor. Die Studie «Biocultural Diversity: threatened species, endangered languages» (Loh/Harmon 2014) wurde finanziert vom WWF (World Wildlife Fund). Die Glossodiversität und ihre Gefährdung werden darin eindringlich durch die folgende berühmte Weltkarte dokumentiert:

Das dunkle Grün auf der originalen Karte, das eine hohe Pflanzendiversität anzeigt, koinzidiert mit der Dichte der schwarzen Punkte, die für die Sprachen stehen. Hohe Glosso- und Biodiversität findet man in Mittel- und Südamerika, im tropischen Afrika, in Süd- und Südostasien, Indonesien etc.[10] Papua-Neuguinea ist das klassische Land der Glossodiversität: Dort gibt es die meisten Sprachen, und die Biodiversität ist hoch. Es scheint also ein unmittelbarer Zusammenhang zwischen beidem zu bestehen.

Hier ist aber einige Vorsicht angebracht. Die parallele Präsenz von Bio- und Glossodiversität ist gewiss denselben Gegebenheiten geschuldet, es besteht aber kein kausaler Zusammenhang *zwischen* den beiden. In Gebieten, in denen die moderne Zivilisation noch nicht angekommen ist, in Urwäldern und unzugänglichen Bergregionen, gibt es wenige Menschen und traditionelle Wirtschaftsformen, die die Biodiversität bewahren. Dort leben auch kleine Völkerschaften, die keine großen Kommunikationsräume brauchen und daher ihre Sprachen bewahren. Es ist leicht verständlich, dass, sobald sich eine moderne agrarische Wirtschaft und moderne politische Zusammenhänge etablieren, Biodiversität und Glossodiversität zurückgehen. Es wird dann einerseits zum Beispiel nur noch Mais angebaut, es werden nur noch Rinder gezüchtet. Und es wird andererseits eine Sprache mit großer kommunikativer Reichweite benötigt. Dass die durch die modernen Wirtschaftsformen bedingte Reduktion der biologischen Vielfalt gefährlich ist für die Natur – und damit auch für die Menschen –, ist allen klar. Das von moderner Agrikultur ausgelöste Insekten- und Vogelsterben zum Beispiel hat unmittelbare Konsequenzen für die Menschen. Dass aber das mit modernen ökonomischen und politischen Strukturen einhergehende Sterben von Sprachen gefährliche Konsequenzen für die Menschen hat, ist weniger evident. Niemand stirbt daran, wenn er seine Sprache aufgibt. Das Gegenteil scheint sogar eher der Fall zu sein: Ist die erleichterte und vergrößerte Kommunikation mit vielen Menschen nicht ein Segen? Wo wären die Nachteile? Nun, die Nachteile der schwindenden Glossodiversität sind durchaus anderer Art als die Gefahren für das Leben. Es sind, wie ich schon 2001 sagte, Gefährdungen des menschlichen Geistes (der aber auch zum Leben gehört).

Glossodiversität ist, wie gesagt, durchaus nicht immer positiv gesehen worden. Die Organisatoren großer wirtschaftlicher und politischer Räume sind immer Feinde der sprachlichen Vielfalt gewesen. Verschiedene Sprachen sind einfach Hindernisse der dafür notwendigen Kommunikation. Weg damit, dann verstehen wir uns alle! Einer der Grundmythen unserer Kultur, der Babel-Mythos, polemisiert gegen Glossodiversität – sie ist eine Strafe Gottes – und artikuliert die Sehnsucht nach der einen gemeinsamen Sprache. Diese Sehnsucht steckt tief im kollektiven europäischen Unbewussten. Glossodiversität wird daher bis in die Moderne hinein als etwas Schlechtes, Wildes betrachtet. Zwei berühmte Feinde der sprachlichen Vielfalt möchte ich hier erwähnen: Dante und die Französische Revolution.

1304 klagt Dante in «De vulgari eloquentia» über die schreckliche Glossodiversität der Welt und Italiens seit dem Turmbau zu Babel. Er beschreibt eine zweifache Katastrophe: In der Folge des Fluchs von Babel gibt es nämlich erstens tausend verschiedene *idiomata* im Raum Italiens, und diese verändern sich zweitens auch noch rasend in der Zeit. Dante nennt dies den italienischen Wald: *silva ytalia*. Der böse Fluch heißt *variatio*. Das ist nicht nur eine religiöse Klage über Babel, es ist vor allem die Klage des Dichters, der eine unwandelbare und einheitliche Sprache braucht, damit sein Dichten Ewigkeit und räumliche Ausdehnung bekommt und nicht im Wald der italienischen Dialekte verhallt.[11] Dante formuliert hier nicht nur *seinen* größenwahnsinnigen Wunsch nach Äternität und Universalität, sondern letzlich die Sehnsucht von uns allen, global wahrgenommen und gelesen zu werden – und das möglichst für immer.

Die zweite sprachenfeindliche Aktivität, die immer noch nachwirkt, ist die Sprachpolitik der Französischen Revolution. Die Revolutionäre bemerken, dass die sprachliche Vielfalt Frankreichs das revolutionäre Projekt einer neuen aufgeklärten gesellschaftlichen Ordnung behindert. Sie brauchen ein einheitliches Kommunikationsmittel für die aufgeklärte Republik: Weg mit den vielen Sprachen Frankreichs, her mit der Einen Sprache der Freiheit, der Lumières, der Republik. 1794 hält der Abbé Grégoire seinen terroristischen «Rapport sur la nécessité et les moyens d'anéantir les patois», den «Bericht über die Notwendigkeit und die Mittel zur Vernichtung der Dialekte», vor dem Konvent. Die Dritte Republik setzt das Projekt der Vernichtung der Sprachen Frankreichs einigermaßen robust durch.[12]

Die dritte weltgeschichtliche Epoche aber, die vehement gegen Glossodiversität vorgeht, ist die unsere, die Epoche der Globalisierung. Sie unterscheidet sich allerdings insofern vom Mittelalter oder der Französischen Revolution, als sie gleichzeitig auch eine Zeit der positiven Einschätzung von Glossodiversität ist. Man leistet Widerstand.

Die Propagatoren großer kommunikativer Räume – heute sind dies im wesentlichen Sozialwissenschaftler (Jürgen Gerhards, Philipp van Parijs), die als Theoretiker und Organisatoren von Gesellschaft mit den revolutionären Sozialingenieuren der Vergangenheit übereinstimmen – argumentieren gegen die Glossodiversität mit folgenden, immer noch ziemlich jakobinischen Gründen:
– Die Vorteile (vor allem ökonomischer Art) einer großräumigen Kommunikation sind evident.
– Glossodiversität ist dagegen Behinderung dieser Kommunikation.
– Die Argumente für die Bewahrung von Glossodiversität sind hinfällig. Sprachen dienen der Kommunikation und der sozialen Organisation und zu sonst nichts. Sie haben keinen anderen Wert, vor allem:
– Sprachen sind kulturell ohne Bedeutung.
– Sprachen sind kognitiv ohne Bedeutung.

Gerade die beiden letzteren Behauptungen werden von den Verteidigern der Glossodiversität zurückgewiesen. Auf die erste gehe ich gar nicht ein. Die Aussage, dass Sprache nichts mit Kultur zu tun habe, ist mir einfach unverständlich. Was soll denn «Kultur» ohne Sprache sein? Natürlich sind Sprachen kulturell relevant, ja vielleicht der zentrale Aspekt einer Kultur.

Zur Ablehnung der kognitiven Relevanz von Sprachen werden zwei Argumente angeführt: Das eine stammt aus der Linguistik selbst. Chomsky und seine Propheten, vor allem Pinker, betonen, dass Sprache dem Menschen biologisch angeboren sei. Sprachliche Verschiedenheiten sind in dieser Richtung der Sprachwissenschaft nur sekundäre Oberflächenphänomene, keine wichtigen kognitiven Differenzen. *It is wrong*, hat Pinker (1994: 57) gegen die Annahme kognitiver sprachlicher Differenzen etwa im Sinne von Whorf ausgerufen.

Die Sprachenfeinde negieren aber auch ohne Bezugnahme auf Chomsky die Auffassung, dass Sprachen ein kostbares Wissen enthalten, das bewahrt werden müsse. Sie können das deswegen tun, weil bei den

Verteidigern der Glossodiversität eine gewisse Unklarheit über sprachliches Wissen besteht. So wird von Ethnolinguisten immer betont, dass in bestimmten Sprachen ein Wissen aufgehoben sei zum Beispiel über Pflanzen oder Tiere, welches verlorengehe, wenn die Sprache untergehe.[13] Dies ist zwar richtig, aber es ist ungenau. Es trifft nicht den Kern des kognitiven Problems. Denn was da untergeht, ist eigentlich nicht *sprachliches* Wissen. Man muss genauer sagen, was solches Wissen ist. Dabei muss man auf die tiefere Auffassung von sprachlichem Wissen rekurrieren, die wir in Kapitel 6 kurz dargestellt haben: Mit Leibniz gesprochen sind Sprachen «klar-konfuses» Wissen. Und mit Humboldt müssen wir sagen, dass verschiedene Sprachen verschiedene lexikalische und grammatikalische semantische Strukturierungen der Welt sind, «Weltansichten». Alle Sprachen sind solche Weltansichten, alle Sprachen sind diese Art von Wissen. Dieses verschwindet mit dem Untergang von Sprachen. Und das macht die Menschheit als ganze kognitiv ärmer. Dass es solche verschiedenen Weltansichten überhaupt gibt, wird gerade von der universalistischen Linguistik geleugnet[14], die eine feste Verbündete der sozialwissenschaftlichen Sprachenfeinde ist.

Wenn ich eingangs sagte, dass mit dem Versinken von Sprachen die Menschheit dümmer wird, bezog ich mich allerdings nicht nur auf dieses spezifische sprachliche Wissen, welches die Sprachen selber sind, sondern auch auf jene Art von Wissen, von dem die Ethnolinguisten reden: also nicht allein auf die Sprachen als kognitive Techniken, sondern auch auf das in *Texten* in einer bestimmten Sprache aufgehobene Wissen. Das erwähnte Wissen über Pflanzen und Tiere ist Leibnizisch gesprochen nicht nur ein «klar-konfuses» Sprachwissen, sondern ein «distinktes» Wissen. Dieses ist in Texten und Reden in bestimmten Sprachen aufbewahrt, sozusagen in einem Textarchiv, das versinkt, wenn die Sprache verstummt. Hier wird dann zum Trost eingewandt, solches Wissen könne doch in die siegreiche Sprache übersetzt werden. Sicher, das ist tatsächlich so. Nur: Es geschieht nicht. Das Wissen der Etrusker ist versunken, die provenzalische Dichtung ist verstummt, das Wissen der verschwundenen amerikanischen oder australischen Nationen ist nicht übersetzt worden, oral Tradiertes verschwindet ohnehin. Mein kleiner Aufsatz über «Glossodiversität» von 2001, auf Deutsch geschrieben, ist im anglophonen Grab meiner Disziplin versunken.

24

Europäische Glossodiversität – europäische Mehrsprachigkeit

Mit der letzten Bemerkung wollte ich andeuten, dass nicht nur die Glossodiversität Papua-Neuguineas bedroht ist, sondern angesichts eines globalen Jakobinismus auch die Glossodiversität Europas. Die Gefahr ist natürlich diejenige, die den Kirchenpelz und die Schamanentrommel ins Museum Europäischer Kulturen gebracht hat: die Entstehung größerer Wirtschaftsräume, größerer politischer Räume, die Durchsetzung einer moderneren Kultur, einer stärkeren Kultur, einer immer einheitlicher werdenden Kultur. Alle Kulturen der Welt – und damit auch alle Sprachen der Welt und also auch Europas – sind heute vom Letztschlag bedroht: von der Vereinheitlichung der Weltkultur. Allen droht (wenn sie Glück haben) die Abschiebung ins Museum.

Wir haben jetzt noch 27 Länder in der Europäischen Union. In diesen gibt es 24 Amtssprachen, und das heißt, es gibt auch 24 offizielle Sprachen der EU (dahinter ist jeweils die Zahl der Sprecher in der EU vermerkt):

Bulgarisch	9	Millionen
Dänisch	5	Millionen
Deutsch	92	Millionen
Englisch	4,5	Millionen (60 Millionen vor dem Brexit)
Estnisch	1,5	Millionen
Finnisch	5	Millionen
Französisch	70	Millionen
Griechisch	9	Millionen

Irisch	0,7	Millionen
Italienisch	55	Millionen
Kroatisch	4	Millionen
Lettisch	2,4	Millionen
Litauisch	3	Millionen
Maltesisch	0,4	Millionen
Niederländisch	20	Millionen
Polnisch	38	Millionen
Portugiesisch	10	Millionen
Rumänisch	23	Millionen
Schwedisch	9	Millionen
Slowakisch	5	Millionen
Slowenisch	2	Millionen
Spanisch	40	Millionen
Tschechisch	11	Millionen
Ungarisch	10	Millionen

In Wirklichkeit gibt es natürlich viel mehr Sprachen in Europa. Denn die Liste der Amtssprachen erschöpft nicht die Zahl der autochthonen Sprachen. Die Staatssprachen überwölben einerseits eine Vielzahl von Dialekten, also Varianten dieser Sprachen, die oft die eigentlichen Muttersprachen der Menschen sind. Andererseits gibt es die sogenannten Regional- und Minderheitensprachen, deren Sprecher nicht zu einer der großen Sprachgemeinschaften gehören. In Deutschland haben wir zum Beispiel Sorben und Friesen. In Spanien wird neben dem Kastilischen auch baskisch, galizisch und katalanisch gesprochen. In den baltischen Staaten gibt es große russische Minderheiten, in Großbritannien Walisisch und Gälisch. In Norwegen, Schweden und Finnland leben und sprechen die schon erwähnten Samen. Sardisch ist nicht Italienisch, und an vielen Orten Europas gibt es Roma und ihre Sprache. Manche dieser Minderheiten sind größer als die erwähnten Staats-Sprachgemeinschaften: Die Katalanen etwa sind mit ca. 7-8 Millionen bedeutend zahlreicher als die Dänen, die Galizier mit 2,6 Millionen etwa so stark wie Litauer, Letten und Slowenen. Die Sarden sind so viele wie die Esten. Diese Sprachgemeinschaften sind also schon quantitativ keine *quantités negli-*

geables. Und ich habe die Sprachen der Millionen von Migranten noch gar nicht erwähnt, die das Bild der europäischen Glossodiversität erheblich komplizieren.

Europa ist also der Ort einer großen sprachlichen Vielfalt. Natürlich sagen nun erst einmal alle – politisch korrekt –, dass dies ja ganz wunderbar sei, ein großer Reichtum. Aber Sprachen haben nun einmal die unangenehme Eigenschaft, dass sie in ihrer Vielfalt die Kommunikation behindern. Das stellte schon die Geschichte vom Turmbau zu Babel fest. Kurzum: Europa ist auch eine kommunikative Katastrophe. Praktische Männer und Frauen können daher der Sprachenvielfalt nicht viel abgewinnen, die dem Einheitsdenken entgegensteht, das die aufgeklärte Modernität Europas stark bestimmt. Einheitlichkeit ist auch in der religiösen Tradition Europas tief verwurzelt: Sprachliche Vielfalt ist eine Strafe Gottes. Besser ist die *eine* Sprache des Paradieses.

Daher hat Europa trotz der offiziellen Vielsprachigkeitspolitik der EU seit dem Ende des Zweiten Weltkriegs den Weg sprachlicher Vereinheitlichung eingeschlagen, mit Englisch als der Einheitssprache, sozusagen in Fortschreibung der Sprachpolitik der großen europäischen Nationen. Faktisch – nicht programmatisch oder gar als offizielle Sprachpolitik – herrscht seit Jahrzehnten ein immer stärker werdender europäischer Jakobinismus. 1794 hatte der maßgebliche jakobinische Sprachpolitiker der Französischen Revolution, der Abbé Grégoire, gemeint: *La langue d'une grande nation doit être une et la même pour tous*, «Die Sprache einer großen Nation muss einheitlich und dieselbe für alle sein». Unter diesem Motto hat sich in Frankreich seit der Revolution eine gemeinsame Sprache durchgesetzt, wobei die meisten Sprecher anderer Sprachen ihre alte Sprache aufgegeben haben. Es gibt zwar noch zweisprachige Minderheiten, aber diese fristen ein prekäres Leben im zentralistischen Frankreich. Genau dies ist das Schicksal aller europäischen Sprachen im dynamischen Prozess der Anglisierung Europas.

Vereinheitlichung ist wie gesagt nicht die offizielle Sprachpolitik der EU, sie ist aber das, was tatsächlich stattfindet. Nicht nur Deutschland, die europäischen Staaten insgesamt fördern in ihren Schulen massiv den Englischunterricht – oft auf Kosten des Unterrichts in den Nationalsprachen und immer auf Kosten aller anderen Fremdsprachen. Und die Schule ist entscheidend. Die Schulen waren auch in Frankreich die eigentlichen Maschinen zur sprachlichen Uniformierung. Und wo der Staat nicht dafür sorgt, tut dies zunehmend ein boomendes privates Schulwesen, vor allem in Deutschland. Der Erfolg ist durchschlagend. Die Völker Europas bestellen jetzt auf dem ganzen Kontinent ihre Pizzen und Biere auf Englisch, egal ob in Palermo oder in Riga. Das junge Europa feiert seine Parties in dieser Sprache. Die europäischen Wissenschaftler, die europäische Geschäftswelt, die europäische Politik, das Europa der Eliten kommuniziert auf Englisch. Und immer mehr *nur noch* auf Englisch und zunehmend auch nicht mehr nur im internationalen Verkehr, sondern auch in vormals nationalen Kontexten, in sämtlichen hippen Großraumbüros, auf Kinderspielplätzen im Prenzlauer Berg zum Beispiel oder in den Seminarräumen der Universitäten.

Das europäische Sprachenhindernis wird also bald behoben sein. Das ist ganz ohne Zweifel ein Fortschritt. Aber dieser Fortschritt hat seinen Preis: Die Lösung des Kommmunikationsproblems treibt die Sprachen Europas tendenziell ins Museum – die Sprachen Europas als abgelegte Kirchenpelze.

Es ist jedoch nicht ganz harmlos, eine Sprache als Prestigesprache über die verschiedenen Sprachen der Völker zu setzen. Das wissen wir deswegen so genau, weil wir es ja schon einmal hatten, im Mittelalter. Oben, als Prestigesprache, als Sprache der hohen und wichtigen Diskurse, wurde Latein gesprochen und geschrieben, unten, für den Alltag, für das niedere Leben, für die Familie, gab es als im wesentlichen nur gesprochene Vernakularsprachen die Volkssprachen. Das Mittelalter war bekanntlich in vieler Hinsicht keine besonders fortschrittliche Zeit, jedenfalls war es eine Zeit brutalster gesellschaftlicher Spaltungen, die mit jener Sprachtrennung einhergingen.

Und genau deswegen hat sich Europa vom Lateinischen emanzipiert. Seit dem 16. Jahrhundert stiegen die Volkssprachen überall auf dem Kontinent in die hohen Diskurse auf, die einst dem Latein vorbehalten waren: in Verwaltung und Gesetzeswesen, in die Wissenschaft, in die Religion. Sprechen und – vor allem – Schreiben in der Volkssprache war eine *politische* Emanzipation, sofern Gesetzgebung und staatliches Handeln in die Sprachen der Völker übergingen und sich nicht mehr in dem dem

Volke unverständlichen Latein abspielten. Es war eine *religiöse* Emanzipation, sofern nicht mehr nur Priester, in einer unverständlichen Sprache murmelnd, den Verkehr mit Gott beherrschen sollten, sondern jetzt direkt in der eigenen Sprache mit dem lieben Gott kommuniziert wurde. Es war eine *Wissens*emanzipation: Das Wissen kam nun nicht mehr allein aus den lateinischen Büchern, die von einer gelehrten Kaste gehütet wurden, sondern aus dem Machen der handelnden Menschen, aus der Lebenswelt der nicht lateinisch sprechenden klugen Forscher. Und es war auch ein wichtiger Schritt in der Emanzipation der *Frauen*: Diese waren von jenem lateinischen Wissen völlig abgeschnitten gewesen. Latein war ja eine ziemlich exklusive Männersprache. Nun konnten die Frauen in ihren Sprachen Wissen erwerben und entwickeln.

Indem die Sprachen Europas in die Diskurse des Lateinischen aufstiegen, traten sie dessen Erbe an: *Sie* transportierten von nun an die Kultur, ihr Prestige stieg damit enorm, und sie wurden reichere Sprachen, weil sie über viel mehr Dinge sprechen mussten als vorher. Linguistisch gesagt: Ihr *Status* stieg, und ihr *Ausbau* wurde vorangetrieben. Sie wurden Kultursprachen. Die vielen Aschenputtel Europas tanzten von nun an auf dem Ball der Könige. Europa wurde eine Kultur in vielen Sprachen. Oder: Europa wurde Europa. Europa ist nämlich ganz wesentlich die Vielfalt voll ausgebauter, prestigereicher Sprachen. Darin unterscheidet sich seine Glossodiversität von der Glossodiversität anderer Weltgegenden. Und das ist auch der Grund, warum der Rückbau seiner Glossodiversität ein besonders schmerzhafter Prozess für Europa ist: Man geht sozusagen zurück auf Anfang, zurück ins Mittelalter.

Die europäischen Völker lernten durch den Aufstieg ihrer Sprachen zweierlei: erstens, dass ihre Sprachen genauso gut sind wie das Lateinische, und zweitens, dass es nicht gleichgültig ist, in welcher Sprache man spricht. Sie machten die Erfahrung, dass verschiedene Sprachen nicht einfach nur verschiedene Klänge sind, wie die europäische Tradition seit Aristoteles gedacht hatte. Sie begriffen, dass Sprachen mehr sind als bloß kommunikative Werkzeuge, nämlich dass mit den verschiedenen Sprachen verschiedene Semantiken, verschiedene «Weltansichten» verbunden sind. Das Sprachverständnis vertiefte sich durch die europäische Erfahrung. Die Sprachen wurden Teil des Geistigen, kostbare Gefäße des Denkens und der Kultur der Völker.

Wenn nun Europa genau dort aus seinen Sprachen wieder aussteigt, wo es mit viel Mühe eingestiegen war und wo dies einen mehrfachen gesellschaftlichen Fortschritt bedeutete, nämlich in den höheren Diskursen, dann ist das ganz ohne Zweifel ein Rückschritt. Die Sprachen der europäischen Völker sinken wieder hinab in den Rang von Vernakularsprachen, die sie auch im Mittelalter waren. Sie sind dann eben nicht mehr die wertvollen Gefäße hoher Kultur und hoher Diskurse. Genau hier setzt daher auch die Agitation für die Verbreitung des Englischen ein, welche die gleichsam naturwüchsige, tsunamiartige Anglisierung Europas begleitet mit der Behauptung, dass nichts dran sei an den Sprachen, dass sie eben keine solchen Gefäße der Kultur und des Denkens seien, so dass man sie ohne Verlust und Bedauern für das effizientere Kommunikationsmittel Englisch hinter sich lassen könne, ja aus politischen Gründen – eben für das bessere Funktionieren der Gesellschaft – hinter sich lassen müsse.

Aufgrund der geschilderten historischen Erfahrungen weiß aber das offizielle Europa anscheinend, was verlorengeht, wenn die Sprachen verlorengehen. Das institutionelle Europa befördert daher die sprachliche Vereinheitlichung des Kontinents nicht, sondern betreibt – zumindest offiziell – eine Politik der Stärkung und Bewahrung der europäischen Sprachen. Es erkennt sich zurecht nicht im Englischen als seiner einzigen Sprache (auch wenn Brüssel tatsächlich Englisch als seine bevorzugte Sprache benutzt – ein schreiender Widerspruch und kaum reflektierter Skandal). Vielmehr favorisiert es schon seit langem das Sprachenregime M + 2 – also Muttersprache plus zwei Fremdsprachen – für seine Bürger. Angesichts der unhintergehbaren Notwendigkeit, dass die Europäer neben ihrer Muttersprache das Englische als globale Kommunikationssprache nun einmal brauchen, hat Brüssel immer gefordert, dass zumindest eine weitere europäische Sprache gelernt wird.

Eine von der EU-Kommission eingesetzte Expertengruppe unter der Leitung des libanesisch-französischen Schriftstellers Amin Maalouf hat 2008 für diese dritte Sprache das Konzept der persönlichen Adoptivsprache entwickelt. Jeder Europäer soll eine Sprache adoptieren, er soll mit ihr leben wie mit einem Familienangehörigen, wie mit den anderen sprachlichen Verwandten, der Mutter Sprache oder dem *sermo patrius*, dem Vater. Die Adoptivsprache ist der europäische Freund, sie ist auch gar nicht unbedingt praktisch, man wird damit nicht Aufsichtsratsvorsitzender, sie ist aber der Weg zum Verstehen anderer Europäer.

Wieso ist das so wichtig? Mit den Adoptivsprachen soll ein dichtes Netz von Freundschaften zwischen allen Sprachen geknüpft werden, aus jedem europäischen Land in jedes europäische Land, von Deutschland nach Bulgarien, Irland, Polen etc., von Finnland nach Malta, Italien usw. Das heißt, es geht darum, zwischen allen Sprachgemeinschaften direkte Verbindungen herzustellen. Die Europäer müssten sich *füreinander öffnen*, hat Jürgen Habermas (2008) zur Herstellung einer wirklichen europäischen Öffentlichkeit gefordert. Die europäischen Sprachgemeinschaften würden einander mit dieser Öffnung verstehen lernen und die europäischen Sprachen stärken. Dabei stärkt der Respekt der anderen wieder die eigene Sprache: Indem der Andere meine Sprache lernt, erfahre ich, dass diese ein wertvolles kulturelles Gut ist.

Es soll also nicht wie im Mittelalter eine Meistersprache hierarchisch über den vielen Volkssprachen schweben, in der die wichtigen Sachen gesagt werden, eine Sprache, die sozusagen das Sagen hat und alle anderen Sprachen zu Vernakularsprachen erniedrigt, die europäischen Völker wieder zu dummen Völkern degradiert und die in ihnen entfaltete Kultur zur Folklore hinabstuft. Stattdessen soll eine echte Gleichheit der Sprachen herrschen, die die Würde der Völker und Sprachen bewahrt und stärkt. Die gegenseitige sprachliche Anerkennung wäre ein wirksamer Schutz vor der drohenden Erniedrigung. Die Adoptivsprache würde das Verstehen der anderen ermöglichen, und durch die Freundschaft der anderen behielte auch meine Sprache ihren Glanz und ihren Wert. Eine schöne Vision – gewiss, schön und teuer. Zu teuer, sagten die nationalen Regierungen, denn seit dem Memorandum aus dem Jahre 2008 ist nichts geschehen, die Empfehlungen zu implementieren.

Auch die schöne Idee der Adoptivsprache basiert jedoch – wie die Vereinheitlichungspolitik – noch vorrangig auf einer Vorstellung von Sprache als kommunikativem Werkzeug. Sie richtet nur die Aufmerksamkeit auf einen näheren Kommunikationsraum, den des Nachbarn, statt auf den globalen fernen. Sie folgt einer generösen Ethik der Freundschaft. Europa muss aber, wenn es seine Glossodiversität bewahren will, vor allem die andere Dimension der Sprache stärken, die kognitive Dimension. Es muss sich also der Lektion erinnern, die es im Aufstieg der vielfältigen einstigen Vernakularsprachen gelernt hat, nämlich dass jede Sprache – und damit auch die Sprachen der anderen – eine besondere Denkwelt ist, eben eine besondere Weltansicht, die einen ganz speziellen Beitrag zum Wissen der Welt liefert und die es deswegen zu bewahren gilt. Zur Ethik der Freundschaft muss das europäische Sprachdenken eine Leibniz-Humboldtsche Ökonomie des Wissens – die Sprachen als Reichtum betrachtet – hinzufügen. Ohne dieses Bewusstsein der kognitiven Kostbarkeit der Sprachen versinken die Sprachen Europas im globalen Einheitsgeschrei. Es ist schwer, sich dieser Dynamik zu widersetzen, wo doch alle Mächtigen sagen, dass jeder Widerstand zwecklos ist.

Denn in Wirklichkeit hat Europa schon längst den Weg zur jakobinischen Lösung seines Sprachproblems eingeschlagen, den Weg zu einer neuen gemeinsamen Sprache in einem unaufhaltsamen Spracherwerbsprozess. Dieser Weg wird gepriesen von Politikern, Journalisten und vor allem von Sozialwissenschaftlern, als ob es einer solchen Unterstützung des tsunamiartigen englischen Spracherwerbs noch bedürfe. Anders als zur Zeit der Französischen Revolution, die die Durchsetzung der Einheitssprache ehrlich, offen und brutal vorantrieb, wird hier aber zur Camouflage der Etablierung einer neuen dominanten Sprache der positiv konnotierte Ausdruck «Mehrsprachigkeit» propagandistisch eingesetzt. Die Europäer, so heißt es von Präsidenten, Journalisten und Gesellschaftswissenschaftlern, sollen alle «mehrsprachig» werden, um miteinander kommunizieren zu können. «Mehrsprachigkeit» sei die Lösung für das Problem der europäischen Glossodiversität. Natürlich ist sie das. Denn die Erlernung der Sprachen der anderen überwindet das Hindernis der Glossodiversität. Aber bei der politischen Reklame für «Mehrsprachigkeit» geht es nicht wirklich um Mehrsprachigkeit, sondern allein um den Erwerb des globalen Englisch. Niemand wirbt unter dem Etikett «Mehrsprachigkeit» für das Erlernen des Griechischen oder Ungarischen. Allein der Besitz des Englischen ist das transnationale «Kapital», das berufllichen und gesellschaftlichen Erfolg garantiert, indem es europäische und globale Kommunikationsräume eröffnet, und daher akkumuliert werden soll.[15] Was mit den anderen Sprachen geschieht, ist diesem Sprachkapitalismus herzlich gleichgültig. Er versteht «Sprache» allein als Mittel zur Kommunikation.

Diese reduzierte Auffassung von Sprache teilt der Sprachkapitalismus mit dem Sprachsozialismus, der im Namen von «Gerechtigkeit» für die Durchsetzung der Einheitssprache agitiert:[16] Wenn alle über dieselbe Sprache verfügen, über Englisch natürlich, verschwinden alle sprachbedingten Ungleichheiten, wie sie sich gerade durch die Dominanz und die unterschiedliche Beherrschung des Englischen eingestellt haben. Die Lösung ist: *more of the same*. Wir tilgen das Unrecht der englischen Geburt, indem wir gleichziehen und alle so gut Englisch lernen wie die Anglos – das heißt, indem wir selber anglophon werden. Dabei gehen natürlich die alten Sprachen unter. Aber: *So what?* Hoppla!, sagt die sprachsozialistische Jenny. Was da untergeht, hat keinen Wert. Wir haben es schon gehört: *There is nothing wrong with linguistic suicide* (van Parijs 2011: 168).

Dass Europa einen anderen als diesen jakobinischen Weg einschlagen muss, sagt ihm ausgerechnet Frankreichs neuer Präsident.

25
___

Glossodiversität als Chance:
Emmanuel Macron
über die Sprachen Europas

Die französischen Intellektuellen, die die Französische Revolution getragen und die sprachliche Vereinheitlichung der Republik vorangetrieben haben, wussten von ihren philosophischen Lehrern (Bacon, Locke, Condillac), dass die Sprache nicht nur ein Kommunikationsmittel ist, sondern auch – und sogar vor allem – geistige Erfassung der Welt, Denken. Und sie verzweifelten daran, dass das in den Sprachen enthaltene Denken nicht mit den Vorstellungen aufgeklärter Wissenschaft übereinstimmt und dass die verschiedenen Sprachen auch noch verschiedene Formen solchen unaufgeklärten Denkens sind. Beide Eigenschaften der Sprache – Ungenauigkeit und Verschiedenheit – waren massive Hindernisse der Aufklärung. Es war deswegen eine radikale Arbeit an der Sprache (das heißt am Denken) nötig, wenn man der Wissenschaft und der Aufklärung zum Sieg verhelfen wollte. Denn in der neuen, wissenschaftlich-philosophisch begründeten Gesellschaft, in der Französischen Republik, sollte natürlich nur das Richtige gedacht werden.

Die Republik fand sich denn auch zwei großen sprachlichen Problemen gegenüber, die beide bereits erwähnt wurden: Erstens war Frankreich ein Land, in dem viele Sprachen gesprochen wurden. Und zweitens war auch das Französische selbst, die Sprache der Aufklärung und jetzt auch die «Sprache der Freiheit», also der Demokratie, nicht auf der Höhe der Wissenschaft und schon gar nicht auf der Höhe der neuen aufgeklärten politischen Realität. Es galt also, das Französische selbst zu «revolutionieren», richtiges Denken in die Sprache zu bringen. Systematische politische Korrekturen der Sprache sind, wie wir in Kapitel 11 gesehen haben, eine Erfindung der Französischen Republik. Doch schlimmer als das bisschen Abweichung vom richtigen Denken im Französischen war die Tatsache, dass ein beträchtlicher Teil des Volkes nicht einmal Französisch konnte, dass er also anders und schlechter dachte als die Französischsprachigen, denn seine Sprachen enthielten ein Denken, in dem die Sünde aller Aufklärung steckte: *le préjugé*, das Vorurteil, wir würden heute sagen: eine wissenschaftlich und politisch unwillkommene Semantik. Wie sollte angesichts dieser beiden Probleme der neue Souverän, das Volk, gemeinsam und vor allem politisch richtig denken?

Wenn die Französische Republik daher ein Programm der sprachlichen Vereinheitlichung Frankreichs entwarf, das die anderen Sprachen des Landes «vernichten» sollte, dann beruhte dieses Programm nicht nur auf der Notwendigkeit praktischer Kommunikation in einem modernen Staat. Es folgte vor allem der philosophischen Einsicht, dass verschiedene Sprachen verschiedenes Denken enthalten, das aber besonders im Falle der nicht-französischen Sprachen politisch inopportun, rückständig, unaufgeklärt sei und damit zerstört werden müsse.

Die Französische Republik hat auch in neuerer Zeit nur zögerlich von dieser jakobinischen Sprachpolitik Abschied genommen. Diese hatte auf der ganzen Linie gesiegt: Nicht nur sprechen die Franzosen jetzt französisch, die Republik hat das Französische sogar in ihren konstitutionellen Körper eingeschrieben, als Sprache der Republik. Deswegen konnte sie auch den besiegten alten Sprachen ein kleines Eckchen in der Verfassung zugestehen: Wie andere regionale Institutionen sollen auch die Regionalsprachen als kulturelles Erbe, *patrimoine*, bewahrt werden. Etwas boshaft könnte man sagen, dass sie als Kirchenpelze im Museum der Provinz aufbewahrt werden. Dennoch hat Frankreich die europäische Charta der Minderheitensprachen bis heute nicht ratifiziert. Die Republik fürchtet also immer noch die anderen Sprachen auf ihrem Territorium. Und in der aktuellen Auseinandersetzung um Korsika will auch der junge Präsident der Republik dem Korsischen, einer regionalen Variante des Italienischen, keinen Status als zweite Amtssprache der Insel (*co-officialité*) gewähren.

Das steht in einem gewissen Widerspruch zu Emmanuel Macrons Ausführungen über die Sprachen Europas in seiner Rede in der Sorbonne vom 26. September 2017.[17] Diese stellen nämlich eine geradezu revolutionäre Wende gegenüber der republikanisch-jakobinischen Einschätzung sprachlicher Vielfalt dar. Dort ging es allerdings nicht um die Sprachen in Frankreich, sondern um die Sprachen Europas, die – außer dem Englischen – sowieso keine Gefahr für die *langue de la République* sind. Die sprachliche Vielfalt Europas ist, so sagte Macron, wunderbar, ein kultureller Trumpf (*atout*). *L'Europe du multilinguisme est une chance inédite*, «Das mehrsprachige Europa ist eine einmalige Chance».

Dieses enthusiastische Lob sprachlicher Vielfalt war gleichsam eine Wende von der französischen zur deutschen Sprachphilosophie. In Deutschland hatte ja schon Leibniz das in den vielen Sprachen sedimentierte Denken als «wunderbare Vielfalt» des menschlichen Geistes gefeiert und eine Wissenschaft von den vielen Sprachen der Menschheit als Wissenschaft von der Vielfalt des menschlichen Geistes gefordert. Herder und dann vor allem Wilhelm von Humboldt greifen den Leibnizschen Gedanken auf. Die deutsche Sprachphilosophie erfindet eine neue Haltung gegenüber den Sprachen: Deren Vielfalt ist ein geistiger Reichtum, denn jede Sprache ist eine ganz besondere Art, die Welt zu sehen. Babel ist keine Strafe, sondern ein Geschenk.

Genau diese Humboldtsche Bewertung der Sprachen machte sich nun der französische Präsident zueigen, als er in seiner Rede sagte: «Das Universelle enthüllt sich den Menschen in mehreren Sprachen, von denen jede eine besondere Ansicht des Universellen aufdeckt.» Er zitierte hier den Philosophen Emmanuel Mounier, aber das Zitat könnte auch von Wilhelm von Humboldt sein, der seinerseits schreibt, dass auf der Grundlage der «gemeinsamen Natur der Menschheit» die Verschiedenheit der Sprachen «eine Verschiedenheit der Weltansichten selbst» sei, und damit gleichzeitig meint: «Durch die Mannigfaltigkeit der Sprachen wächst unmittelbar für uns der Reichthum der Welt und die Mannigfaltigkeit dessen, was wir in ihr erkennen» (GS VII: 602). In diesem Sinne führt nach Macron die europäische Erfahrung mit sprachlicher Vielfalt zu geistigem Raffinement, er nennt es *sophistication*:

> L'Europe, ça n'est pas une homogénéité dans laquelle chacune et chacun devraient se dissoudre. Cette sophistication européenne, c'est cette capacité à penser les fragments d'Europe sans lesquels l'Europe n'est jamais tout à fait elle-même.

Europa, das ist keine Gleichförmigkeit, in der sich alle auflösen sollen. Diese europäische Differenziertheit [sophistication], das ist gerade die Fähigkeit, die verschiedenen Aspekte Europas zu denken, ohne die Europa niemals ganz es selbst ist.

So wie Humboldt das Erlernen einer fremden Sprache als «die Gewinnung eines neuen Standpunkts in der bisherigen Weltansicht» betrachtet (GS VII: 60), so sieht auch Macron die europäische Mehrsprachigkeit als Möglichkeit, einen «Reichtum der Welt» zu gewinnen. Wegen dieser *sophistication* ist die Vielfalt der Sprachen Europas ein Trumpf und eine Chance.

Und Macron denkt weiter subtil humboldtisch, denn er weiß, dass diese Vielfalt nicht nur ein Reichtum des Denkens ist, sondern dass die geistige Verschiedenheit in der Inkommensurabilität der jeweiligen Semantiken dem Verstehen auch Grenzen setzt. Macron spricht hier vom *intraduisible*, vom Unübersetzbaren, das in den verschiedenen Sprachen sei und das man ertragen müsse: *il faut le porter*. Das *intraduisible* ist also nichts Leichtes, aber auch nichts Furchtbares, sondern ein Anlass zum Weiterdenken und Weitersprechen. Ganz offensichtlich bezieht sich Macron hier auf die Sprachphilosophie von Barbara Cassin, die Humboldts Gedanken von der individuellen Semantik der Wörter aufgegriffen hat und in einem philosophischen «Wörterbuch der Unübersetzbaren», dem «Dictionnaire des intraduisibles», entfaltet hat.[18] «Wie könnte daher je ein Wort, dessen Bedeutung nicht unmittelbar durch die Sinne gegeben ist, vollkommen einem Wort in einer andern Sprache gleich seyn?», fragt Humboldt im Vorwort seiner Übersetzung des «Agamemnon» von Aischylos (GS VIII: 130). Deswegen sind viele Wörter unübersetzbar. Aber gerade deswegen, so Humboldt, muss übersetzt werden, nämlich um den eigenen Geist zu bereichern, «zur Erweiterung der Bedeutsamkeit und Ausdrucksfähigkeit». Genauso erkennt Macron in dem «unübersetzbaren» Teil der Wörter die Chance, in eine Bemühung des Verstehens einzutreten, die den europäischen Geist lebendig erhält.

Macrons Beispiel ist die Inkommensurabilität der Wörter für Schulden im Deutschen und im Französischen. Das Wort «Schulden» (*debita*) im Deutschen ist mit «Schuld» (*culpa*) verbunden, im Gegenteil zum französischen *dettes*, wo es eine solche Assoziation nicht gibt. Unzählige

Beispiele für die gemeinte «Unübersetzbarkeit», also die semantische Individualität von Wörtern, findet man in Cassins «Dictionnaire», etwa russisch *pravda* (das mit «Gerechtigkeit» verbunden ist) gegenüber deutsch «Wahrheit». Semantische Inkompatibilität regt zum Nachdenken, zu geistiger Wachheit und zum Miteinander-Reden an.

Mit dem Unübersetzbaren kommt Macron schließlich zum tiefsten Gedanken seiner gesamten Rede: Ganz lässt sich das Unübersetzbare nämlich nicht aufheben. Auch hier spielt wieder Humboldt hinein: «Alles Verstehen ist immer zugleich ein Nichtverstehen» (GS VII: 64). Aber, so Macron, gerade dieses Nicht-Verstehen, die letztlich nicht aufzuhebende Differenz, bringt die Europäer dazu, einander zu vertrauen und miteinander zu handeln:

> C'est la part de mystère qu'il y a dans chacune et chacun, et c'est la part de confiance qu'il y a dans le projet européen. C'est le fait que, à un moment donné, ne parlant pas la même langue et ayant cette part d'inconnu et d'irréductible différence, nous décidons de faire ensemble, alors que nous aurions dû nous séparer.

> Das ist das Stück Geheimnis, das in jedem ist, es ist das Stück Vertrauen, das im europäischen Projekt steckt. Es ist die Tatsache, dass wir, auch wenn wir nicht dieselbe Sprache sprechen, und angesichts des Unbekannten und der unüberwindbaren Differenz, im gegebenen Moment eben doch entscheiden, zusammen zu handeln, auch wenn wir uns eigentlich hätten trennen müssen.

Tiefe sprachliche Verschiedenheit, das Unübersetzbare, wird die Grundlage der Freundschaft. *Mais cet intraduisible, c'est notre chance!* Das ist kühn gedacht. Wo haben wir so etwas schon einmal von einem Politiker gehört?

Aus der Anerkennung der kognitiven Bedeutung der vielen Sprachen Europas leitet Macron die Notwendigkeit einer mehrsprachigen europäischen Bildung und der Gründung europäischer Universitäten ab. Man hat seinen Vorschlag hierzulande gleich – schön amerikanisch (*e pluribus unum*) – weitergedacht als Vorschlag zur Gründung von Großinstitutionen à la University of California oder von Universitäten nach dem Modell des englischsprachigen Europäischen Hochschulinstuts in Florenz. Macron hat aber, indem er die europäische Bildung auf Mehrsprachigkeit gründete, offensichtlich gänzlich andere europäische Universitäten imaginiert, jedenfalls keine einsprachig englischsprachigen Institute, die nur durch Mehrfachfinanzierungen «europäisch» sind. Vermutlich weiß auch Macron, dass der Universitäts- und Wissenschaftszug schon längst global jakobinisch auf Englisch unterwegs ist. Er denkt aber dennoch ausdrücklich an richtig mehrsprachige wissenschaftliche Anstalten, in denen in verschiedenen Sprachen gedacht und in denen Mehrsprachigkeit tatsächlich als eine Chance – nämlich des Denkens – aufgefasst wird. Wichtig ist ihm *un parcours où chacun de leurs étudiants étudiera à l'étranger et suivra des cours dans deux langues au moins*, «ein Weg, wo jeder Student im Ausland studiert und Kurse in mindestens zwei Sprachen belegt». Die Aufgabe, die der Präsident Europa gestellt hat, ist also etwas komplizierter, sie ist interessanter, und sie ist wirklich europäisch.

Macron hat überhaupt als Politiker zum ersten Mal Europa von den vielen Sprachen her gedacht. Vor allem hat er dieses vielsprachige Europa nicht – wie noch der deutsche Präsident Joachim Gauck in seiner Europa-Rede von 2013 – als Horror-Turm von Babel gesehen und eine europäische Einheitssprache propagiert.[19] Er hat die sprachliche Vielfalt Europas nicht als Hindernis und Strafe – wie in der biblischen und der jakobinisch-französischen Tradition – beklagt, sondern als geistigen Reichtum gepriesen. In schärfstem Gegensatz zu Pastor Gauck sagte er: *Et au lieu de déplorer le foisonnement de nos langues, nous devons en faire un atout*, «und statt den Überfluss unserer Sprache zu beklagen, müssen wir daraus einen Trumpf machen».

Das ist für einen französischen Präsidenten ungefähr so revolutionär, wie wenn der Papst in seiner nächsten Enzyklika Frauen zum Priesteramt zulassen würde. Man kann es nur begeistert begrüßen. Und es ist des weiteren ein herrliches Angebot gerade an Deutschland, indem es deutsches Sprachdenken als zentralen politischen Grundgedanken für Europa aufgreift. Macron sagt nicht, dass die Aufgabe leicht wäre. «Man muss das (er)tragen», *il faut le porter*, es ist eine Sisyphus-Aufgabe. Aber mit Camus möchte er sich Sisyphus als einen glücklichen Menschen vorstellen: *je veux imaginer Sisyphe heureux*.

Das wäre schon etwas, wenn wir aus Macrons komplexem Denken sprachlicher Vielfalt endlich neue Perspektiven für die europäische Bildung entwickeln würden. *Vos générations ont à conjuguer cette Europe en plusieurs langues*, «eure Generation muss dieses Europa in mehreren Sprachen konjugieren», rief er den jungen Leuten zu.

Enrichissons-nous! Bereichert euch! Und: Der glückliche Sisyphus könnte durchaus auch das bisschen Korsisch ertragen.

Die Philosophie
und das Unübersetzbare

Ein solches Gedicht ist, seiner eigenthümlichen Natur nach, und in einem noch viel andren Sinn, als es sich überhaupt von allen Werken großer Originalität sagen lässt, unübersetzbar. Man hat schon öfter bemerkt, und die Untersuchung sowohl, als die Erfahrung bestätigen es, dass, so wie man von den Ausdrücken absieht, die bloss körperliche Gegenstände bezeichnen, kein Wort Einer Sprache vollkommen einem in einer andren Sprache gleich ist. Verschiedene Sprachen sind in dieser Hinsicht ebensoviele Synonymieen; jede drückt den Begriff etwas anders, mit dieser oder jener Nebenbestimmung, eine Stufe höher oder tiefer auf der Leiter der Empfindungen aus. Eine solche Synonymik der hauptsächlichsten Sprachen, auch nur (was gerade vorzüglich dankbar wäre) des Griechischen, Lateinischen und Deutschen, ist noch nie versucht worden, ob man gleich in vielen Schriftstellern Bruchstücke dazu findet, aber bei geistvoller Behandlung müsste sie zu einem der anziehendsten Werke werden. (Humboldt, GS VIII: 129)

Auf diese Passage aus Humboldts Einleitung in seine «Agamemnon»-Übersetzung von 1816 bezieht sich Barbara Cassin, wenn sie die sprachphilosophische Grundeinstellung und die Absicht des von ihr herausgegebenen «Vocabulaire européen des philosophies. Dictionnaire des intraduisibles» (2004) charakterisiert: Eine «Synonymik» natürlich nicht aller Wörter, aber der Wörter der Philosophie in den «hauptsächlichsten Sprachen» will das «Vocabulaire» sein. Die sprachphilosophische Einsicht Humboldts, «dass kein Wort Einer Sprache vollkommen einem in einer andren Sprache gleich ist», liegt dem Wörterbuch zugrunde. Humboldts Adjektiv «unübersetzbar» wird daher bei Cassin titelgebend substantiviert: *Les intraduisibles* sind die Wörter der europäischen Philosophien.

Cassin zitiert eine noch deutlichere Humboldt-Stelle aus einem ganz frühen Text von 1801/02: «Mehrere Sprachen sind nicht ebensoviele Bezeichnungen einer Sache; es sind verschiedene Ansichten derselben und, wenn die Sache kein Gegenstand der äußeren Sinne ist, sind es oft ebensoviele, von jedem anders gebildete Sachen» (GS VII: 602). Humboldts sprachphilosophischer Grundgedanke, dass die verschiedenen Sprachen die Welt verschieden «ansehen», lässt sich auch so formulieren, dass die Sprachen jeweils verschiedene geistige Entitäten (als «Sachen») in die Welt setzen, also verschiedene Welten schaffen. «Begriffe», «Ideen», «Vorstellungen» oder wie immer man diese «Sachen» nennt, werden also nicht zuerst ohne Sprache gedacht und dann von dieser nur bezeichnet, sondern sie werden in der Sprache «gebildet». Humboldts berühmtester Satz besagt ja, dass die Sprache das «bildende Organ des Gedanken» sei (GS VII: 53). Und da Sprache als Pluralität, in Form verschiedener Sprachen, erscheint, werden die Gedanken, Ideen, Begriffe, Vorstellungen auch jeweils verschieden «gebildet».

Dabei macht Humboldt einen Unterschied zwischen der Semantik der Wörter für Dinge in der Welt und für bloß gedachte Vorstellungen: Die Semantik der Wörter für körperliche Gegenstände – Humboldt sagt das an vielen Stellen seines Werks – sei eher gleich in den verschiedenen Sprachen.[20] Die Semantik der Wörter für Unsinnliches sei demgegenüber eher von Sprache zu Sprache verschieden. Und um diese geht es natürlich wesentlich in der Philosophie. In der «Agamemnon»-Einleitung fasst Humboldt die Wortentstehung zunächst gleichsam meteorologisch: «das unbestimmte Wirken der Denkkraft zieht sich in ein Wort zusammen, wie leichte Gewölke am heitren Himmel entstehen» (GS VIII: 129). Diese Wolkenbildung repräsentiert metaphorisch die Wirkungsweise der Phantasie: «Wenn man sich die Entstehung eines Worts menschlicher Weise denken wollte [...], so würde dieselbe der Entstehung einer idealen Gestalt in der Phantasie des Künstlers gleich sehen.» Und die Wortbildung «entsteht durch eine reine Energie des Geistes, und im eigentlichsten Verstande aus dem Nichts» (GS VIII: 130). Die Wörter sind «künstlerische und genialische» Hervorbringungen, und so fasst Humboldt, wie schon zitiert, zusammen: «Wie könnte daher je ein Wort, dessen Bedeutung nicht unmittelbar durch die Sinne gegeben ist, vollkommen einem Worte einer andern Sprache gleich seyn?» (ebd.) Die phantastische Vielfalt der Wörter und Bedeutungen – und das ist die eigentliche philosophische Pointe – ist für Humboldt aber keine Katastrophe. «Neue Arten zu denken und empfinden» feiert er in der Pluralität der Sprachen (GS VII: 602).

Diese positive Einschätzung sprachlicher Vielfalt liegt dem «Vocabulaire européen des philosophies» zugrunde. Es erkennt an, dass die Begriffe, mit denen es die Philosophie zu tun hat, ursprünglich «leichte Gewölke» sind, dass diese Wolken von Sprache zu Sprache verschieden sind und dass dies kein Schade sei. Mit dieser Sprachauffassung aber setzt sich das Werk programmatisch in Opposition zu großen Teilen der Philosophie selbst. Denn gegen die Semantik natürlicher Sprachen streitet, wie wir gesehen haben, die Philosophie schon seit Bacons Kritik an den *idola fori*, den Götzen des Markplatzes, den nicht-wissenschaftlichen Bedeutungen der Wörter. Eigentlich kämpft sie sogar seit ihrem Beginn gegen die Wörter. Sprachkritik ist geradezu ihr Markenzeichen: «Alle Philosophie ist Sprachkritik» (Wittgenstein). Schon Platons Sokrates, der Feind der Rhetoren und Sprachmenschen, sagt ja im «Kratylos», dass die Wörter schlechte Abbilder der Sachen seien und dass es daher besser wäre, wenn Erkenntnis ohne Sprache vonstatten gehen könnte.[21] Wenn sich nun ein *philosophisches* Wörterbuch auf die Humboldtsche Sprachauffassung einlässt, welche Sprache als eine Bedingung des Denkens anerkennt und Vielsprachigkeit als eine Bereicherung desselben betrachtet, dann ist schon dies ein bedeutsames Ereignis. Die Philosophie liebt die semantischen Partikularitäten der Sprachen nicht.[22] Sie sind *a mist before our eyes*, wie Locke geklagt hat, Hindernisse, die *eine* Wahrheit zu sehen, «Verhexungen» des (universalen) Denkens. Ein Wörterbuch, das die verschiedenen «Weltansichten» philosophischer Diskurse in den verschiedenen Sprachen ernsthaft als solche zu fassen versucht, ist daher geradezu ein antiphilosophischer Umtrieb.

Ein solches Unterfangen sündigt gegen die beiden Hauptkonfessionen der Philosophie: gegen die universalistische analytische Sprachauffassung ebenso wie gegen die ontologische Sprachauffassung Heideggerscher Provenienz. Die einen glauben, die Sprache (die notwendigerweise eine besondere Sprache ist) hinter sich lassen zu können.[23] Die anderen denken zwar aus der Sprache heraus, übersehen dabei aber deren Historizität. Heidegger reduziert noch jedes partikulare deutsche Lexem auf eine philosophische «Urbedeutung», er de-konstruiert ein – vermeintlich universales – Etymon jenseits der tatsächlichen historischen Semantik der Sprache. Die Sprache ist hier zwar die Denk-Welt, aber es gibt nur eine, nämlich eine deutsch-griechische, in der sich alle Verschiedenheit auflöst.[24] Gegen diese beiden unhistorischen, universalistischen Auffassungen von Semantik positioniert sich das «Europäische Wörterbuch der Philosophien».

Was dieses «Vocabulaire» programmatisch verdeutlicht, ist also, dass die «Ideen» nicht unabhängig von den historischen Einzelsprachen entstehen und existieren. «Idee» und Wort entstehen gleichzeitig – «aus dem Nichts», wie Humboldt sagt (GS VIII: 130) – in einer bestimmten Sprache und bleiben im Verlaufe ihrer Geschichte auch aneinander gebunden. Zudem weiß Cassins «Vocabulaire» aber, dass die Ideen nicht im Gefängnis einer Sprache gefangen sind, sondern zweifach über die Sprache hinausgehen, aus der sie stammen: Sie befreien sich durch das Denken und Sprechen des einzelnen kreativen Philosophen von der angestammten Sprachbedeutung, und sie gehen von der einen in die andere Sprache über und verwandeln sich notwendigerweise in der neuen Heimat wie durch neues kreatives Denken.

Dass das «Vocabulaire» sich auf den offenen Raum europäischer Semantiken einlässt, macht seine besondere philosophische Bedeutung aus. Es ist eine Einladung zum philosophischen Wandern, von Begriff zu Begriff, von Sprache zu Sprache, von Denker zu Denker. Es glaubt nicht an eine – konstruierte oder ontologisch gegebene – Einheitssemantik jenseits der Sprachen. Deswegen wird man dort auch nicht finden, was «die Philosophie» über «die Freiheit» sagt, wie sie Freiheit «definiert» o. ä. Es führt uns von *liberté* zu *freedom* und *liberty, eleutheria, svoboda* und so weiter. Mit dem Ausbreiten der verschiedenen «Weltansichten» macht es deutlich, welcher Verlust ins Haus steht, wenn die Philosophie, wozu auch sie sich anschickt, in die (mittelalterliche) Einsprachigkeit zurückfällt, aus der sie die modernen europäischen Nationen und ihre Philosophien befreit hatten. Diese neue «einerlei Sprache» ist vielleicht die Sprache des neuen Paradieses, also die Sprache einer monotheistischen Theologie, sie ist aber nicht die Sprache einer wirklich modernen Philosophie, die in vielen Sprachen denkt.

27

Europäische *sophistication*

In Quentin Tarantinos Film «Inglourious Basterds» (2009) spielt der österreichische Schauspieler Christoph Waltz den SS-Offizier Hans Landa. Landa ist der Gegenspieler einer Gruppe von jüdischen Widerstandskämpfern in französischen Wäldern, die – wie Indianer – gefangene Deutsche skalpieren. Das sind einigermaßen schwer zu ertragende Bilder, aber bei Tarantino spritzt ja gern das Blut in die Kamera. Es ist hier sozusagen das Nazi-Blut, das vom Messer spritzt. Der Film mit seinen genussvollen Rachephantasien ist aber wie kaum ein anderer auch ein Film über Sprache, ein Sprachfest, an dem Christoph Waltz den größten Anteil hat. Er spielt den diabolischen Nazi-Offizier mit der leisen Stimme auch deswegen so hinreißend, weil er über eine bewundernswerte Mehrsprachigkeit verfügt. In dem Film (den man unbedingt in der vielsprachigen Originalversion sehen muss) spricht er als Nazi natürlich muttersprachlich deutsch, aber eben auch englisch, französisch und schließlich sogar noch italienisch mit einer quasi-muttersprachlichen Bravour, die man nur bewundern kann.

Dies macht den Schauspieler natürlich sofort zu einem Liebling aller Freunde der Mehrsprachigkeit. Darüber hinaus erweist sich in der Dramaturgie des Films Mehrsprachigkeit als intellektuelle Superiorität von tödlicher Eleganz. Sie ist Macrons europäische *sophistication* in höchster Form. Wer wie der SS-Offizier mehrere Sprachen kann, behält überlegen das Heft in der Hand: Er kann mit allen sprechen, vor allem versteht er alle, er kann alle lenken, ja er kann auch in der schlimmsten Klemme (fast) noch seine eigene Haut retten. Der Film ist geradezu ein Reklamefilm fürs Sprachenlernen und für europäische Mehrsprachigkeit. Wer so gut so viele Sprachen kann, ist so cool wie Christoph Waltz alias Hans Landa.

Aber das ist natürlich nicht das abschließende Urteil des Films über europäische Mehrsprachigkeit. Die Mehrsprachigkeit ist die Waffe des Feindes. Die mehrsprachige Superiorität ist des Teufels. Es ist ja der heimtückische SS-Mann, der diese Kunst so meisterhaft beherrscht. Die mehrsprachigen Guten, die es in dem Film auch gibt, sind längst nicht so brillant wie die Nazis. Nur diese sind so richtig gut in Sprachen. Sie enttarnen auch noch einen fast muttersprachlich deutsch sprechenden Engländer, dessen doch nicht ganz perfekte Performanz schon Verdacht geweckt hat.

Denn zur Sprachkenntnis – das weiß jeder Geheimdienst, und der kluge Tarantino nutzt das genial für einen dramatischen Coup in seinem Film – gehört eben auch das Beherrschen der richtigen Gebärden. Der ausgezeichnet deutsch sprechende und eine deutsche Uniform tragende Engländer aber macht die falsche – eben englische – Gebärde beim Bestellen von Drinks: Die Zahl drei begleitet er mit dem Ausstrecken von Zeigefinger, Mittelfinger und Ringfinger statt, wie bei Deutschen üblich, mit Daumen, Zeigefinger und Mittelfinger. Die geheime Mission fliegt auf, ein fataler Sprachfehler überführt den unechten Muttersprachler. Noch plumper glaubt Brad Pitt als Aldo Raine, der amerikanisch-indianische Chef der Basterds, sich als Italiener ausgeben zu können: Schon die Aussprache zweier italienischer Wörter misslingt ihm, und als Christoph Waltz ihn mit einer perfekten italienischen Suada überschüttet, auf die er nichts zu antworten weiß, ist er vollends als einsprachiger amerikanischer Tropf überführt. Nur Nazis können eben so richtig gut viele Sprachen.

Allerdings nützt ihnen das am Ende nichts: Letztlich ist dann doch der einsprachige Tropf der Sieger. Das Überlaufen des vielsprachigen SS-Teufels zu den Amerikanern misslingt trotz des fließenden Englisch, das Christoph Waltz hierbei einsetzt. Aldo Raine überwältigt Hans Landa und ritzt ein Hakenkreuz in den mehrsprachigen Nazi-Kopf (Landas Adjutant wird gleich skalpiert). Amerikanische Einsprachigkeit siegt über europäische Mehrsprachigkeit, die letztlich eine Nazi-Mehrsprachigkeit ist. Das ist die weltsprachenpolitische Botschaft aus Hollywood.

Die amerikanische Einsprachigkeit beruht allerdings (das thematisiert der Film aber nicht) auf dem Opfer einer verschwundenen Sprache: Der einsprachige Amerikaner Aldo the Apache ist nicht nur ein englischsprachiger Soldat der Vereinigten Staaten, sondern auch ein Abkömmling von Indianern, der die autochthone amerikanische Sprache seiner Vorfahren ganz offensichtlich schon lange hinter sich gelassen hat und stattdessen – nützlicherweise – nur deren Kunst des Skalpierens bewahrt hat. Wie Donald Trump, der ebenfalls nicht die Sprache, wohl aber das brutale Verhalten seiner deutschen Vorfahren beibehalten hat.

«Inglourious Basterds» ist ein tiefer Film über Sprachen, ein wahres linguistisches Vergnügen durch Christoph Waltz, aber natürlich keine ungetrübt frohe Botschaft für die Freunde europäischer Mehrsprachigkeit. Aber wenn diese *sophistication* dann den Oscar gewinnt, wollen wir nicht klagen.

28

Übersetzung als Sprache Europas

Mehrsprachigkeit ist natürlich die intelligenteste Lösung des Problems der Glossodiversität. Da man aber nicht alle Sprachen lernen kann und da auch nicht alle Menschen fähig oder willens sind, andere Sprachen zu lernen, ist die Übersetzung die andere wunderbare Möglichkeit, die von der Glossodiversität gesetzten Grenzen zu überschreiten. Das Übersetzen ist also mindestens so sehr zu loben wie die Mehrsprachigkeit. Aber wie diese ist auch das Übersetzen nicht gegen Missverständnisse gefeit, wie der berühmteste deutsch-italienische Übersetzungsfehler zeigt.

Manzoni: Il cinque maggio	Goethes Übersetzung:
Ei fu. Siccome immobile,	Er war – und wie, bewegungslos
Dato il mortal sospiro,	Nach letztem Hauche-Seufzer,
Stette la spoglia immemore	Die Hülle lag, uneingedenk,
Orba di tanto spiro,	Verwaist von solchem Geiste:
Così percossa, attonita	So tief getroffen, starr erstaunt,
La terra al nunzio sta.	Die Erde steht der Botschaft.

«Er war». So übersetzt Goethe den Anfang von Manzonis Ode auf den Tod Napoleons am 5. Mai 1821 «Il cinque maggio»: *Ei fu*. *Ei fu* ist wörtlich «er war». Wörtlichkeit ergibt aber oft gerade keine gute Übersetzung. «Er war» verpasst sozusagen den semantischen Witz der italienischen Form. Das *fu*, das *passato remoto* von *essere*, «sein», bedeutet gewiss Vergangenheit des Seins, wie deutsch «war», zum Beispiel in: *Buonaparte fu l'imperatore dei Francesi*, «Buonaparte war der Kaiser der Franzosen». Aber hier an diesem im wahrsten Sinne fulminanten Anfang des «Cinque maggio» ist die Vergangenheit kein bloßes Vergangensein, sondern es geht um das *Eintreten* des Vergangenseins. Dieses Eintretende der Verbalhandlung ist gerade die besondere Bedeutung des *passato remoto*. Dieses steht im Italienischen (wie das *passé simple* des Französischen) in der für uns Germanen so schwierigen Opposition zum Imperfekt: *Il sole splendeva, gli uccelli cantavano. Giovanna entrò* [nicht *entrava*!] *nel giardino della nonna*. «Die Sonne schien, die Vögel sangen. Giovanna betrat den Garten ihrer Großmutter.» Während die Imperfekt-Formen – *splendeva, cantavano* – wie auf einer Bühne den Hintergrund schildern, markiert die *passato-remoto*-Form den Vordergrund der Handlung, wie Harald Weinrich (1971) gezeigt hat: *entrò*. Und im Vordergrund befindet sich eben das Eintretende, das Neue. Das ist auch hier der Fall: *Ei fu* bedeutet das Eintreten der Vergangenheit seines Seins. Dieses Eintreten ist aber ein semantisches Element, das «er war» nicht enthält. Manzoni sagt mit *ei fu*, dass Napoleons Sein plötzlich ein vergangenes ist. Auf Deutsch sagt man da vielleicht am besten: «Er ist nicht mehr».

Nun verdankt sich der kritisierte Satz Goethes vermutlich den Zwängen des Versmaßes. Goethe brauchte zwei Silben: «Er war». Vielleicht ist der Satz aber auch der Tatsache geschuldet, dass Goethes Übersetzung des Gedichts insgesamt ganz nah am Original bleibt, fast wie eine Interlinearversion. Interlinearversionen folgen dem Original Wort für Wort, sie sind wörtlich. *How goes it you?* ist eine Interlinearversion von «Wie geht es dir?», aber keine englische Übersetzung dieses Satzes.

Warum solche Interlinearversionen keine Übersetzungen sind, ist durch eine große Einsicht der europäischen Sprachreflexion klar geworden. Ich habe in diesem Buch immer wieder darauf hingewiesen, dass Europa langsam und ziemlich spät – etwa ab dem 16./17. Jahrhundert – erkannt hat, dass Sprachen nicht nur verschiedene Nomenklaturen für dieselben hinter den materiellen Wörtern liegenden Vorstellungen sind, sondern den Inhalt verschieden strukturieren, dass sie verschiedene semantische Systeme sind: Grammatik und lexikalische Bedeutungen koinzidieren nicht von Sprache zu Sprache, sondern sind je eigene Bedeutungsuniversen. Man gestaltet den Inhalt in jeder Sprache semantisch anders. Man sagt auf Englisch eben nicht *How goes it you?* für «Wie geht es dir?», sondern *How are you?*, also wörtlich: «Wie bist du?» Die Interlinearversion verdeutlicht die semantische Struktur der *Ausgangs*sprache, sie ist gerade keine Übersetzung in die *Ziel*sprache.

Das größte Hindernis, die Leistung des Übersetzens überhaupt zu verstehen, war der seit der Antike herrschende falsche bzw. beschränkte Sprachbegriff, der besagte, dass sprachliche Verschiedenheit nichts anderes sei als die Verschiedenheit der Laute, die «willkürliche» Zeichen seien. Diese Sprachauffassung tötet nicht nur allen Geist, wie Wilhelm von Humboldt gesagt hat, sie ist auch eine im heutigen Denken immer noch tief eingegrabene Überzeugung. Und sie ist auch daran schuld, dass Übersetzer immer noch so schlecht verdienen. Denn: Was ist das schon groß, wenn einer nur Wörter gegen andere Wörter austauscht. Im Grunde kann das jeder: Man schaut einfach das fragliche Wort im Wörterbuch nach und setzt das dort gefundene an die Stelle des ersten, dann klappt das schon. Das ist nicht nur Aristoteles', sondern auch die naive Auffassung von Menschen, die keinerlei oder wenig Erfahrung mit Sprachen haben.

Goethe stellt hier zu Beginn seiner Manzoni-Übersetzung anscheinend keine Ausnahme dar: *Ei fu* – «er war». Er berücksichtigt an dieser Stelle einfach nicht die *semantische* Differenz zwischen Deutsch und Italienisch. Obwohl er es grundsätzlich besser wusste, er war ja nicht umsonst ein Freund von Wilhelm von Humboldt. «Ihre [der Sprachen] Verschiedenheit ist nicht eine von Schällen und Zeichen, sondern eine Verschiedenheit der Weltansichten selbst», ist Humboldts Grundeinsicht (GS IV: 27). Die Akademie-Rede von 1820, aus der dieser Satz stammt, hatte Goethe gründlich gelesen.[25]

Mit dieser Einsicht verändert sich der Beruf des Übersetzers radikal: Der Übersetzer setzt eben nicht nur andere materielle Zeichen an die Stelle der Wörter des Ausgangstexts, sondern er muss diesen Text gemäß der semantischen Struktur der Zielsprache neu formen, er muss ihn neu denken. Übersetzen ist richtig schwer, eine «Arbeit des Geistes». Nur die entsprechende Bezahlung lässt wohl noch lange auf sich warten.

Eine Sprache lernen ist deswegen ein intelligenter Ausweg aus dem Dilemma der menschlichen Glossodiversität, weil es eine doppelte Belohnung bringt: Einerseits erweitert es die Möglichkeiten der Kommunikation, und andererseits erweitert es die geistigen Operationen des Menschen, der sich in ein anderes kognitives Gefüge hineindenken und hineinpraktizieren muss.

Damit ist aber natürlich das Dilemma nicht wirklich behoben: Auch der zwei- oder dreisprachige Mensch kann längst nicht mit allen Menschen des Globus sprechen. Für die Sprachwelten, die die Menschen sich nicht selber erschließen können, gibt es die Übersetzung. Noch aus den fernsten Sprachen kann mir ein Übersetzer die Reden anderssprachiger Menschen in meine Sprache hineinrufen. Menschliche Rede ist von jeder Sprache in jede andere übersetzbar. Das ist deswegen so, weil die angeborenen Sinnes- und Geistesanlagen des Menschen, also auch seine Sprachanlagen, und die Welt selbst überall dieselben sind. Das Übersetzen erlaubt mir durch Vermittlung eines weiteren Menschen einen Schritt hin auf den Anderen, dessen Sprache ich nicht erlernen konnte, einen Schritt, der das Problem der Sprachenvielfalt – natürlich nur punktuell – überwindet.

Ich habe gerade keck behauptet, dass jede menschliche Rede von jeder Sprache in jede andere übersetzt werden kann. Dies ist ein umstrittener Satz in der Reflexion über das Übersetzen. Oft wird nämlich auch gesagt, dass wegen der tiefen semantischen Differenzen zwischen den Sprachen Übersetzen eigentlich unmöglich und der Übersetzer notwendigerweise ein Verräter sei: *traduttore traditore*. Beide Aussagen sind richtig, sie bilden die unauflösbare Antinomie der Übersetzbarkeit. Der schöne italienische – natürlich unübersetzbare – *pun* vom «Verräter-Übersetzer» repräsentiert diese Antinomie sinnfällig.

Hier ist vielleicht die Stelle, ein in dieser Debatte oft waltendes Missverständnis beiseitezuräumen: Die Diskussion um die Übersetzbarkeit wird immer noch und immer wieder anhand von einzelnen Wörtern – gleichsam anhand von Lexikoneinträgen – geführt. Da werden Wörter wie Beutestücke hochgehalten und für unübersetzbar erklärt: etwa deutsch «gemütlich» oder französisch *esprit*. Auch Cassins philosophisches Wörterbuch der *intraduisibles* tut genau dies, sozusagen programmatisch. Natürlich sind einzelne Wörter unübersetzbar. Normalerweise werden aber gar nicht einzelne Wörter übersetzt, sondern Äußerungen, in denen Wörter vorkommen. Das könnte man kritisch gegen Cassins Unternehmen einwenden, wenn nicht in der Philosophie eben doch einzelne Wörter – als philosophische Begriffe – eine zentrale Rolle spielen würden. Aber ansonsten werden Sätze, Aussagen, Äußerungen übersetzt, die, wie wir gesehen haben, gerade nicht Wort für Wort wiedergegeben werden dürfen: «Heute abend machen wir es uns aber richtig gemütlich.» Natürlich kann auch ein Franzose seiner Frau etwas vorschlagen, das dem deutschen Satz ziemlich genau entspricht, auch wenn es kein direktes Pendant zu «gemütlich» gibt, etwa: *Ce soir, on se la coule douce,* oder: *Ce soir, on se fait une soirée bien tranquille.* Die in den französischen Sätzen vorkommenden Adjektive *doux* und *tranquille* enthalten nur einen Teil der Semantik von *gemütlich*, und dennoch hat der französische Ehemann denselben Vorschlag gemacht wie der deutsche – nur anders.

Man sagt also dasselbe, aber man sagt es jeweils anders. Der erste Teil dieses Doppelsatzes steht für die Aussage, dass man jede Rede in jede andere Sprache übersetzen kann. Und der zweite Teil steht für die Aussage, dass das Übersetzte den Ausgangstext «verrät». Zwei Übersetzungstheoretiker haben diese Antinomie in den Titeln ihrer Bücher deutlich gemacht und sie dabei jeweils anders akzentuiert: Umberto Eco, «Dire quasi la stessa cosa» («Fast dasselbe sagen») (2003), betont die Identität des jeweils Gesagten, mit der kleinen Einschränkung «fast», *quasi*. Wobei *quasi* für den – als eher erträglich eingeschätzten – Verrat steht. Peter Utz, «Anders gesagt – autrement dit – in other words» (2007), legt dagegen den Akzent auf die Veränderung und findet gerade diese besonders reizvoll – keine Spur von Verzweiflung über den «Verrat».

Übersetzungen schaffen also gleichzeitig Identität und Diversität. Und diesen Sinn möchte ich auch dem Satz geben, den man öfter hört und den man Umberto Eco zuschreibt, nämlich dass die Übersetzung die Sprache Europas sei.[26] Ja, so ist es – und es ist deswegen so, weil Übersetzen *gleichzeitig* «dasselbe», *la stessa cosa*, und «Anders-Sagen» ist. Denn was ist Europa? Es ist, wie sehr man das im einzelnen auch differenzieren mag, Jerusalem, Athen und Rom, und was daraus geworden ist. Diese drei Orte markieren Stadien der Übersetzung: aus dem Hebräischen ins Griechische, aus dem Griechischen ins Lateinische. Das Lateinische ist die – übersetzte – Grundlage der Einheit Europas: *la stessa cosa*. Aber dann zerfällt diese Einheit wieder, bzw. die lateinische Kultur wird übersetzt in die verschiedenen – romanischen, germanischen, slawischen, keltischen, finno-ugrischen – Sprachen der europäischen Völker: *la stessa cosa*, aber: *dite autrement*. In den Kultursprachen Europas ist das Lateinische – hegelisch – aufgehoben. Deswegen gehören diese Sprachen mehr als andere zusammen. Und deswegen haben sich diese volkssprachlichen Textwelten auch immer aufeinander bezogen: Die Europäer nehmen ihre Literaturen übersetzend gegenseitig wahr. Sie haben nicht mehr *eine* Sprache, Latein, aber sie haben die Übersetzung als das Mittel, mit dem sie sich dasselbe jeweils anders sagen, kreuz und quer, hin und her. Ja, deswegen ist die Übersetzung unsere Sprache, die Sprache Europas. Anders als Amerika, das *e pluribus unum, aus* mehreren eines macht, ist Europa *in pluribus unum,* es ist *in* mehreren eines.

Und Deutschland – gemeint ist das Land, in dem Deutsch und nicht das Lateinische herrscht – hat in der Mitte Europas dabei immer eine ganz besondere Rolle gespielt. Es hat alles übersetzt. Es verdankt daher den anderen Sprachen und Literaturen unendlich viel. Goethe hat, wie wir im Kapitel 7 gesehen haben, immer wieder darauf hingewiesen. Und er hielt das Deutsche auch für eine für das Übersetzen besonders geeignete Sprache, es schließe sich an das Fremde wie keine andere mit Leichtigkeit an. Vielleicht hat er gedacht, «es war» sei die anschmiegsame Übersetzung von *ei fu*? In diesem Sinne ist das Deutsche eine Weltsprache. Es ist keine internationale Verkehrssprache, aber es hat die Sprachen der Welt – insbesondere Europas – in sich aufgenommen.

Sprachdämmerung

29

Das Ende – von Anfang an

Am Anfang war das Wort, und die Sprache ist das Licht der Menschen. Gewiss. Aber am Anfang unserer Kultur steht auch der Gedanke, dass alles besser wäre *ohne* das Wort. In beiden Quellen unserer Kultur, in der griechischen und der biblischen, war am Anfang auch gleich das Ende des Worts.

Schon beim Vater des Abendlandes, bei Platon, wird an der Abschaffung der Sprache gearbeitet bzw. wird von ihrem Ende geträumt. Von Anfang an denkt Europa das Ende der Sprache, und zwar als eine erstrebenswerte Befreiung. Es wäre schön, wenn es keine Sprache gäbe: So jedenfalls steht es im ersten großen Text unserer Tradition, der der Sprache gewidmet ist, in Platons «Kratylos». Der Sprache werden dort zunächst bedeutende Funktionen zugesprochen. Sie ist nicht nur zur Kommunikation da, sondern sie unterscheidet auch das Sein, das heißt, sie schafft «Portionen des Denkens», wie Humboldt das später nennen wird. Sie ist ein *didaskalikon organon kai diakritikon tes ousias*, ein belehrendes – also kommunikatives – und das Sein unterscheidendes – also kognitives – Werkzeug (Kratylos 388b/c). So weit so gut.

Die Diskussion geht um die Richtigkeit der Namen, also um die Frage, ob die materielle Form der Wörter das Bezeichnete abbildet oder nicht, ob die Wörter (gute, richtige) Bilder sind oder nicht, ob an der Sprache etwas vom Gedachten dran ist oder nicht. Kratylos bejaht die Frage, muss aber zugeben, dass die Wörter doch allerlei enthalten, das nichts mit den bezeichneten Dingen zu tun hat. Sein Gegenspieler Hermogenes findet zunächst, dass die Wörter nichts von den dargestellten Dingen enthalten, muss dann aber umgekehrt zugeben, dass manche Wörter eben doch etwas von der Sache haben, dass die Wörter doch auch Bilder der Dinge sind. Es gibt im Dialog keine Lösung dieser Frage. Nachdem Sokrates die beiden Kontrahenten Kratylos und Hermogenes jeweils in die entgegengesetzte Richtung getrieben und damit eine völlig verfahrene Situation erzeugt hat, findet er einen Ausweg – den Ausweg aus der Sprache. Wäre es nicht besser, so fragt er Kratylos, wenn wir die Dinge ohne Wörter (*aneu onomaton*) betrachten könnten? Anders gesagt: Wäre es nicht besser, wir könnten die Welt ohne Sprache denken? Kratylos knickt ein: «Ja natürlich, das wäre am schönsten»:

> Sokrates: Wenn man also zwar auch wirklich die Dinge durch die Wörter kann kennen lernen, man kann es aber auch durch sie selbst, welches wäre dann wohl die schönere und sichere Art, zur Erkenntnis zu gelangen? Aus dem Bilde [ek tes eikonos] erst dieses selbst kennenzulernen, ob es gut gearbeitet ist, und dann auch das Wesen selbst, dessen Bild es war, oder aus dem Wesen [ek tes aletheias] erst dieses selbst, und dann auch sein Bild, ob es ihm angemessen gearbeitet ist?
>
> Kratylos: Notwendig, ja, dünkt mich, die aus dem Wesen.
>
> Sokrates: Auf welche Weise man nun Erkenntnis der Dinge erlernen oder selbst finden soll, das einzusehen sind wir vielleicht nicht genug, ich und du; es genüge uns aber schon, darin übereinzukommen, dass *nicht durch die Worte*, sondern weit lieber *durch sie selbst* man sie erforschen und kennenlernen muss als durch die Worte.
>
> Kratylos: Offenbar, Sokrates.
>
> (Kratylos 439a/b)

Sokrates und Kratylos streben – als echte Philosophen – zum wahren Wissen. Und das kann man nur haben, wenn man die Sprache wegdenkt, wenn man das Ende der Sprache imaginiert, im sprachlosen Blick auf das zu Erkennende.

Es ist wohl nicht falsch zu sagen, dass die Philosophie – und das heißt auch: das wissenschaftliche Denken Europas – von Anfang an gegen die Sprache andenkt. Die Philosophen, die wir als Väter des europäischen Denkens betrachten, sind eine Gruppe von Leuten, die regelrecht gegen die Sprache agitieren. Nicht nur hier am Ende des «Kratylos». Ihre Zielscheibe sind die Sophisten, das heißt gerade Redner und Lehrer, die stark auf die Sprache setzen. Die Philosophie polemisiert gegen diese Sprachfreunde und trennt sich an dieser Stelle von der Rhetorik. Sie setzt auf den Ausstieg aus einem sprachbezogenen Denken, ja sie wünscht sich ein Ende der Sprache, jedenfalls im Erkennen.

Aristoteles, der andere Vater des Abendlandes, kommt diesem Wunsch nach. Er bestätigt, was am Ende des platonischen Dialogs doch noch gleichsam als Frage oder Forderung offengeblieben war: Es ist so, wie Sokrates sagt. Diese Bestätigung gelingt Aristoteles dadurch, dass er die beiden Funktionen der Sprache – Kommunikation und Erkennen – voneinander trennt. In dem für die gesamte wissenschaftliche Tradition des Abendlandes grundlegenden Text «De interpretatione» lehrt Aristoteles: Wir denken ohne Sprache, und zwar denken wir in *pathemata tes psyches*, Erleidnissen der Seele, die er auch als *homoiomata*, also als Abbilder, fasst. Alle Menschen schaffen dieselben mentalen Bilder von den Dingen. Das Denken ist universell, und es hat nichts mit Sprache zu tun. Sprache ist nur ein Werkzeug des Gedächtnisses und der Kommunikation, Laute, die auf etwas schon Gedachtes verweisen, also Zeichen (*semeia*) sind. Diese Laute – und nur die Laute! – sind von Volk zu Volk verschieden. Nach Aristoteles ist also Denken kratylisch: abbildlich, universell, unsprachlich. Sprache = Laute = Kommunizieren ist dagegen hermogenetisch: zeichenhaft, partikular. Die Sprache ist damit zwar nicht insgesamt verschwunden, sie ist aber aus der *Erkenntnis*-Relation erst einmal verbannt. Sie ist nur Kommunikation und damit auch nichts Wichtiges mehr. Es ist das Ende der Sprache für das Denken, von Anfang an!

Auch die andere Tradition, die biblische, agitiert gegen die Sprache, nun aber gerade gegen ihre *Kommunikativität*, deren Ende sie betreibt, auch hier fast von Anfang an. Sie fasst die Kommunikativität als etwas Negatives und imaginiert das Ende der Kommunikation durch die «Verwirrung» oder die Auflösung der Einheit der Sprache. Zunächst vollendet Adam die Schöpfung durch die Namengebung. In semantisch-kognitiver Hinsicht scheint alles in Ordnung zu sein. Adam gibt den Kreaturen die wahren Namen, gleichsam super-kratylisch. Aber kommunikativ ist die Sprache vom Übel. Adam und Eva können von vornherein miteinander kommunizieren – und sie nutzen diese Gabe sofort zur Sünde: Eva verführt Adam sprachlich zum Essen vom Baum der Erkenntnis. Kommunikation durch Sprache ist also die Quelle des Sündenfalls. Aber die Sprache wird nicht sofort bestraft. Offensichtlich sprechen die Menschen auch außerhalb des Paradieses noch dessen Sprache, sie haben «einerlei Zunge und Sprache». Aber als sie dann zum zweiten Mal sündhaft kommunizieren, wird der «einerlei» Sprache ein Ende bereitet (1. Mose 11):

> 1. Es hatte aber alle Welt einerlei Zunge und Sprache.
> 2. Da sie nun zogen gen Morgen, fanden sie ein ebenes Land im Lande Sinear, und wohnten daselbst.
> 3. Und sie sprachen untereinander: Wohlauf! lasst uns Ziegel streichen und brennen! und nahmen Ziegel zu Stein und Erdharz zu Kalk
> 4. und sprachen: Wohlauf, lasst uns eine Stadt und einen Turm bauen, des Spitze bis an den Himmel reiche, dass wir uns einen Namen machen! denn wir werden sonst zerstreut in alle Länder.
> 5. Da fuhr der Herr hernieder, dass er sähe die Stadt und den Turm, die die Menschenkinder bauten.
> 6. Und der Herr sprach: Siehe, es ist einerlei Volk und einerlei Sprache unter ihnen allen, und haben das angefangen zu tun; sie werden nicht ablassen von allem, was sie sich vorgenommen haben zu tun.
> 7. *Wohlauf, lasset uns herniederfahren und ihre Sprache daselbst verwirren, dass keiner des andern Sprache verstehe!*
> 8. Also zerstreute sie der Herr von dort in alle Länder, dass sie mussten aufhören die Stadt zu bauen.
> 9. Daher heißt ihr Name Babel, dass der Herr daselbst verwirrt hatte aller Länder Sprache und sie zerstreut von dort in alle Länder.

Dieses Ende der Sprache ist der Anfang der Sprach*en*. Geredet wird ja weiter, nun aber, nach dem Ende der Paradiesessprache, in vielen Sprachen. Die verschiedenen Sprachen sind also Ergebnis einer Verwirrung, das heißt die Frucht eines Endes. Dies ist kein guter Anfang. Oder: Die vielen Sprachen sind kein Anfang, sondern ein Ende, das Ende der weltweiten Kommunikation.

Nun haben diese beiden Geschichten jahrhundertelang zur dominanten Sprachkultur Europas gepasst: Das Denken war in Antike und Mittelalter scheinbar universell und wurde in einer einzigen Sprache festgehalten und mitgeteilt, wie im Paradies. Die sprachliche Vielfalt war kein wirkliches Problem in einer Welt mit *einer* mächtigen Über-Sprache. Das katholische Latein beherrschte die Welt derer, die das Sagen hatten. Die anderen Sprachen waren Sprachen des Volkes, das nichts zu sagen hatte. In dem Moment aber, in dem sich sprachliche Vielfalt störend bemerkbar macht, kommt die Erinnerung an Babel wieder hoch. Das ist im Hochmittelalter der Fall. Die verschiedenen Volkssprachen streben zu literarischen und sonstigen Ehren und gelangen damit ins Visier der Theorie. Nun wird mit der Bibel gegen die Verschiedenheit angekämpft: Dante versteht in seinem großen Sprachtraktat über das Dichten in der Volkssprache, «De vulgari eloquentia», die Verschiedenheit und Veränderbarkeit der Sprachen als katastrophale Strafe, über die er wortreich klagt. Er schlägt daher eine neue Sprache vor, die der räumlichen Variation und der zeitlichen Vergänglichkeit enthoben ist. Er konstruiert sich eine Sprache der Dichtung, die er aus der Verschiedenheit und Geschichtlichkeit herausnehmen und in *inalterabilis ydemptitas* (DVE I ix 11), in unabänderlicher Selbigkeit, festsetzen möchte.

Erneut wird hier das Ende der Sprache gedacht, diesmal das Ende ihrer Vielfalt. Verschiedenheit und Veränderlichkeit – Dante selbst weiß das – sind aber gerade Wesenszüge der Sprache. Das *vulgare illustre*, das sich Dante theoretisch konstruiert, ist in diesem Sinne keine wirkliche Sprache mehr. Es ist eine neue Sprache des Paradieses. Die Bewohner des Paradieses aber sind keine Menschen: Sie sind – prämortal oder postmortal – unsterblich, und ihre Sprache ist daher auch keine Menschensprache. Als neue Sprache Adams spiegelt sie das Wesen der Dinge, wahr, unveränderlich, ewig.

Genau das will auch der zweite Versuch zur Wiederherstellung der Sprache des Paradieses: ein ewiges Ende der Sprache. Denn der Schrecken Dantes vor der Verschiedenheit der menschlichen Sprachen ist sozusagen noch harmlos angesichts des Horrors, dem sich später die moderne Philosophie gegenübersah. Während die Verschiedenheit der Sprachen bei Dante gut aristotelisch nur eine Verschiedenheit von *Lauten* war, stellte das europäische Denken mit der Erfahrung großer Differenzen in den Sprachen der Welt ja fest, dass die Sprachen verschiedenes *Denken* enthalten. Die Europäer entdeckten die Tatsache, dass Sprachen verschiedene Semantiken haben und dass das Denken nicht universell ist.

Der Schreck ist groß, und nun tritt sozusagen die sokratische Frage noch einmal und schärfer auf den Plan: Wäre es nicht besser, lieber Kratylos, wenn wir die Sachen selbst, ohne die störenden Sprachen betrachteten? Der Kampf der Philosophie und der Wissenschaft gegen die Sprache beginnt hier nun wirklich massiv und ganz konkret. Francis Bacon entdeckt, dass an den Wörtern falsche Vorstellungen kleben, und er schlägt vor, diese falschen Vorstellungen auszumerzen und wissenschaftliche Bedeutungen festzulegen. Die Aufklärungsphilosophie insgesamt arbeitet an diesem Projekt, weil sie glaubt, dass die Relativität der einzelsprachlichen Semantik die Universalität der Vernunft und der Wissenschaft gefährdet. Die aufgeklärte Philosophie entwirft neue Terminologien, das heißt Universalwörter und wissenschaftliche Universalgrammatiken. Die Französische Revolution gipfelt geradezu in einem gigantischen Sprachreinigungsprozess. Sie reinigt Frankreich von den verschiedenen Sprachen und das Französische, in dem sich ja auch noch «Vorurteile» (*préjugés*) eingenistet haben, von dieser schmutzigen Semantik.

Den Kampf gegen die Sprache setzt die analytische Philosophie seit Frege fort. Das Ende der Sprache wird im Dienste der Wissenschaft nicht nur herbeigesehnt, sondern ernsthaft betrieben: Sprachreformen und künstliche Sprachen lassen die historischen Sprachen hinter sich. Wenn Frege feststellt, dass die natürliche Sprache für dieselbe Sache zwei Wörter hat – «Morgenstern» und «Abendstern» – und sozusagen zwei verschiedene Ansichten von derselben Sache bereitstellt, so kann er das für die Wissenschaft nicht akzeptieren. Wissenschaft muss diese störende, unsichere einzelsprachliche Semantik eliminieren. Es geht darum, die Sprache hinter sich zu lassen und ein «Ganzes von Zeichen, aus dem jede Vieldeutigkeit verbannt ist», zu schaffen (Frege 1994: 94).

Es ist wohl so, dass Wissenschaft notwendigerweise das Ende der Sprache betreiben muss. Sie kann sich ja nicht mit den vagen Bedeutungen der sogenannten natürlichen Sprachen zufriedengeben, sie muss präzise bezeichnen, sie muss durch terminologische Festlegungen den Wandel der Bedeutung anhalten, sie muss die Historizität der Sprache abschaffen. Und sie kann auch keine semantische Verschiedenheit dulden, weil Wissenschaft universelle Geltung beanspruchen muss. Kurz gesagt: Wissenschaft muss aus der Sprache austreten, um Wissenschaft zu sein.

Deshalb ist das Ende der Sprache auch so unaufhaltsam in unsere Kultur eingeschrieben, die ja so tief von Wissenschaft geprägt ist. Ich kann mich als Wissenschaftler nicht den bezaubernden Klängen und den kuriosen Kategorien der einzelnen Sprachen hingeben, ich muss mich ganz den Sachen widmen – insofern hatte Sokrates ja recht –, und diese sind universell gegeben, sie verlangen nach universeller Erkenntnis und präziser Bezeichnung. Ich muss – um ein ganz einfaches Beispiel zu bemühen – als Wissenschaftler über die Semantik jener Sprache hinausdenken, die den Wal als einen Fisch denkt. Es muss so sein: Das Ende der Sprache ist in der Wissenschaft notwendig und unausweichlich.

Aber: Das darf nicht bedeuten – und das ist die Gefahr –, dass es deswegen überall, in allen Lebensbereichen und Denkbereichen, so zugehen muss wie in der (Natur-)Wissenschaft. Genau dies ist aber eingetreten: Die Sprachkritik oder Sprachfeindschaft der Wissenschaft durchdringt unsere ganze Kultur.

Hinzu kommt nun noch ein Weiteres: Es gibt neben der Sprachfeindschaft der Wissenschaft eine Sprachfeindschaft, die von der anderen Seite kommt und ebenfalls massiv das Ende der Sprache betreibt. Ich meine die Feindschaft von seiten eines weit verbreiteten Irrationalismus. Dieser setzt Sprache mit Rationalität gleich und bekämpft sie deswegen. «Der Geist als Widersacher der Seele», dieser polemische Titel einer irrationalistischen Kampfschrift (Klages 1929) enthält die – falsche – Opposition, um die es hier geht. Der Irrationalismus kämpft gerade deswegen gegen die Sprache, weil Sprache in unserer Kultur so massiv als rational-objektives Bezeichnungsinstrument und Mittel zum Informationsaustausch auftritt. Im 20. Jahrhundert hat sich daher eine fatale Opposition gerade von Künstlern gegen die Sprache entwickelt, der zum Beispiel auf dem Theater der Garaus gemacht wird. Ich meine nicht das Verstummen der Sprache bei Beckett. Das ist ja sogar eher ein Plädoyer für die Sprache, ein Protest gegen deren Ende. Die zunehmende Entsprachlichung von Inszenierungen durchaus redender Stücke aber gründet auf jener irrationalistischen Sprachfeindschaft. Diese Opposition gegen die Sprache verkennt, dass Sprache gerade etwas Poetisches ist, dass sie in der Körperlichkeit wurzelt, in einer mentalen oder kognitiven Aktivität, die die alte

Psychologie Phantasie oder Einbildungskraft nannte, und gerade nicht in reiner Rationalität, die schon das Jenseits der Sprache ist. In der Sprachlosigkeit der Körperkultur endet die Sprache ebenso wie in der Sprachlosigkeit der Wissenschaftskultur.

Diese beiden Tendenzen schwächen eine Kultur der Sprache und befördern damit deren Ende auch in anderen Bereichen, jenseits von Wissenschaft und Theater. Die doppelte Sprachfeindschaft in unserer Kultur lässt ein Sprachdenken gar nicht erst aufkommen, das Sprache als die Arbeit des Geistes fasst, durch die der Mensch Mensch ist. Humboldts Sprachauffassung steht der europäischen Sehnsucht nach dem Ende der Sprache geradezu diametral gegenüber. Er träumt nicht vom Ende der Sprache, sondern setzt ihm den emphatischen Optimismus einer sprachlichen Kreativität entgegen, die nicht endet und auch gerade nicht enden soll, wenn wir Menschen bleiben wollen. Es ist der Optimismus eines Ursprungs in jedem Wort, eines ewigen Entspringens der Sprache aus menschlicher Schöpfungskraft. Die wichtigsten Momente einer solchen Sprachauffassung, aus der meine Sorge um die Sprache in diesem Buch Hoffnung schöpft, seien hier noch einmal aufgeführt:

Sprache generiert *Denken*. Es gibt kein Bedauern über die Einmischung der Sprache ins Denken. Im Gegenteil: Die Sprache ist das bildende Organ des Gedankens. Oder: Ohne Sprache kein Denken. Also braucht man auch nicht auf Abschaffung der Sprache zu sinnen.

Die Erzeugung des Gedankens als Sprache ist zwar Arbeit des Geistes, aber Humboldts «Geist» ist im Körper verwurzelt. Sprache ist *Artikulation* – des Denkbaren *und* des Lautes.

Sprache ist außerdem Artikulation des Denkbaren und des Lautes in der Dimension des *Anderen*. Sie ist, wie Humboldt sie einmal nennt, «Mit-Denken» (GS VII: 583). Körperlichkeit und Alterität binden die Sprache selbstverständlich an Emotionalität.

Dass der Mensch dieses Denken in unendlicher *Verschiedenheit* generiert, weil er, wie Dante gesagt hat, ein *variabilissimum animal* ist, ist keine Gefahr, sondern eine Errungenschaft: Individualität ist ein Glück, deswegen ist auch Verschiedenheit ein Glück. Die Vielfalt und Wandelbarkeit der Sprache, die der Babel-Mythos als Katastrophe denkt, ist ein großer Reichtum des menschlichen Denkens.

Vor diesem Hintergrund seien abschließend und rückblickend noch einmal einige Gefahren aktueller Sprachkultur benannt, die, wenn sie eintreten, den Menschen tatsächlich immer weniger als Menschen erscheinen lassen, wenn «der Mensch nur Mensch durch Sprache ist» (Humboldt, GS IV: 15).

Tränen des Abschieds

Die Menschheit bildet nach Humboldt ihr Denken in der Mannigfaltigkeit ihrer Sprachen. Diese ist Leibniz' «wunderbare Vielfalt der Operationen unseres Geistes». Aktuell findet eine dramatische Reduktion dieser Variationen des menschlichen Geistes statt: Von den ca. 6000 noch bestehenden Sprachen – die Zahl ist natürlich problematisch – werden in hundert Jahren, so schätzt man, nur noch zwischen 200 und 600 übrig sein. Das ist immer noch ganz schön viel, falls jemand daran gedacht haben sollte, alle Sprachen der Welt lernen zu wollen. Aber es ist eben ein kultureller Verlust ungeheuren Ausmaßes.

Wir müssen den Verlust beklagen, wie wir ja auch klagen würden, wenn in Frankreich alle Kathedralen außer Notre-Dame dem Erdboden gleichgemacht würden. Die ganze Welt hat geweint, als die Taliban die großen Buddha-Statuen in Afghanistan gesprengt haben. Wir kämen aus dem Weinen gar nicht mehr heraus, wenn wir den Sprachen der Welt ähnliche Aufmerksamkeit schenken würden. David Crystal, der über den Sprachentod ein ergreifendes kleines Buch verfasst hat, schreibt dazu:

> Language death is a terrible loss, to all who come into contact with it. ‹Facing the loss of language or culture involves the same stages of grief that one experiences in the process of death and dying.› (Crystal 2000: 163)

> Der Tod einer Sprache ist ein schrecklicher Verlust, für alle, die damit in Berührung kommen. «Die Konfrontation mit dem Verlust einer Sprache oder einer Kultur geht mit den gleichen Phasen der Trauer einher, die man bei Tod und Sterben durchlebt.»

Natürlich werden die Menschen, die die alten Sprachen aufgeben, nach wie vor sprechen, sie bleiben Menschen, weil sie nach wie vor Sprache haben. Aber die Menschheit wird einfach ärmer.

Manchmal ist es übrigens möglich, sozusagen die Todesstunde einer Sprache anzugeben. Für Romanisten ist der Fall des Vegliotischen, einer Variante des Dalmatinischen, klassisch. Ein italienischer Sprachwissenschaftler hat festgestellt, dass diese Sprache am 10. Juni 1898 «gestorben» ist, als ihr letzter Sprecher, Antonino Udina, starb. Man könnte aber auch sagen – darauf weist Daniel Heller-Roazen in einem geistvollen Buch hin –, dass das Vegliotische oder andere Sprachen mit letzten Sprechern in Wirklichkeit schon früher gestorben sind, weil man ja zumindest zwei Sprecher haben muss, damit eine Sprache tatsächlich noch existiert. Aber manchmal lebt die Sprache doch noch fort und steht auch wieder auf: *Fabricating the death certificate of language is no easy task*, «den Totenschein einer Sprache auszustellen ist keine leichte Aufgabe» (Heller-Roazen 2005: 64).

Wie dem auch sei, die meisten Sprachen der Welt werden verschwinden. Dies mag vielleicht gut sein für das ungehinderte globale Funktionieren von Kommunikation, für die menschliche Sprache als Produktion des menschlichen Denkens im Sinne Humboldts ist es eine Katastrophe.

Das Deutsche wird noch bei den Sprachen dabei sein, die den Sprachtod überleben. Sicher werden auch in hundert Jahren immer noch ein paar Millionen Menschen deutsch sprechen. Aber das Deutsche wird rasant sinken in der Statistik der am meisten gesprochenen Sprachen. Das Französische zum Beispiel wird das Deutsche nach der Zahl der Sprecher weit überholt haben, von den großen Sprachen Chinesisch, Hindi, Englisch und Spanisch ganz abgesehen. Das Französische wird aber das Deutsche in einem noch anderen Sinne überholen, indem es nämlich als Kultursprache überlebt. Das Deutsche wird nicht nur durch die demographische Entwicklung hinsichtlich seiner Sprecherzahl drastisch reduziert, die kulturelle Mutlosigkeit seiner Sprecher, die verschwundene Liebe zu dieser Sprache und die Schulpolitik der deutschsprachigen Länder bereiten der Kultursprache Deutsch ein Ende. Deutsch wird von einer voll ausgebauten Hochsprache zu einer aufs Private bezogenen Vernakularsprache absinken. Es ist sogar wahrscheinlich, dass es seine Funktion als Koine, als allgemeine Sprache der deutschen Sprachgemeinschaft verlieren wird, wie es sich ja schon in der Schweiz ankündigt. Als Koine wird dann das globale Englisch über den deutschen Dialekten schweben. Das hat erhebliche Konsequenzen für den geistigen Haushalt der Sprachgemeinschaft. Humboldt sagt über den Gebrauch einer Sprache als Kultursprache, den «rednerischen» Gebrauch in «Poesie, Philosophie und Geschichte», dass er allein «ihr Jugend und Kraft, Glanz und Schönheit erhalten kann» (GS IV: 30).

Gegen die Aufgabe des Deutschen als Kultursprache scheint kein Kraut gewachsen zu sein. Die Linguistik begleitet diesen Prozess mit gelehrter Herzlosigkeit. Sie vergleicht ihn zum Beispiel achselzuckend mit der Romanisierung der westlichen Mittelmeerwelt in der Antike, bei der ja auch die Eliten die alten Sprachen zugunsten des kulturell höher stehenden Lateins aufgegeben haben, bis ihnen dann langsam auch das Volk in die neue Sprache gefolgt ist. Der Vergleich ist plausibel, aber er ist auch falsch. Denn keine der zugunsten des Latein aufgegebenen Sprachen im Römischen Reich war eine voll ausgebaute, prestigereiche Kultursprache wie das Deutsche. Wenn schon, dann müsste man das Deutsche mit dem Griechischen vergleichen, nicht mit keltischen und iberischen Sprachen. Das Lateinische konnte aber nichts gegen das Griechische im Imperium Romanum ausrichten. Die Griechen haben sich und ihre Sprache als kulturell gleich bzw. höher gestellt betrachtet und nicht im Traum daran gedacht, das Griechische gegen das Lateinische auszutauschen. So wird es in Zukunft mit Französisch und mit Spanisch sein. Deren Sprachgemeinschaften werden im Bewusstsein ihrer kulturellen Bedeutung nicht mit der englischen Sprachgemeinschaft fusionieren. Die Deutschen dagegen werden wahrscheinlich ihre anscheinend auf ewig kompromittierte Sprache als Kultursprache aufgeben und das Englische adoptieren. Sie werden das Deutsche in einer *kindness driven agony* (van Parijs 2011: 144) hinter sich lassen.

Doch noch einmal: Vielleicht ist dies nicht so schlimm, weil ja auch der anglophone Mensch immer noch Mensch durch Sprache ist. Humboldt sagt ja nicht, dass der Mensch nur durch eine bestimmte Sprache Mensch ist. Auch der englischsprechende *ci-devant* Deutsche leistet die Arbeit des Geistes, den artikulierten Laut zum Ausdruck des Gedankens fähig zu machen, nun eben mittels der englischen Sprache.

Genau diese Arbeit des Geistes aber – gleichgültig in welcher Sprache – scheint heute durch bestimmte weitere gesellschaftliche und kulturelle

Entwicklungen gefährdet. Und die Frage stellt sich, ob die Menschen damit einen anderen anthropologischen Typus entwickeln als den alten Sprachmenschen.

Wir wissen noch nicht, was die neuen Medien mit unseren Gehirnen machen. Wir können noch nicht das Buch schreiben, das Walter Ong (1982) für den Übergang von der Mündlichkeit zur Schriftlichkeit geschrieben hat. Ein paar Tendenzen sind aber schon beobachtbar: die geistige und emotionale Zappeligkeit der Kinder, die explodierende Boshaftigkeit der Gesellschaft, die zunehmende Unfähigkeit zur Aufnahme längerer und komplizierterer Texte zum Beispiel. Wir können die entsprechenden Fragen stellen. Natürlich haben die unglaublichen medialen Veränderungen, die in unserem Leben stattgefunden haben, Einfluss auf die Psychodynamik des Menschen, wie Walter Ong das nennt. Ich will meine eigene Medien-Geschichte hier kurz als Beispiel anführen: Ich bin noch völlig ohne Fernsehen aufgewachsen. Die prägende Semiose und das dominante Medium meiner Kindheit und Jugend in den vierziger und fünfziger Jahren war tatsächlich die Sprache: das Nähe-Sprechen (Dialekt) und das Schreiben und Lesen der Distanz-Sprache (Deutsch). An zweiter Stelle kam das Radio, Musik und Sprache gemischt (aber doch nur kurze Zeit eines Tags, es gab ja keine wirklich portablen Geräte), und an dritter Stelle selbstgemachte Musik, schließlich dann das Kino, vermutlich gleichauf mit dem Theater, jedoch nur zwei Stunden alle vierzehn Tage. Bilder, vor allem bewegte, waren also eher selten.

In der Welt der nachfolgenden Generation nimmt, trotz einer zumeist noch erfolgten sprachlichen Sozialisation, die Musik die erste Stelle ein (der ganze Tag ist heute in Musik eingetaucht), dann kommen die kinematographischen Bilder, dann erst die Sprache, mündlich und schriftlich, letztere getippt, nicht handgeschrieben. Was bedeutet dies für die Psychodynamik der Menschen? Sofern Musik und Bilder eine größere Rolle spielen als die Sprache, ist vermutlich die rechte Gehirnhälfte mehr beansprucht als die linke. Können wir dann sagen, dass (zumindest quantitativ) die Menschen weniger Menschen sind als die alten Sprachmenschen?

Jedenfalls ist es dies, was Hélène Merlin-Kajman (2003) fürchtet: einen Abschied von der Sprache, das heißt von der Artikulation, die die Arbeit des Geistes ist, und damit einen Wandel des Wesens jenes Tiers, das einmal das Sprachwesen, *zoon logon echon*, war. Im semiotischen Verhalten vor allem männlicher Jugendlicher beobachtet sie ein Verschwinden der Sprache. An deren Stelle sind getreten: Knuffen, Tätowierungen, Spucken, Berührungen, unartikuliertes Brummen, kommunikative Verhaltensweisen, bei denen es um die Aufrechterhaltung der Gruppe, also – in Bühlerschen Termini – um Appell und Kundgabe, geht, nicht um die Darstellung und Mitteilung objektiver Sachverhalte. Es sind sozusagen rein pragmatische Semiosen: Ich und du. Nach einer alten Opposition von Humboldt sind dies Semiosen, bei denen ein Lebewesen sein Mitgeschöpf zum «*Handeln* durch Mit-*Empfinden*» einlädt (GS VII: 583). Es sind also Semiosen, wie sie auch die Tiere kennen. Das eigentlich Menschliche ist aber eine Aktivität, mit der der eine den anderen zum «*Verstehen* durch Mit-*Denken*» (ebd.) einlädt. Gedacht – im Sinne eines Fassens von objektiven, darstellenden Gedanken – wird dort jedoch nicht mehr. Von Artikulation kann nicht mehr die Rede sein: *Finis linguae*? Ende der Sprache?

Eher umgekehrt fürchten Pierre Judet de la Combe und Heinz Wismann (2004), dass durch das Übergewicht technischer Funktionalität die kulturelle, poetische Dimension des Sprachlichen weggekürzt wird, gerade jenes Licht und jene Wärme, die nach Humboldt aus dem rednerischen Gebrauch der Sprache hervorgehen. Die technisch-funktionale Berufswelt macht das reine und präzise Bezeichnen zur Pflicht. Die rein objektive Bezeichnungssprache wird die exklusive Form von Sprache. Für diese Funktion genügen aber, wie Judet und Wismann es nennen, *langues de service*, technische Hilfssprachen. Diese sind von jeder Historizität entkleidete Zeichen, die Tradition, Kultur, Bildung, Poetizität und Emotionalität nicht mehr transportieren. Diesem reinen Bezeichnen sind wir ja schon begegnet, es ist der Traum der aufgeklärten Sprachphilosophie, der Traum des wissenschaftlichen Europas. Auch seine totale gesellschaftliche Verallgemeinerung wäre das Ende der Sprache: der Sieg des Zeichens über das Wort.

Also: Sprachlose Kommunikation einerseits, objektive Bezeichnung andererseits, ein Auseinanderfallen dessen, was in der «Arbeit des Geistes» zusammengehört. Diese Befürchtungen scheinen weit von irgendwelchen konkreten Gefahren entfernt zu sein. Ich will aber doch noch ein Beispiel geben, das jenes Auseinanderfallen der Sprache mitten in der gesellschaftlich so wichtigen Bildungsdebatte verdeutlicht: In der ersten Pisa-Erhebung war die mangelnde Sprachbeherrschung deutscher Kinder als Hauptgrund für das schlechte Abschneiden unseres Landes ausfindig gemacht worden. Das hat viele kluge Köpfe auf den Plan gerufen, die zu einer Reform der Schule Vorschläge gemacht haben. Der sicher klügste Vorschlag war derjenige von Baumert u. a. (2002). Allerdings wurde dort nun genau jene Trennung vorgenommen, die aus meiner Sicht das Ende der Sprache bedeutet. Die Sprache wurde in ihre beiden Komponenten und Funktionen aufgeteilt: in eine rationale «Verkehrssprache» einerseits, die die Kinder für den nächsten Pisa-Test lernen und schärfen sollen. Und völlig getrennt von dieser «rationalen» Sprache soll es andererseits Unterricht in künstlerischen Ausdrucksformen geben, «bildnerischen, musikalischen, mimischen, gestischen, tänzerischen Ausdrucksformen» (ebd.: 178); die Dichtung wird nicht erwähnt, ist aber wohl mitgemeint. Das Emotionale, Poetische wird vom Rationalen radikal geschieden. Das ist genau die Spaltung, die die Sprache, durch die der Mensch Mensch ist, an ihr Ende bringt.

Damit habe ich die Szenarien des Sprach-Endes nicht erschöpft, sondern nur vom *kollektiven* Ende der Sprache gesprochen, vom Ende von Einzelsprachen und vom Ende von Sprache überhaupt. Aber es gibt natürlich – und vor allem – auch ein Ende der Sprache auf der Ebene der *individuellen* Sprecher. Warum hören einzelne Menschen auf zu sprechen? Hier öffnet sich ein weites Feld: Jeder Mensch hört einmal auf zu sprechen. Für dieses individuelle Ende der Sprache gibt es die verschiedensten Gründe und Ursachen: Aphasie, Schweigegelübde, Erschöpfung des Themas, des Sprechers und der Hörer, Zeitknappheit, Angst und psychische Unfähigkeit zu kommunizieren. Am drastischsten hört der Mensch auf zu sprechen, wenn er stirbt.

Bevor ich nun meinerseits mein Sprechen bzw. Schreiben aus freiem Entschluss beende, möchte ich an ein berühmtes individuelles Ende der Sprache erinnern, das Kleist im «Amphitryon» so hinreißend in Szene gesetzt hat. Am Schluss des Dramas endet die Sprache in der Interjektion. Es ist die Sprachlosigkeit des Überwältigtseins, wenn der Laut nicht mehr zum Ausdruck des *Gedankens* artikuliert werden kann, sich aber das *Gefühl* noch mit lautlichen Mitteln äußert, die noch kein Schrei sind: Alkmene erfährt ganz zum Schluss, dass ihr Jupiter höchstselbst in der Gestalt des Amphitryon beigeschlafen hat und dass sie ein Kind von Gottvater empfangen hat. Eine solche Nachricht muss ihr natürlich, wie man sagt, die Sprache verschlagen:

> Jupiter: Es sei. Dir wird ein Sohn geboren werden,
>   Dess Name Herkules. [...]
> Alkmene: Ach!

Anhang

Anmerkungen

Sprache: Licht der Menschen

1 Die Abkürzung GS steht für Humboldt 1903–1936. Zu Humboldts Sprachprojekt vgl. Trabant 2012a.
2 Vgl. Ehlich 2009.
3 Bredekamp 2009.
4 Vgl. Bredekamp 2017.
5 Vgl., im Anschluss an Chomsky, Pinker 1994.
6 Siehe Kapitel 12.
7 Das Berliner Forschungsprojekt «Symbolische Artikulation» etwa ist dem Zusammenhang von Bild und Sprache gewidmet, vgl. Marienberg (Hrsg.) 2017.
8 Vgl. z. B. Kendon 2004.
9 Ein unverzichtbarer Klassiker zu dieser Fragestellung bleibt Leroi-Gourhan 1964/65.
10 Einen Überblick gibt Trabant/Ward (Hrsg.) 2001. Das Feld entwickelte sich in den Jahren seit Erscheinen dieses Bandes stürmisch, die Grundpositionen sind aber immer noch die dort dokumentierten.
11 Der prominenteste Vertreter dieser Forschungsrichtung ist sicher Philip Lieberman, der sich in vielen Büchern zu der Frage geäußert hat, vgl. z. B. Lieberman 1998.
12 In Hauser/Chomsky/Fitch 2002 hat Chomsky sich von seinen Mitautoren breitschlagen lassen, die Möglichkeit einer allmählichen Evolution von Rekursivität ins Auge zu fassen.
13 Zu einem Evolutionsszenario im Rahmen der Chomskyschen Sprachauffassung vgl. jetzt Friederici 2017.
14 Vgl. Fischer 2012: 198f.
15 Vgl. Trabant 2012b.
16 Siehe Kapitel 29.
17 Vgl. jetzt die ausgezeichnete Edition dieser Schrift von Bettina Lindorfer in Humboldt 2017.
18 Vgl. z. B. van Parijs 2011 und Gerhards 2010.
19 Siehe Kapitel 23.
20 Zu Bacon siehe Kapitel 11.
21 Siehe dazu Kapitel 26.

22 Einen ausgezeichneten Überblick über die neuesten Forschungen zum Verhältnis von Sprache und Denken gibt Thiering 2018.
23 Siehe dazu Kapitel 20.
24 Vgl. Malotki 1983.
25 Ganz ähnlich Humboldt 1820, vgl. GS IV: 16f.
26 Thiering 2018 widmet sich ganz besonders der Beziehung von Sprache und Raum-Denken.
27 Über die politische Gefahr des radikalen sprachlichen Determinismus siehe Kapitel 11.

Muttersprache: Das Deutsche

1 1717 zuerst gedruckt.
2 Ich zitiere die beiden das Deutsche betreffenden Aufsätze von Leibniz nach der Reclam-Ausgabe (Leibniz 1983). Bei den «Unvorgreiflichen Gedanken» führe ich die Leibnizschen Paragraphen an, bei der «Ermahnung an die Deutschen» (ED) die Seitenzahlen.
3 Sogar erst 1846 zum ersten Mal gedruckt.
4 Vgl. von Polenz 1994.
5 Vgl. Leibniz 1916.
6 Zur Bedeutung von Übersetzungen für das Deutsche vgl. auch Goethes Überlegungen im nächsten Kapitel.
7 Siehe unten das Kapitel 10 über Purismus.
8 Siehe Kapitel 19.
9 Die gebellte Sprache. In: *Frankfurter Allgemeine Zeitung* 226 (28. September 2007): 40.
10 Vgl. Göttert 2010: 353 und 370. Über die ehrabschneidenden Beschimpfungen eines anderen germanistischen Kollegen sei hier der Schleier der Anonymität und der Vergebung gebreitet.
11 Band- und Seitenangaben der Zitate nach der Frankfurter Goethe-Ausgabe, abgekürzt FA.
12 Wie nah sich Goethe dem Original hält, zeige ich in Kapitel 28.
13 Vgl. die Statistik auf der Website von Louis-Jean Calvet: http://wikilf.culture.fr/barometre2012/tmpl.php?data=doc/facteur/langue-cible&crt=5&type=defaut.
14 Vgl. Trabant 2014.
15 Vgl. Eisenberg 2011.
16 Vgl. Reinbothe 2006.
17 Siehe Kapitel 9.
18 Das bestätigte eine gebildete Migrantin in der FAZ im Juli 2018: «Was man ererbt von seinen Vätern».

19 Bourdieu 2001/1982.
20 Ich werde den Namen hier bestimmt nicht nennen, der Mann ist zu mächtig und vernichtet mich mit einem Schlag in den Medien, die ihm gehorchen. Aber auch auf der anderen politischen Seite fordern Hanna Gersmann in der taz vom 17. August 2012 «Mehr Englisch, bitte!» und Matthias Kolbe in der «Süddeutschen Zeitung» vom 12. Mai 2014 «Let's face it: Europa muss Englisch sprechen».
21 Vgl. Trabant 2014: Kap. 5.
22 Siehe Kapitel 15.
23 Florian Coulmas: Eine Lingua franca für die Wissenschaft ist eine Bereicherung. In: NZZ (15. Januar 2010).
24 Vgl. z. B. Mittelstrass/Trabant/Fröhlicher 2016.
25 Einen anderen Aspekt religiös aufgeladener intoleranter Sprachpolitik betrachte ich in Kapitel 11.
26 Siehe Kapitel 5.
27 Michael Hagner: Verkörpertes Denken. In: NZZ (22. November 2008).
28 Joseph 2006.
29 Bourdieu 1979.
30 Schon bei Bacon finden wir also den deterministischen Sprachrelativismus, den man immer erst mit Whorf verbindet und dem man auch bei Wittgenstein und Barthes begegnet, siehe oben Kapitel 5.
31 Vgl. Klemperer 1947/2018.
32 Vgl. Uwe Marx: Ein Hoch auf das Hochdeutsch! In: *Frankfurter Allgemeine Zeitung* 155 (7./8. Juli 2018): C2.
33 Vgl. Trabant 2014: Kap. 4. Siehe unten Kapitel 27.
34 Die dramatischste sprachhistorische Entwicklung der neueren Zeit ist vielleicht die Verbreitung der italienischen Standardsprache in Italien seit der Einheit 1861. 1861 konnten nur 2,5 Prozent der Italiener Italienisch, heute können es fast alle. Die Standardsprache hat aber die Dialekte nicht ausgelöscht, schreibt De Mauro 2014. Diese Entwicklung ist für De Mauro das optimistische Modell für die europäische Ausbreitung des Englischen, während mir die Auslöschung der Dialekte und Regionalsprachen in Frankreich als abschreckendes Beispiel für die sprachliche Zukunft Europas vorschwebt.
35 Vgl. Labov 1969/70.
36 Die Einflüsse der verschiedenen Sprachen der Migranten auf das Deutsche zeigt dagegen Hinrichs 2013: Kap. 20, dem Wiese damit kenntnisreich widerspricht.
37 Den sprachlichen Kapitalismus, allerdings ohne Bourdieus Kritik, repräsentiert beispielhaft Gerhards 2010.

Die neue Vatersprache: Das Globalesische

1 Siehe Kapitel 18.
2 Vgl. Bourdieu 2001/1982: 128.
3 Zur Eigenart englischer wissenschaftlicher Texte vgl. Thielmann 2009.

Brudersprache: Das Französische

1 Vgl. Trabant 2002.
2 Siehe Kapitel 6.
3 Vgl. Trabant/Naguschewski (Hrsg.) 1995.
4 Vgl. Hagège 1987.
5 Vgl. auch die klassische Studie von Weinrich 1961.

Geschwister: Die Sprachen Europas

1 Vgl. die Bemerkungen zu «Eskimo», «amerikanisch» und *njemecki* im Kapitel 15.
2 Die Kulturen Amerikas wandern ins Humboldt-Forum, während die europäische Volkskultur im sehr peripher gewordenen Dahlem verbleibt, also noch weiter marginalisiert wird als bisher.
3 Dieses vor ein paar Jahren noch völlig unschuldige Adjektiv ist inzwischen als politisch unerträglich kontaminiert: Die «Identitären» haben den Ausdruck in die politische Schmuddelecke befördert.
4 Daher ist es mir so völlig unverständlich, wie behauptet werden kann, Kultur sei unabhängig von Sprache, vgl. Gerhards 2010: 15.
5 Siehe https://humboldtforum.com/de/ausstellungen/laut-die-welt-hoeren.
6 Das haben die Organisatoren des Humboldt-Forums noch nicht verstanden, die offensichtlich glauben, mit der Ausstellung des Lautarchivs und des Phonogrammarchivs «Sprache» ausgestellt zu haben.
7 Luxemburg wäre also die ideale neue Heimat der Siebenbürger gewesen, dort ist das Moselfränkische sogar zur Nationalsprache erhoben worden.
8 Z. B. bei van Parijs 2011: 208.
9 Vgl. Nettle 1999, Nettle/Romaine 2000, Crystal 2000, Evans 2010.
10 Vgl. Evans 2010: 42.
11 Vgl. Trabant 2010, siehe auch Kapitel 29.
12 Vgl. Trabant 2002.
13 Z. B. von Evans 2010.
14 Siehe dazu Kapitel 5.
15 Vgl. Gerhards 2010.

16 Van Parijs 2011.
17 https://www.elysee.fr/emmanuel-macron/2017/09/26/initiative-pour-l-europe-discours-d-emmanuel-macron-pour-une-europe-souveraine-unie-democratique.
18 Siehe das nächste Kapitel.
19 http://www.bundespraesident.de/SharedDocs/Reden/DE/Joachim-Gauck/Reden/2013/02/130222-Europa.html.
20 Ich erinnere aber an die im Kapitel 4 zitierte Stelle GS III: 170, dass auch bei den Wörtern für sinnliche Gegenstände jeweils etwas anderes gemeint ist, weil ja im Wort der Laut eine unauflösbare Einheit mit der Bedeutung bildet.
21 Siehe Kapitel 29.
22 Erst Nietzsche hat eigentlich in «Über Wahrheit und Lüge im außermoralischen Sinne» die partikuläre Semantik der Sprachen gegen den Universalitätsanspruch der Philosophie ausgespielt. Der Mainstream der Philosophie ist ihm aber darin nicht gefolgt.
23 In der aktuellen Diskussion um den Zustand der deutschen Philosophie wird dies geradezu karikatural deutlich. Thomas Grundmann von der Universität Köln glaubt, es gäbe keine «deutschsprachige» Philosophie (Tagesspiegel vom 9. März 2018).
24 Vgl. hierzu Trabant 2003: Kap. 7.4.
25 Vgl. Osterkamp 2018: 66.
26 In welchem Ausmaß das der Fall ist, zeigt jetzt das bewundernswürdige Buch von Albrecht/Plack 2018.

Literaturverzeichnis

Académie française (Hrsg.)
　1694: *Dictionnaire de l'Académie françoise*. 2 Bde. Paris: Coignard.
Albrecht, Jörn/Plack, Iris
　2018: *Europäische Übersetzungsgeschichte*. Tübingen: Narr.
Aristoteles
　1962: *The Categories. On Interpretation. Prior Analytics*. London: Heinemann/Cambridge, Mass.: Harvard University Press (Loeb's Classics).
　1994: *Peri hermeneias*. Hrsg. Hermann Weidemann. Berlin: Akademie Verlag.
Bacon, Francis
　(1620): *Neues Organon*. Hrsg. Wolfgang Krohn. Darmstadt: Wissenschaftliche Buchgesellschaft 1990.
Barthes, Roland
　1978: *Leçon*. Paris: Seuil.
Baumert, Jürgen/Fried, Johannes/Joas, Hans/Mittelstraß, Jürgen/Singer, Wolf
　2002: Manifest. In: Killius, Nelson/Kluge, Jürgen/Reisch, Linda (Hrsg.): *Die Zukunft der Bildung*. Frankfurt am Main: Suhrkamp: 171–225.
Beccaria, Gian Luigi
　2006: *Per difesa e per amore. La lingua italiana oggi*. Milano: Garzanti.
Berlin, Brent/Kay, Paul
　1969: *Basic Color Terms: Their Universality and Evolution*. Berkeley: University of California Press.
Bourdieu, Pierre
　1979: *La Distinction. Critique sociale du jugement*. Paris: Minuit.
　2001: *Langage et pouvoir symbolique*. Paris: Seuil (Neuauflage von *Ce que parler veut dire: L'économie des échanges linguistiques*. Paris: Fayard 1982).
Brather, Hans-Stephan (Hrsg.)
　1993: *Leibniz und seine Akademie. Ausgewählte Quellen zur Geschichte der Berliner Sozietät der Wissenschaften 1697–1716*. Berlin: Akademie Verlag.
Bredekamp, Horst
　2009: Wider die Bildangst der Sprachdominanz. In: Messling/Tintemann (Hrsg.) 2009: 51–68.
　2017: Early Forms of Articulation. In: Marienberg (Hrsg.) 2017: 3–29.
Bühler, Karl
　(1934): *Sprachtheorie. Die Darstellungsfunktion der Sprache*. ³Stuttgart: Lucius & Lucius 1999.

Cassirer, Ernst
(1923–1929): *Philosophie der symbolischen Formen*. 3 Bde. ⁶Darmstadt: Wissenschaftliche Buchgesellschaft 1973.
Chomsky, Noam
1986: *Knowledge of Language: Its Nature, Origin, and Use*. New York: Praeger.
Condillac, Etienne Bonnot de
(1746): *Essai sur l'origine des connaissances humaines*. Hrsg. Charles Porset. Auvers-sur-Oise: Galilée 1973.
Corneille, Thomas
(1694/95): *Dictionnaire des Arts et des Sciences*. 2 Bde. Paris: Coignard (Nachdruck Genf: Slatkine 1968).
Crystal, David
2000: *Language Death*. Cambridge: Cambridge University Press.
Dante Alighieri
(1979): *De vulgari eloquentia*. In: *Opere minori* II. Hrsg. Pier Vincenzo Mengaldo. Mailand/Neapel: Ricciardi: 1–237.
De Mauro, Tullio
2014: *In Europa son già 103. Troppe lingue per una democrazia?* Rom/Bari: Laterza.
Deutsche Akademie für Sprache und Dichtung/Union der deutschen Akademien der Wissenschaften (Hrsg.)
2013: *Reichtum und Armut der deutschen Sprache. Erster Bericht zur Lage der deutschen Sprache*. Berlin/Boston: de Gruyter.
2017: *Vielfalt und Einheit der deutschen Sprache. Zweiter Bericht zur Lage der deutschen Sprache*. Tübingen: Stauffenburg.
Deutscher, Guy
2010: *Through the Language Glass. How Words Colour Your World*. London: Heinemann.
Du Bellay, Joachim
(1549): *La deffense et illustration de la langue francoyse*. Hrsg. Henri Chamard. Paris: Fontemoing 1904.
Eco, Umberto
2003: *Dire quasi la stessa cosa. Esperienze di traduzione*. Mailand: Bompiani.
Ehlich, Konrad
2009: «Der Mensch ist nur Mensch durch Sprache». Bioethische Exkursionen zu den definitorischen Rändern eines philosophischen Gemeinplatzes. In: Messling/Tintemann (Hrsg.) 2009: 129–138.
Eisenberg, Peter
2011: *Das Fremdwort im Deutschen*. Berlin/New York: de Gruyter.
Estienne, Henri
(1578): *Deux dialogues du nouveau langage françois italianizé*. 2 Bde. Paris: Liseux 1883.

Evans, Nicholas
 2010: *Dying Words. Endangered Languages and What They Have to Tell Us.* Chichester: Wiley-Blackwell.

Fischer, Julia
 2012: *Affengesellschaft.* Frankfurt am Main: Suhrkamp.

Frege, Gottlob
 1994: *Funktion, Begriff, Bedeutung. Fünf logische Studien.* Hrsg. Günther Patzig. ⁷Göttingen: Vandenhoeck & Ruprecht.

Friederici, Angela D.
 2017: *Language in Our Brain. The Origins of a Uniquely Human Capacity.* Cambridge, Mass.: MIT Press.

Gadet, Françoise/Pêcheux, Michel
 1981: *La langue introuvable.* Paris: Maspero.

Gerhards, Jürgen
 2010: *Mehrsprachigkeit im vereinten Europa. Transnationales sprachliches Kapital als Ressource in einer globalisierten Welt.* Wiesbaden: VS Verlag.

Goethe, Johann Wolfgang
 1985–1999: *Sämtliche Werke, Briefe, Tagebücher und Gespräche*, Frankfurt am Main: Deutscher Klassiker Verlag. (FA)

Göttert, Karl-Heinz
 2010: *Deutsch. Biografie einer Sprache.* Berlin: Ullstein.

Habermas, Jürgen
 2008: *Ach, Europa.* Frankfurt am Main: Suhrkamp.

Hagège, Claude
 1987: *Le français et les siècles.* Paris: Odile Jacob.

Hauser, Marc D./Chomsky, Noam/Fitch, W. Tecumseh
 2002: The Faculty of Language: What Is It, Who Has It, and How Did It Evolve. In: *Science* 298: 1569–1579.

Heller-Roazen, Daniel
 2005: *Echolalias: On the Forgetting of Language.* New York: Zone Books.

Herder, Johann Gottfried
 (1772): *Abhandlung über den Ursprung der Sprache.* Hrsg. Wolfgang Pross. München: Hanser 1978.

Hervás, Lorenzo
 1785: *Catalogo delle lingue conosciute e notizia della loro affinità, e diversità.* Cesena: Biasini.

Hinrichs, Uwe
 2013: *Multi Kulti Deutsch. Wie Migration die deutsche Sprache verändert.* München: C.H.Beck.

Hjelmslev, Louis
 1943: *Omkring sprogteoriens grundlæggelse.* Kopenhagen: Munksgaard (engl.:

Prolegomena to a Theory of Language. Madison: Wisconsin University Press 1963).

Humboldt, Wilhelm von

1903–1936: *Gesammelte Schriften.* 17 Bde. Hrsg. Albert Leitzmann u. a. Berlin: Behr. (GS)

2017: *Von den Sprachen Amerikas zum allgemeinen Typus der Sprache.* Hrsg. Bettina Lindorfer/Jürgen Trabant. Paderborn: Schöningh.

Jakobson, Roman

1959: On Linguistic Aspects of Translation. In: Brower, Reuben A. (Hrsg.): *On Translation.* Cambridge, Mass.: Harvard University Press: 232–239.

Jenni, Alexis

2011: *L'art français de la guerre.* Paris: Gallimard.

Joseph, John E.

2006: *Language and Politics.* Edinburgh: Edinburgh University Press.

Judet de la Combe, Pierre/Wismann, Heinz

2004: *L'avenir des langues. Repenser les Humanités.* Paris: Cerf.

Kaehlbrandt, Roland

2016: *Logbuch Deutsch. Wie wir sprechen, wie wir schreiben.* Frankfurt am Main: Klostermann.

Kendon, Adam

2004: *Gesture: Visible Action as Utterance.* Cambridge: Cambridge University Press.

Klages, Ludwig

1929: *Der Geist als Widersacher der Seele.* Leipzig: Barth.

Klemperer, Victor

(1947): *LTI. Notizbuch eines Philologen.* Stuttgart: Reclam 2018.

Labov, William

1969/70: The Logic of Nonstandard English. In: *Report of the 20th Annual Round Table Meeting on Linguistics and Language Studies.* Washington, D. C.: Georgetown University Press: 1–43.

Leibniz, Gottfried Wilhelm

(1684): Mediationes de cognitione, veritate et ideis. In: *Kleine Schriften zur Metaphysik.* Hrsg. Hans Heinz Holz. ²Darmstadt: Wissenschaftliche Buchgesellschaft 1985: 25–47.

1717: *Collectanea etymologica.* 2 Bde. Hrsg. Johann Georg Eccard. Hannover: Foerster (Nachdruck Hildesheim/New York: Olms 1970).

(1765): *Nouveaux essais sur l'entendement humain.* Hrsg. Jacques Brunschwig. Paris: Garnier-Flammarion 1966.

1916: *Deutsche Schriften.* Hrsg. Walter Schmied-Kowarzik. 2 Bde. Hamburg: Meiner.

1983: *Unvorgreifliche Gedanken, betreffend die Ausübung und Verbesserung der deutschen Sprache. Zwei Aufsätze.* Hrsg. Uwe Pörksen. Stuttgart: Reclam.

Leroi-Gourhan, André
   1964/65: *Le geste et la parole.* 2 Bde. Paris: Albin Michel.

Lieberman, Philip
   1998: *Eve Spoke. Human Language and Human Evolution.* New York/London: Norton.

Locke, John
   (1690): *An Essay Concerning Human Understanding.* 2 Bde. Hrsg. John W. Yolton. London: Dent/New York: Dutton 1971–1974.

Loh, Jonathan/Harmon, David
   2014: *Biocultural Diversity: Threatened Species, Endangered Languages.* Zeist, NL: WWF Netherlands. http://d2ouvy59p0dg6k.cloudfront.net/downloads/biocultural_report__june_2014.pdf.

Luckscheiter, Stefan
   2014: Leibniz' Schriften zur Sprachforschung. In: Wenchao Li (Hrsg.): *Einheit der Vernunft und Vielfalt der Sprachen. Beiträge zu Leibniz' Sprachforschung und Zeichentheorie.* Stuttgart: Steiner: 317–432.

Maalouf, Amin
   2008: *Eine lohnende Herausforderung. Wie die Mehrsprachigkeit zur Konsolidierung Europas beitragen kann.* Brüssel: Europäische Kommission. http://ec.europa.eu/languages/documents/report_de.pdf.

Macron, Emmanuel
   2017: *Initiative pour l'Europe.* Rede an der Sorbonne am 26. September 2017. www.elysee.fr/declarations/article/initiative-pour-l-europe-discours-d-emmanuel-macron-pour-une-europe-souveraine-unie-democratique.

Malotki, Ekkehart
   1983: *Hopi Time. A Linguistic Analysis of the Temporal Concepts in the Hopi Language.* Den Haag: Mouton.

Marienberg, Sabine (Hrsg.)
   2017: *Symbolic Articulation. Image, Word, and Body between Action and Schema.* Berlin: de Gruyter.

Ménage, Gilles
   1650: *Les origines de la langue françoise.* Paris: Augustin Courbe.

Mercier, Pascal
   1995: *Perlmanns Schweigen.* München: Knaus.
   2004: *Nachtzug nach Lissabon.* München: Hanser.

Merlin-Kajman, Hélène
   2003: *La langue est-elle fasciste? Langue, pouvoir, enseignement.* Paris: Seuil.

Meschonnic, Henri
   1997: *De la langue française. Essai sur une clarté obscure.* Paris: Hachette.

Messling, Markus/Tintemann, Ute (Hrsg.)
2009: «*Der Mensch ist nur Mensch durch Sprache*» *Zur Sprachlichkeit des Menschen*. München: Fink.

Mittelstrass, Jürgen/Trabant, Jürgen/Fröhlicher, Peter
2016: *Wissenschaftssprache. Ein Plädoyer für Mehrsprachigkeit in der Wissenschaft*. Stuttgart: Metzler.

Nettle, Daniel
1999: *Linguistic Diversity*. Oxford: Oxford University Press.

Nettle, Daniel/Romaine, Suzanne
2000: *Vanishing Voices: The Extinction of the World's Languages*. Oxford: Oxford University Press.

Ong, Walter J.
1982: *Orality and Literacy. The Technologizing of the Word*. London/New York: Methuen.

Osterkamp, Ernst
2018: Gesamtbildung und freier Genuß. Wechselwirkungen zwischen Goethe und Wilhelm von Humboldt. In: Trabant, Jürgen (Hrsg.): *Wilhelm von Humboldt: Sprache, Dichtung und Geschichte*. Paderborn: Fink: 57–79.

Parijs, Philipp van
2011: *Linguistic Justice for Europe and for the World*. Oxford: Oxford University Press.

Platon
1971–1983: *Werke in acht Bänden*. Hrsg. Günther Eigler. Darmstadt: Wissenschaftliche Buchgesellschaft.

Pinker, Steven
1994: *The Language Instinct. The New Science of Language and Mind*. New York: Morrow.

Polenz, Peter von
1994: *Deutsche Sprachgeschichte vom Spätmittelalter bis zur Gegenwart. Bd. II: 17. und 18. Jahrhundert*. Berlin/New York: de Gruyter.

Reinbothe, Roswitha
2006: *Deutsch als internationale Wissenschaftssprache und der Boykott nach dem Ersten Weltkrieg*. Frankfurt am Main: Peter Lang.

Saussure, Ferdinand de
(1916): *Cours de linguistique générale*. Hrsg. Tullio De Mauro. Paris: Payot 1975.

Steinfeld, Thomas
2010: *Der Sprachverführer. Die deutsche Sprache: Was sie ist, was sie kann*. München: Hanser.

Thielmann, Winfried
2009: *Deutsche und englische Wissenschaftssprache im Vergleich: Hinführen – Verknüpfen – Benennen*. Heidelberg: Synchron.

Thiering, Martin
   2018: *Kognitive Semantik und Kognitive Anthropologie. Eine Einführung.* Berlin/Boston: de Gruyter.
Tomasello, Michael
   2008: *Origins of Human Communication.* Cambridge, Mass./London: MIT Press.
   2014: *A Natural History of Human Thinking.* Cambridge, Mass./London: Harvard University Press.
Tory, Geoffroy
   (1529): *Champ fleury ou l'art et science de la proportion des lettres.* Hrsg. Gustave Cohen. Paris 1931 (Nachdruck Genf: Slatkine 1973).
Trabant, Jürgen
   2001: Was wissen wir, wenn wir eine Sprache können? In: *Philologie im Netz (PhiN)* 17: 45–61.
   2002: *Der Gallische Herkules. Über Sprache und Politik in Frankreich und Deutschland.* Tübingen/Basel: Francke.
   2003: *Mithridates im Paradies. Kleine Geschichte des Sprachdenkens.* München: C.H.Beck.
   2010: Millena variatio: Overcoming the Horror of Variation. In: Fortuna, Sara/Gragnolati, Manuele/Trabant, Jürgen (Hrsg.): *Dante's Plurilingualism. Authority, Knowledge, Subjectivity.* London: Legenda: 24–33.
   2012a: *Weltansichten. Wilhelm von Humboldts Sprachprojekt.* München: C.H.Beck.
   2012b: Nacquero esse gemelle. Über die Zwillingsgeburt von Bild und Sprache. In: Feist, Ulrike/Rath, Markus (Hrsg.): *Et in imagine ego. Facetten von Bildakt und Verkörperung.* Berlin: Akademie Verlag 2012: 77–92.
   2014: *Globalesisch oder was? Ein Plädoyer für Europas Sprachen.* München: C.H.Beck.
Trabant, Jürgen/Naguschewski, Dirk (Hrsg.)
   1995: *Die Herausforderung durch die fremde Sprache. Das Beispiel der Verteidigung des Französischen.* Berlin: Akademie Verlag.
Trabant, Jürgen/Ward, Sean (Hrsg.)
   2001: *New Essays on the Origin of Language.* Berlin/New York: Mouton de Gruyter.
Utz, Peter
   2007: *Anders gesagt – autrement dit – in other words.* München: Hanser.
Vaugelas, Claude Fravre de
   (1647): *Remarques sur la langue française.* Paris: Ivrea 1996.
Weinrich, Harald
   (1961): Die *clarté* der französischen Sprache und die Klarheit der Franzosen. In: *Wege der Sprachkultur.* München: dtv 1988: 136–154.
   1971: *Tempus. Besprochene und erzählte Welt.* ²Stuttgart: Kohlhammer.

Weisgerber, Leo
1929: *Muttersprache und Geistesbild*. Göttingen: Vandenhoeck & Ruprecht.
Whorf, Benjamin Lee
1956: *Language, Thought, and Reality*. Cambridge, Mass.: MIT Press.
Wiese, Heike
2012: *Kiezdeutsch. Ein neuer Dialekt entsteht*. München: C.H.Beck.
Wissenschaftsrat
2018: *Empfehlungen zur Internationalisierung von Hochschulen*. München, 6. Juli 2018 (Drs. 7118–18).
Wittgenstein, Ludwig
(1921): *Tractatus logico-philosophicus*. Frankfurt am Main: Suhrkamp 1963.
(1953): *Philosophische Untersuchungen*. Frankfurt am Main: Suhrkamp 1971.

Nachweise

Im vorliegenden Buch zur «Sprachdämmerung» habe ich Beobachtungen zum Leuchten und Flackern des «Lichtes der Menschen» zusammengetragen, dem ich in den letzten zehn Jahren eine Reihe von Artikeln in Tageszeitungen, (unveröffentlichte) Reden und Kapitel in nicht leicht zugänglichen Publikationen gewidmet habe. Es ist kein rein wissenschaftliches Projekt, sondern ein politisches, das aber aus meiner wissenschaftlichen Tätigkeit als Sprachforscher und Historiker des europäischen Sprachdenkens hervorgeht und das mich bewegt wie kaum ein anderes. Ich danke dem Verlag C.H.Beck und insbesondere Stefanie Hölscher, dass sie mir Gelegenheit geben, diese sprachpolitische Abschiedsvorstellung zu geben. Das Buch greift auf folgendes Material zurück, das hier zum Teil erheblich überarbeitet, vor allem gekürzt worden ist:

Der Mensch ist nur Mensch durch Sprache. In: Ganten, Detlev/Gerhardt, Volker u. a. (Hrsg.): *Was ist der Mensch?* Berlin/New York: de Gruyter 2008: 240–243.

Von der Hand in den Mund? Über den Zusammenhang von oraler Artikulation und Gebärde. In: Böhme, Hartmut/Slominski, Beate (Hrsg.): *Das Orale*. München: Fink 2013: 33–42.

Über Humboldts Trias von Zeichen, Wort und Bild. In: *In memoriam Josef Simon. Alma Mater. Beiträge zur Geschichte der Universität Bonn* 110. Bonn: Bouvier 2018: 36–54.

Die Farbe des Denkens. In: *Süddeutsche Zeitung* 230 (5. Oktober 2010) (Beilage zur Buchmesse): 1–2.

In die Rappuse gegangen: Leibniz und das Deutsche. In: Grötschel, Martin u. a. (Hrsg.): *Leibniz: Vision als Aufgabe*. Berlin: Berlin-Brandenburgische Akademie der Wissenschaften 2016: 231–242.

Über deutsche Sprache und über den Fug und Unfug, welchen sie sich jetzt muss gefallen lassen (Rede zur Verleihung der Goethe-Medaille an Ágnes Heller, Fuad Rifka und John M. Spalek am 28. August 2010 in Weimar).

Strangers in Deutschland. In: *Financial Times*. 27. Februar 2011.

Ein Plädoyer für die Vielsprachigkeit. In: *Frankfurter Allgemeine Zeitung* 77 (1. April 2010): 9.

Wörter sind Straßenköter. Über den sprachlichen Purismus. In: *Süddeutsche Zeitung* 219 (23. September 2009): 13.

Die Erfindung der Sprachwaschmaschine. In: *Zeitschrift für Ideengeschichte* XI/1 (2017): 123–126.

Also her mit den Akzenten! In: *Süddeutsche Zeitung* 234 (11. Oktober 2011): 14.
Die Maulhelden einer sprachlichen Revolution. In: *Süddeutsche Zeitung* 263 (13./14. November 2010): 19.
Irrtümer der romantischen Linguistik. In: *Frankfurter Allgemeine Zeitung* 30 (6. Juni 2012): N4.
Vox americana. Szenen einer akroamatischen Verführung. In: *Tumult* 32 (2007) (= *Der hinreißende Klang des Amerikanischen*): 10-20.
On my globalization (Rede an der Jacobs University Bremen am 20. April 2013).
Lantsch. In: *Frankfurter Allgemeine Zeitung* 225 (27. September 2017): N4.
Über das Französische (Rede zum 25. Jahrestag des Frankreich-Zentrums in Freiburg am 10. November 2014).
Frankreich ist eine Sprache. In: Bundeszentrale für politische Bildung (Hrsg.): *Dossier Frankreich*. 2013.
Eine schöne Stimme weist den Weg durch die Stadt. In: *Frankfurter Allgemeine Zeitung* 25 (30. Januar 2013): 28.
Europa der Kulturen – Europa der Sprachen (Festrede zum zehnjährigen Bestehen des Museums Europäischer Kulturen in Berlin am 3. Juli 2009).
Für Europas Sprachen! Die historische Dimension europäischer Mehrsprachigkeit. In: *Genshagener Noten* 2 (Dokumentation Kolloquium «Kunst und Sprache» 2013). 2014.
Ein wenig Französisch. Emmanuel Macron trifft Wilhelm von Humboldt. Das europäische Ende des sprachpolitischen Jakobinismus. In: *Süddeutsche Zeitung* 49 (28. Februar 2018): 12.
Ideengeschichte und Ideengeographie (Zu Barbara Cassin Hg.: *Vocabulaire européen des philosophies*). In: *Zeitschrift für Ideengeschichte* 1 (2007): 114-117.
Oscar für Mehrsprachigkeit. In: *Süddeutsche Zeitung* 20 (26. Januar 2010): 12.
Lob des Übersetzens. In: *Sprache im technischen Zeitalter*. 198 (2011): 149-154.
Über das Ende der Sprache. In: Messling, Markus/Tintemann, Ute (Hrsg.): *«Der Mensch ist nur Mensch durch Sprache». Zur Sprachlichkeit des Menschen*. München: Fink 2009: 17-33.

Personenregister

Adorno, Theodor W. 92, 104, 108
Aischylos 186
Albrecht, Jörn 225
Aristoteles 20, 22f., 38, 65, 87f., 178, 199, 207
Bacon, Francis 44, 58, 95–97, 99f., 102, 183, 192, 210, 221, 223
Barthes, Roland 47, 100, 223
Baumert, Jürgen 219
Beccaria, Gian Luigi 64
Beckett, Samuel 211
Berlin, Brent 48
Bernstein, Basil 113
Bertuch, Friedrich Justin 70
Boas, Franz 49
Böll, Heinrich 71
Bopp, Franz 111
Bouhours, Dominique (Père) 152
Bourdieu, Pierre 77, 117, 130, 223f.
Brancusi, Constantin 158
Brather, Hans-Stephan 64
Bredekamp, Horst 221
Bühler, Karl 30, 218
Bush, George W. 126
Calvet, Louis-Jean 222
Camus, Albert 188
Cassin, Barbara 186f., 190f., 193, 200
Cassirer, Ernst 18
Chirac, Jacques 145
Chomsky, Noam 16f., 20, 31, 47, 49, 172, 221
Condillac, Etienne Bonnot de 183
Corneille, Thomas 60
Coulmas, Florian 223

Creuzer, Friedrich 39
Crystal, David 214, 224
Dante Alighieri 61, 146, 171, 209, 212
De Mauro, Tullio 223
Descartes, René 58
Deutscher, Guy 46f., 49f., 89
Domergue, François-Urbain 149
Du Bellay, Joachim 10, 61, 63, 147, 150
Eco, Umberto 158, 201
Ehlich, Konrad 221
Einstein, Albert 73
Eisenberg, Peter 222
Estienne, Henri 61, 63, 93
Evans, Nicholas 224
Ferry, Jules 149
Fischer, Julia 33, 35, 221
Fitch, W. Tecumseh 221
Frege, Gottlob 210
Friederici, Angela D. 221
Friedrich III., Kurfürst 64
Fröhlicher, Peter 74, 223
Gadet, Françoise 128
Galilei, Galileo 58
Gauck, Joachim 188
Geiger, Lazarus 48
Gerhards, Jürgen 172, 221, 223f.
Gersmann, Hanna 223
Gladstone, William 48
Goethe, Johann Wolfgang 27, 69–73, 91, 109, 197–199, 202, 222
Göttert, Karl-Heinz 222
Gramsci, Antonio 123
Grass, Günter 71
Grégoire, Henri (Abbé) 171, 176

Personenregister

Grimm, Jacob 55, 63, 111
Grundmann, Thomas 225
Gül, Abdullah 103, 105
Habermas, Jürgen 180
Hagège, Claude 150, 224
Hagner, Michael 89, 223
Halliday, Michael 167
Handke, Peter 71
Harmon, David 168f.
Hauser, Marc D. 221
Heidegger, Martin 73, 192
Heller-Roazen, Daniel 215
Helmholtz, Hermann von 73
Herder, Johann Gottfried 17, 38, 65, 125, 185
Hervás, Lorenzo 168
Hinrichs, Uwe 223
Hitler, Adolf 73, 91, 143, 154
Hjelmslev, Louis 90
Hobbes, Thomas 105, 108
Homer 48
Houellebecq, Michel 130
Humboldt, Wilhelm von 10, 15–19, 21, 27f., 37–47, 49, 65, 70, 88, 134, 136, 152, 155, 162, 164f., 168, 173, 181, 185–187, 190–193, 199, 205, 212–216, 218, 221f.
Jakobson, Roman 49f.
Jelinek, Elfriede 71
Jenni, Alexis 153f., 182
Joseph, John E. 223
Judet de la Combe, Pierre 218
Kaehlbrandt, Roland 10, 68
Kant, Immanuel 73
Kay, Paul 48
Kendon, Adam 221
Klages, Ludwig 211
Kleist, Heinrich von 219
Klemperer, Victor 100, 223
Kolbe, Matthias 223
Labov, William 113, 223

La Fontaine, Jean de 50
Leibniz, Gottfried Wilhelm 10, 21, 42, 51, 55f., 58–67, 168, 173, 181, 185, 214, 222
Leroi-Gourhan, André 33, 221
Lieberman, Philip 221
Lindorfer, Bettina 221
Locke, John 58, 65, 96f., 183, 192
Loh, Jonathan 169
Luckscheiter, Stefan 60
Ludwig XIV. 152
Maalouf, Amin 179
Macron, Emmanuel 146, 184–188, 194
Malotki, Ekkehart 222
Manzoni, Alessandro 197–199
Marienberg, Sabine 221
Marx, Uwe 223
Ménage, Gilles 60
Mendiharat, Antoine 142
Mercier, Pascal 9, 126, 128
Merlin-Kajman, Hélène 127f., 217
Meschonnic, Henri 152
Mittelstrass, Jürgen 74, 223
Modiano, Patrick 155
Mounier, Emmanuel 185
Müller, Herta 71
Naguschewski, Dirk 224
Napoleon 197f.
Nettle, Daniel 224
Nietzsche, Friedrich 225
Obama, Barack 126
Oettinger, Günther 75, 106, 110
Ong, Walter J. 217
Orwell, George 99
Osterkamp, Ernst 225
Özdemir, Cem 104
Parijs, Philipp van 67, 172, 182, 216, 221, 224
Pêcheux, Michel 128
Pinker, Steven 47, 172, 221
Pitt, Brad 195

Plack, Iris 225
Platon 45, 192, 205, 207
Polenz, Peter von 222
Reagan, Ronald 126
Reinbothe, Roswitha 222
Renan, Ernest 82
Richelieu, Kardinal 57, 148
Rivarol, Antoine de 148, 152
Robespierre, Maximilien 100
Romaine, Suzanne 224
Ruckstuhl, Carl 69
Sarkozy, Nicolas 145, 153
Saussure, Ferdinand de 18, 111, 129
Schiller, Friedrich 91, 109
Sick, Bastian 72
Steinfeld, Thomas 10, 68
Tarantino, Quentin 104, 194f.
Thielmann, Winfried 224

Thiering, Martin 222
Tirole, Jean 155
Tomasello, Michael 20, 29f., 32–34
Tory, Geoffroy 61, 93
Trump, Donald 126, 130, 196
Utz, Peter 201
Vaugelas, Claude Favre de 62f., 94, 148
Voltaire 56
Waltz, Christoph 194–196
Ward, Sean 221
Weinrich, Harald 198, 224
Weisgerber, Leo 47
Whorf, Benjamin Lee 47f., 172, 223
Wiese, Heike 112, 223
Wismann, Heinz 218
Wittgenstein, Ludwig 44, 47, 101, 192, 223
Zaimoglu, Feridun 71